宏观中国

经济增长、周期波动与资产配置

张明 著

人民东方出版传媒

东方出版社

图书在版编目（CIP）数据

宏观中国：经济增长、周期波动与资产配置 / 张明 著 . —北京：东方出版社，
2020.8
ISBN 978-7-5207-1540-9

Ⅰ . ①中… Ⅱ . ①张… Ⅲ . ①中国经济—宏观经济分析 Ⅳ . ① F123.16

中国版本图书馆 CIP 数据核字（2020）第 088796 号

宏观中国 ：经济增长、周期波动与资产配置
（ HONGGUAN ZHONGGUO:JINGJI ZENGZHANG、ZHOUQI BODONG YU
ZICHAN PEIZHI ）

作　　者：张　明
责任编辑：吴晓月
责任审校：曾庆全
出　　版：东方出版社
发　　行：人民东方出版传媒有限公司
地　　址：北京市朝阳区西坝河北里 51 号
邮　　编：100028
印　　刷：北京汇瑞嘉合文化发展有限公司
版　　次：2020 年 8 月第 1 版
印　　次：2020 年 8 月第 1 次印刷
开　　本：710 毫米 ×960 毫米　1/16
印　　张：18.25
字　　数：215 千字
书　　号：ISBN 978-7-5207-1540-9
定　　价：58.00 元
发行电话：（010）85924663　　85924644　　85924641

目 / 录

CONTENTS

序 言
PREFACE

　　本书是我长久以来一直想写的一本书，但始终没能找到足够多的时间与足够强的情绪。在 2020 年春季，由于新冠肺炎疫情的暴发，我被困在北京家中将近两个月时间，基本上没有外界的干扰。因此，我得以集中精力、一鼓作气地完成本书初稿的写作。

　　从 1995 年上大学起，我学习经济学已经有 25 年了。从 2007 年博士毕业进入中国社科院世界经济与政治研究所工作算起，我从事宏观经济研究也有 13 年了。在这 13 年间，我的主要精力放在开展学术研究与撰写学术论文方面。不过，既然在中国社科院这样的国家级智库工作，我当然也会从事政策研究、撰写决策咨询报告。从 2017 年 3 月至今，我在平安证券兼职首席经济学家，带着研究所宏观团队从事市场研究也已有三年之久。学术研究注重学术规范、原创性与严谨性，政策研究强调趋势性、建设性与可操作性，市场研究则看重锋利性、时效性和预测的准确度。放在读者眼前的这本书，在一定程度上反映了我在学术研究、政策研究与市场研究之间寻求平衡的努力。

做研究，自然也得讲课。从 2009 年起，我开始到一些知名大学开设的企业家培训班（如 EMBA、FMBA、EDP、EE①等培训项目）讲课。这类课程有几个特点。一是时间短且集中，通常要求在两天至四天内讲完一门课程。二是学员的要求高。企业家周末学习的机会成本原本就高，又花了数额不菲的学费，自然对老师的要求就比较苛刻。三是企业家们不太关心学术性内容（如复杂的宏观模型），而更加重视思考的逻辑性与结论的实战性。事实上，我最早去一家 985 高校的 EMBA 项目上课，起因就是前一位讲授宏观经济分析的老师被学员们不留情面地轰下台了。幸运的是，自我给这些学校讲课以来，学员们对我的评价一直很高，课程评分始终名列前茅。我在几家大学讲课长达十年之久，甚至有些学员每年都来，反复听我的课程。能做到这一点，说明我将学术研究、政策研究与市场研究融合起来的尝试，至少是受人欢迎的。本书中的很多内容，也都是我在上述课程中反复讲过，且常讲常新的。

本书共 12 章，分为上、中、下三篇，每篇 4 章，分别讨论经济增长、周期波动与资产配置。经济增长属于宏观经济学的长期概念，周期波动属于宏观经济学的短期概念，而资产配置则属于宏观经济学在金融市场投资领域的具体运用。

在每一篇的引言中，我都提供了一个自己长期使用的分析框架。在上篇引言中，我介绍了生产函数的分析框架，并将这个简单的生产函数贯穿

---

① EMBA: Excutive Master of Business Administration，高级管理人员工商管理硕士。FMBA：Financial Master of Business Administration，金融管理硕士。EDP: Executive Development Programs，高级经理人发展课程。EE: Excutive Education，高级管理教育。

了第一章至第四章的分析全程。中国经济在1978年至2007年的高速增长、中国经济在2008年全球金融危机爆发后至今的增长减速、中国政府下一步结构性改革的主要方向、未来十年中国可能涌现出来的高速成长行业，都可以用这个简单但有效的框架进行逻辑一致的分析与阐释。

在中篇引言中，我介绍了短期经济波动的分析框架。这个框架分为三步：第一步是研判当前宏观经济的冷热状况，并在产出—通胀的坐标系中给中国经济"定位"；第二步是判断应该使用何种宏观政策、沿着何种方向来推动宏观经济的回归均衡；第三步是在各种约束条件下挑选最适宜的政策工具或工具组合。根据我长期进行政策咨询的经验，上述框架也是中国政府制定宏观政策的主要逻辑。在这个过程中，既要运用经济学逻辑来展开分析，也要考虑部门之间、利益集团之间，以及部门与利益集团之间的动态博弈。

在下篇引言中，我介绍了大类资产配置的分析框架。这个框架分为两步：第一步是将常见的各类资产按照风险属性分为强风险资产、弱风险资产、弱避险资产、强避险资产四类；第二步是利用美林时钟这一分析工具，将宏观经济周期诊断与大类资产配置方向有机结合起来。事实上，该框架也是机构投资者进行大类资产配置的基本逻辑。

在上篇"经济增长"部分，第一章分析了为何在1978年至2007年这30年期间中国经济能够取得年均10%的高速增长，我们着力探究高速增长背后的动力源泉；第二章解释了为何在2008年至2019年这十余年期间中国经济增速会持续下滑；第三章则指出，如果中国经济要在未来十年继续保持较快增速，中国政府应当推动哪些结构性改革；第四章预测了未来十年的中国将会涌现出哪些快速成长的行业。前两章是在回顾过去，而后两章是在展望未来。在这四章中，我们均从劳动力数量、人力资本、实物资本、技术与制度这一五维框架展开分析。

在中篇"周期波动"部分，第五章简洁地介绍了宏观经济思想的演进及政策分析中常用的三个宏观经济模型（IS-LM 模型、AD-AS 模型与 IS-LM-BP 模型）[1]；第六章展示了如何从"三驾马车"（消费、投资与进出口）的视角来分析中国短期经济增长的波动，并探寻波动背后的具体原因；第七章分析了中国政府常用的宏观经济政策工具，也即财政政策、货币政策及其各自的具体工具，以及政府在选择使用特定工具背后的考虑与权衡；第八章从国际收支平衡表（BOP）与国际投资头寸表（IIP）的视角出发，分析了开放背景下中国经济取得的成就和面临的问题。

在下篇"资产配置"部分，第九章概述了人民币汇率变动与汇率形成机制改革，以及提供了一个用来分析汇率走势的分析框架；第十章分别介绍了黄金价格走势与原油价格走势的分析框架；第十一章在厘清中国房地产市场一系列特征事实的基础上，梳理了宏观调控思路的根本性转变，也预测了未来房地产市场的发展方向；作为全书的末章，第十二章对未来国内外宏观经济环境的演进做出了十个判断，并对投资者如何进行资产配置提出了十个建议。

从本书的篇章布局中，我采用了"从长期到短期、从形势到政策、从

---

① 详见第五章第三节的介绍和分析。

宏观到配置"这一思路。这是因为，只有理解了中长期经济增长与结构变化的逻辑，才能对短期经济走势做出更准确的判断；只有全面、充分、系统地掌握了宏观经济形势，并熟悉政府制定宏观政策的思路与逻辑，才能对未来宏观政策走势进行更准确的前瞻；只有充分理解了国内外宏观经济形势的现状与前景，才能进行更加理性准确的大类资产配置决策。

我们以 2019 年年底 2020 年年初暴发的新冠肺炎疫情为例，从经济增长、周期波动与资产配置的角度进行简要分析。在 2020 年第一季度，新冠肺炎疫情的确对中国经济增长产生了显著负面影响。例如，在疫情持续期间，以交通、餐饮、旅游、娱乐为代表的服务业遭受重创，导致消费增速不容乐观。又如，在春节后，由于对人员流动的各种限制，导致制造业、建筑业、出口行业企业开工不足，这自然会影响到投资增速与出口增速。再如，随着肺炎疫情的国际扩散，全球金融市场在 2020 年 3 月初剧烈动荡，这自然会影响 2020 年全球经济增长前景，而全球经济增长放缓反过来又会对中国经济增长产生负面影响。不过，肺炎疫情对中国经济的冲击主要局限于短期的周期波动，而对长期中国经济增速不会产生持续的负面影响。在疫情暴发期间，投资者风险偏好下降、避险情绪增强，这既是黄金、债券等避险资产价格上涨的主要原因，也是股票、原油等风险资产价格下跌的主要原因。

本书的一大特色是，各种宏观分析框架贯穿始终。例如，上、中、下篇引言分别介绍了用于分析经济增长、周期波动与资产配置的框架。又如，中篇提出了分析通胀走势、分析 BOP 与 IIP 状况的框架。再如，下篇提出了分析双边汇率、美元指数、黄金价格、原油价格、中国城市房地产价格的框架。我始终认为，宏观经济学要学以致用，就必须把理论与现实结合起来，形成一系列研判具体问题的可操作框架。根据这些框架展开分析、进行预测，并根据预测的成败来调整框架，之后再用新框架进行新一轮分析预测。如此循环往复，就能提高对宏观经济的理解能力与预测能力。

以我在平安证券的市场研究为例。在2017年，我对10年期国债收益率、美元指数、人民币汇率等重要指标的预测都错了。在2018年，我对美元指数、人民币汇率、美国股市指数等指标的预测都对了。在2019年年初，我对美元指数做出了与市场主流意见相反的预测，最后被证明是对的。其实，我在不同时间分析同一问题的框架都是一致的。之所以出错，很大程度上是因为对特定假设前提的预设出现了问题。因此，无论预测结果被证实还是被证伪，我都会很开心。如果预测正确，这验证了我分析框架的可靠性。如果预测错误，我会努力去推敲推理过程中发生了什么纰漏，然后尽快修正自己的分析框架与推理逻辑，从而提高未来预测的准确性。

在平安证券工作期间，除了带领研究团队进行短期分析外，我们也出品了一些中长期专题报告。我个人比较满意的作品包括2017年宏观半年度报告"纠正金融改革与实体改革的节奏错配"、2017年下半年关于中国房地产市场的四篇深度研究报告（分别讨论了中国房地产市场的周期、分化、风险与调控）、2018年年初关于中美贸易战的系列专题报告（我们是市场上最早对中美贸易战进行系统深入分析的研究机构之一）、2018年下半年关于新时代区域经济一体化的六篇专题报告、2019年新时代中国股份制商业银行转型研究系列报告，以及2017年至2019年关于中国宏观经济分析框架的六篇报告。上述报告的核心观点，均在本书中得到了不同程度的反映。

我在中国社科院世界经济与政治研究所主要从事国际金融研究，自己偏爱的研究主题包括跨境资本流动、人民币汇率与人民币国际化、全球国际收支失衡与国际货币体系改革、影子银行体系与资产证券化等。受篇幅与主题所限，自己在上述领域的研究成果，只有一鳞半爪在本书中得到了反映。不过，我在最近几年出版了三本论文集，分别集中展示了自己在三个领域的研究成果：《失衡与出路：全球国际收支失衡与国际货币体系改革》（中国社会科学出版社，2018年10月版）、《中国的跨境资本流动：规模测算、驱动因素与管理策略》（中国金融出版社，2019年1月版）、《穿越周期：人民币汇率改革与人民币国际化》（东方出版社，2020年3月版）。上述三本论文集再加上本书，就能比较完整系统地展示我最近十余年从事国际金融与宏观经济研究的心路历程了。

本书的写作过程可谓痛并快乐着。整整一个加长版的假期，我的工作状态都是这样的：早上起床后半小时运动、早饭、写作、午饭、写作、晚饭、写作、健走、睡觉。已经很长时间以来没有体验到这种集中写作的快感了。虽然在写作过程中，身体某些部位因为久坐而时有不适，但愉悦的感觉始终伴随全程。虽然这些年自己没少出书，但这些书基本上都是论文集或者评论集。本书是我真正从头到尾、在一段固定时间内写成的第一本书。虽然书籍质量短期内要让读者去评价，长期内要让老鼠用牙齿去批判，但敝帚自珍，自己还是非常开心的。

"实迷途其未远，觉今是而昨非。"在本文结束之时，我想指出的是，宏观经济分析与大类资产配置是一个非常复杂且动态演进的过程。本书仅是我观察分析中国宏观经济十余年的经验总结，可能挂一漏万，难以尽善尽美。不过，随着时间的推移，我将会不断更新与完善本书中的分析框架。宏观经济分析将是一个贯穿我未来生命历程的有趣游戏。正所谓：凡是过往，皆为序章；念念不忘，必有回响。

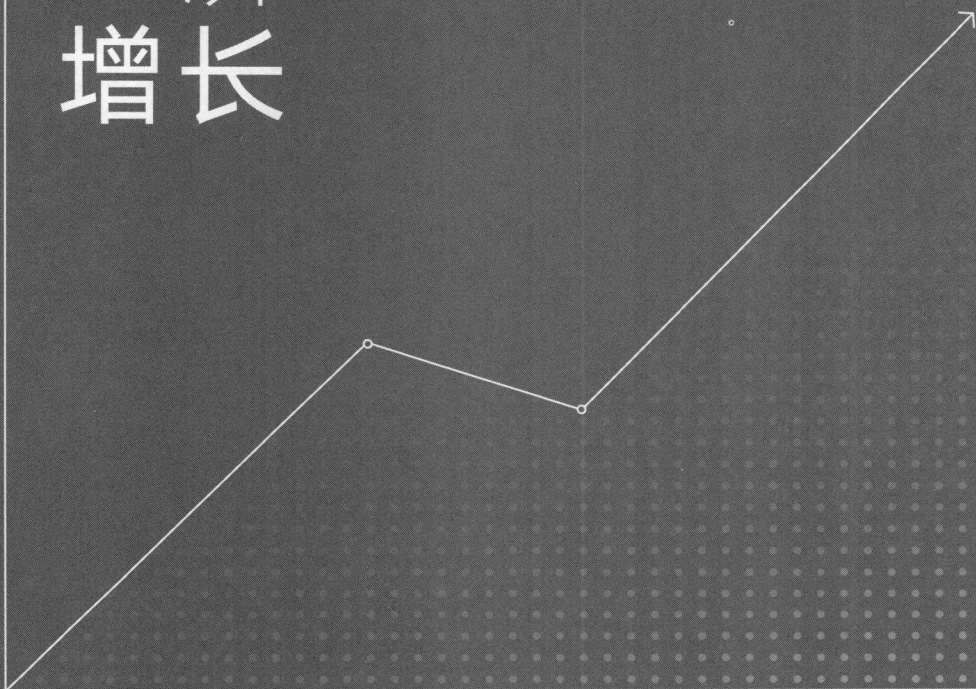

上 篇

经济
增长

引言 中国经济增长的特征事实与分析框架

从时间维度来看，宏观经济分析可以分为两类。经济增长（economic growth）聚焦于长期，经济波动（economic fluctuation）或经济周期（economic cycle）聚焦于短期。分析经济增长的目的，是研究造成不同经济体长期经济增速差距的因素究竟是哪些，以及如何通过改进这些因素来提高特定经济体的经济增速。分析经济波动的目的，是研究造成特定经济体出现大幅短期经济波动的原因何在，以及如何通过宏观政策来降低经济波动。

如图P1.1所示，坐标系的横轴 t 代表时间，纵轴 y 代表经济增长。直线 X_1 代表特定经济体的长期经济增长轨迹，曲线 C_1 代表该经济体的短期经济增长轨迹。研究经济增长的目的，是如何提高直线 X_1 的斜率，也即如何通过一系列政策措施去提高长期经济增速；研

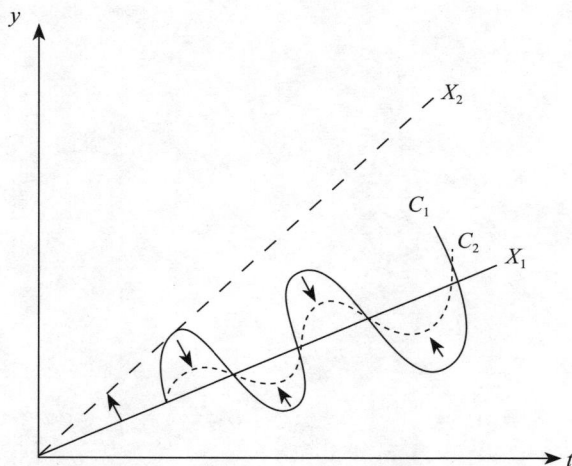

资料来源：作者自行绘制。

图P1.1 经济增长与经济波动的异同

究经济波动的目的，是如何通过一系列政策措施去降低曲线 C_1 围绕直线 X_1 上下波动的幅度，也即如何熨平经济波动。换言之，经济增长研究的问题是如何把直线 X_1 转化为直线 X_2，而经济波动研究的问题是如何把曲线 C_1 转化为曲线 C_2。由于进行宏观经济分析的目的是改善一国居民的总体福利，因此上述表述蕴含着如下假设：长期经济增速越快，居民总体福利越高；短期经济波幅越小，居民总体福利越高。

本书上篇聚焦分析中国经济的长期增长，中篇聚焦分析中国经济的短期波动。

中国的 GDP 统计始自 1952 年。[①]1952 年，中国的 GDP 仅为 679 亿元。改革开放之初，1978 年中国的 GDP 是 3679 亿元。2019 年，中国的 GDP 达到 990 865 亿元，是 1952 年的 1459 倍，以及 1978 年的 269 倍。1952 年，中国的人均 GDP 仅为 119 元。1978 年，中国的人均 GDP 是 385 元。2019 年，中国的人均 GDP 达到 70 892 元，是 1952 年的 596 倍，以及 1978 年的 184 倍。

不过，上面这些数据都是现价数据，没有考虑到通货膨胀。经过通货膨胀调整之后的数据称为不变价数据。从不变价数据来看，2019 年中国的 GDP 是 1978 年的 248 倍。在 1978—2019 年的 41 年间，中国经过通货膨胀调整后的 GDP 增长了 248 倍，这在世界经济史上是非常惊人的增

---

① GDP, gross domestic product, 国内生产总值是指按市场价格计算的一个国家（或地区）所有常住单位在一定时期内生产活动的最终结果，通常被认为是衡量一个国家经济活动状况的最全面指标，反映了一国的经济实力与市场规模。

长案例。①

如图 P1.2 所示，1953—2019 年，中国 GDP 年均增速为 8.3%。在改革开放之前（1953—1977 年），中国 GDP 年均增速虽然也达到了 6.5%，但 GDP 增速的波动性很强。在 1961—1962 年、1967—1968 年与 1976 年，中国经济还曾经出现了三次负增长。而在改革开放之后（1978—2019 年），GDP 年均增速达到 9.4%，且 GDP 增速的波动性明显降低。

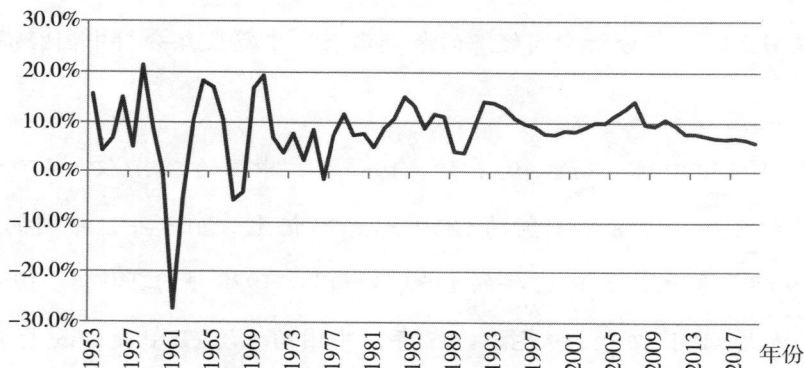

资料来源：Wind。

图P1.2　中国的GDP增速：1953—2019年

本篇分析的重点是改革开放之后的中国经济增长。如图 P1.3 所示，我们可以把改革开放之后分为 1978—2007 年及 2008—2019 年两个阶段。在 1978—2007 年，中国 GDP 增速年均达到 10.0%，且增长轨迹呈现出有趣的"三落三起"。三次下行期间分别为 1978—1981 年、1984—1990 年、

_____

①　在下文中使用的 GDP 增速数据，均经过了通货膨胀调整。

1992—1999 年，而三次上行期间分别为 1981—1984 年、1990—1992 年、1999—2007 年。在 2008—2019 年，中国 GDP 增速年均为 8.0%，且呈现出持续下行态势，GDP 增速由 2007 年的 14.2% 下降至 2019 年的 6.1%。在 2008 年全球金融危机之后，中国 GDP 增速出现了趋势性下降，由危机前年均 10% 上下滑落至 2016—2019 年年均 6% ～ 7%。[①]

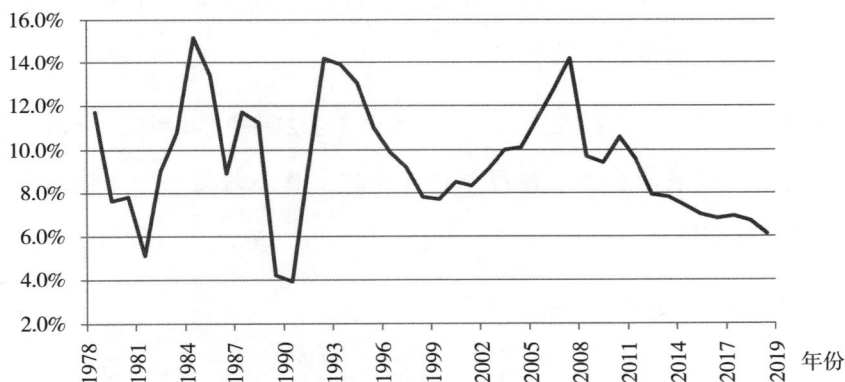

资料来源：Wind。

图P1.3 中国的GDP增速：1978—2019年

---

① 刘世锦（2018）认为，从 2010 年前后起，中国经济已经由高速增长阶段转为中速增长阶段（即高质量发展阶段）。导致增长阶段转换的宏观背景包括：一是在产业维度上，工业比重下降，服务业比重相应上升；二是以互联网、大数据、人工智能为特征的新信息技术革命加快推进；三是大都市圈加快成长；四是全球化进程面临冲击、挑战与新机会；五是绿色发展从理念到行动，有可能成为与传统工业化增长模式相竞争并获胜的另一种发展模式。

本书上篇将围绕一个生产函数的分析框架，分四章来讲述以下四个故事。

故事一（第一章）：在1978年改革开放之后至2008年全球金融危机爆发之前，中国经济为何能够维持年均10%的高速增长？

故事二（第二章）：在2008年全球金融危机爆发之后，中国经济增速为何出现了趋势性下降？

故事三（第三章）：中国政府当前应该进行哪些结构性改革，来缓解甚至重新提振中国经济增速？

故事四（第四章）：在未来10年之内（2021—2030年），中国将会涌现出哪些快速成长的行业，值得年轻人（找工作）与投资者（提高投资回报率）高度关注？

这个生产函数如下所示：

$$Y=T \times F(K, A \times L)$$

Y代表特定经济体的长期经济增速；L代表该经济体的劳动力数量；A代表该经济体的劳动力平均质量（也即人力资本）；K代表该经济体的实物资本（即固定资产）数量；F（）为一个非线性函数，表示劳动力与资本相结合而形成的产出；T为全要素生产率，包含除了劳动力与资本之外其他所有可能导致经济增长的要素，在这些要素中，最重要的要素至少包含技术与制度。

根据以上公式，我们就可以将决定一国长期经济增速快慢的因素，分解为劳动力数量、人力资本、实物资本、技术与制度五个变量。通常来讲，劳动力数量越多、人力资本积累速度越快、实物资本积累速度越快、技术进步越快、制度越能够对经济主体形成正向激励，则该经济体长期增速越高。反之，劳动力数量越少、人力资本积累速度越低、实物资本积累速度越低、技术进步越慢、制度对劳动者的正向激励越弱或负向激励越强，则该经济体长期增速越低。

第 一 章

1978—2007：中国经济为何能够持续快速增长？

1978—2007 年这 30 年期间，中国 GDP 年均增速高达 10%。有这样一个拇指法则，如果一个经济体年均增速为 X%，那么该经济体经济总量翻一番就需要 70/X 年。换言之，在这 30 年间，中国经济总量每 7 年就可以翻一番，增长速度相当惊人。本章将从上篇引言中提到的生产函数入手，来解释为何中国经济能够在这 30 年间持续快速增长。下面将从劳动力数量、人力资本、实物资本、技术与制度这五个维度来展开分析。

一、劳动力数量：两个人口红利

中国经济之所以能够在 1978—2007 年期间持续快速增长，在劳动力数量方面，主要源自两个人口红利。我们将它们分别称为人口红利 I 与 II。

人口红利 I，是指在 1978—2007 年，中国的工作年龄人口占总人口的比例是在不断上升的。如图 1.1 所示，中国的工作年龄人口占比[①]由 1990 年

---

① 本书选用 15~64 岁这一年龄段作为工作年龄人口。

的66.7%持续上升至2010年的74.5%。在1990年，每四个中国人中有三个是工作年龄人口。而到了2010年，每五个中国人中有四个是工作年龄人口。工作年龄人口占比的不断上升，意味着劳动者比例的提高，在其他条件不变的前提下，自然意味着更高的经济增速。

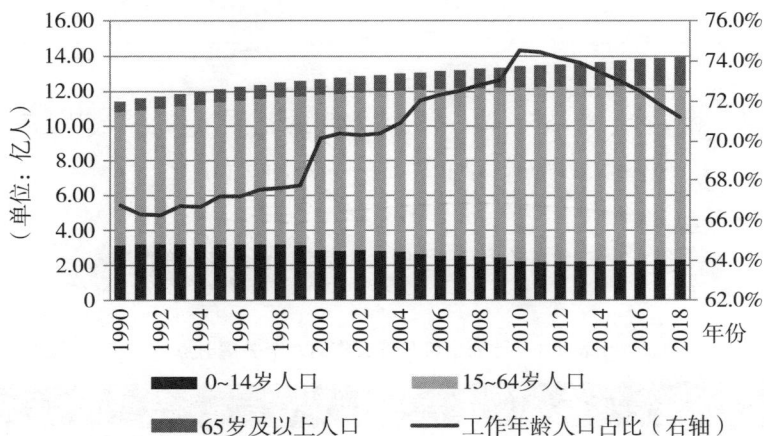

资料来源：CEIC。

图1.1 中国的人口年龄结构

图1.1中工作年龄人口占比这根曲线，在1990—1999年仅缓慢上升，在2000年却发生了跳跃式上升（约2.5个百分点），随后增长速度一直较高。工作年龄人口占比在2000年以后加快上升的另一面，是未成年人占比在同一时期的快速下降。如图1.2所示，工作年龄人口占比与未成年人占比基本上呈现对称性反向变化。导致未成年人占比持续下降的原因，则是计划生育政策的实施。如表1.1所示，计划生育政策在中国的全面实施，是从20世纪80年代初开始的。2000年未成年人占比的跳跃式下降（约2.5个百分点），很可能是因为计划生育政策在当年变得更加严格了。

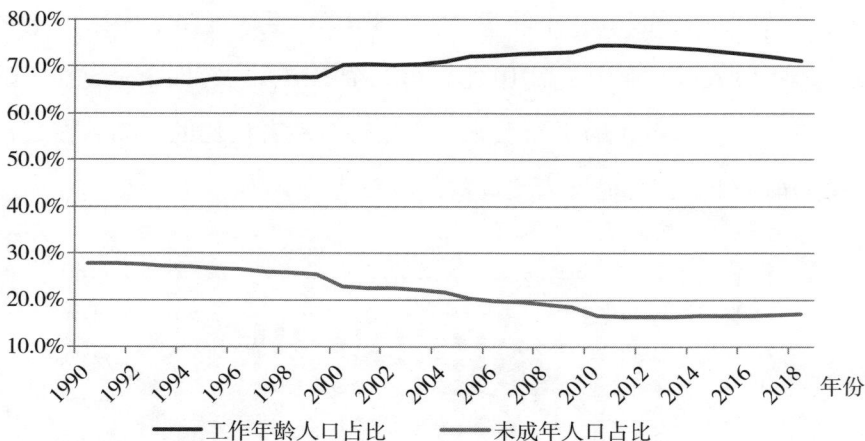

资料来源：CEIC。

图1.2　工作年龄人口占比的上升受到计划生育政策的影响

表 1.1　计划生育政策实施的六个关键时点

时点	事件
1971 年 7 月	国务院批转《关于做好计划生育工作的报告》，把控制人口增长的指标首次纳入国民经济发展计划
1980 年 9 月	中共中央发表《关于控制我国人口增长问题致全体共产党员、共青团员的公开信》，提倡一对夫妇只生育一个孩子
1982 年 9 月	党的十二大把计划生育确定为基本国策
1982 年 12 月	计划生育被写入宪法
1991 年 5 月	中共中央、国务院做出《关于加强计划生育工作严格控制人口增长的决定》
2002 年 9 月	《中华人民共和国人口与计划生育法》实施

资料来源：百度百科，"计划生育"条目。

　　人口红利 II，是指在 1978—2007 年，中国出现了大量年轻农村劳动力从农村向城市的大规模流动。由于农村人均收入显著低于城市人均收入，因此大量低收入农村劳动力源源不断地流入城市，这就持续压低了城市的非熟练劳动力的工资水平，使得城市具备了发展大规模劳动密集型产业的条件。

我们可以用两个间接证据来分析人口红利 II。如图 1.3 所示，按照 1978 年不变价格计算的中国农村人均可支配收入，由 1978 年的 134 元上升至 2007 年的 877 元，年均增速仅为 6.9%。如图 1.4 所示，中国农村人均收入占城市人均收入的比重，由 1983 年的 54.9% 下降至 2007 年的 31.8%，而后者也是 1978 年至 2019 年期间的最低值。上述两方面数据均显示，农村人均收入无论是与通货膨胀相比还是与城市人均收入相比，增长均比较缓慢。造成这一局面的重要原因，则是城市农民工市场上持续供过于求，进而压低了农民工收入水平。不过，人口红利 II 要发挥作用，有个前提条件不可或缺，这就是在改革开放之初农村的人均收入显著低于城市。对于中国人而言，这一点似乎天经地义。然而，如果对比印度、巴西等新兴市场经济体的经济起飞时期，会发现这两个国家的城乡人均收入差距远没有中国的那么大。

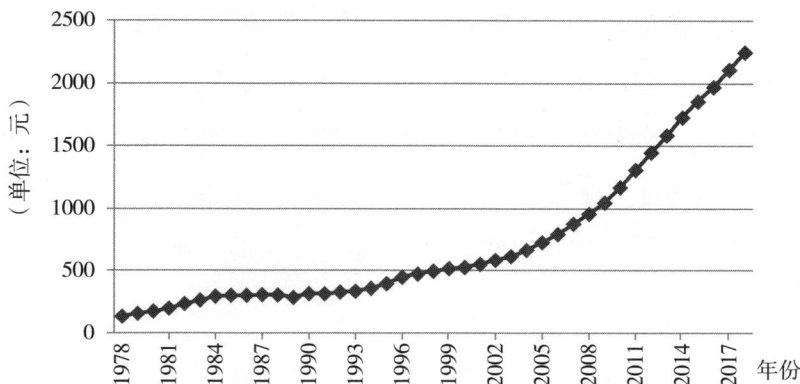

资料来源：CEIC 与笔者的计算。

注：笔者将中国农村人均可支配收入除以 1978 年为基期的 CPI 定基指数，得到基于 1978 年物价的农村真实人均可支配收入。

图1.3　中国农村的人均真实可支配收入变化

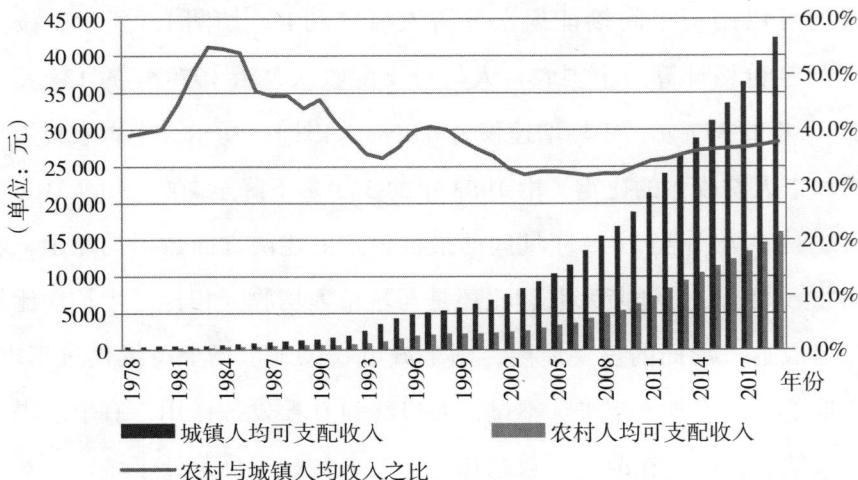

资料来源：CEIC 与笔者的计算。

图1.4　中国城乡人均收入的比较

　　事实上，改革开放之初中国的城乡收入差距之所以很大，是因为中华人民共和国成立后，中国政府仿效苏联，实施了一整套快速工业化的策略。中华人民共和国成立之初，面临各种内忧外患，急需在尽可能短的时间内建立起较为完善的工业体系。如何在一穷二白的前提下做到这一点呢？中国政府全面借鉴了苏联政府的工业化模式。该模式的核心在于将全国的资源尽可能集中到城市，以促进快速的工业化。[①] 换言之，这

---

　　① 林毅夫等（1994）指出，中国领导人在建国之后选择以重工业优先增长为发展目标，主要出于三方面原因的考虑：一是从国际竞争的角度考虑，较高的重工业比重标志着国家经济发展水平和经济实力；二是国际政治经济环境的制约，尤其是朝鲜战争的爆发与西方资本主义国家对中国的孤立、封锁与制裁；三是工业化积累方式的约束。重工业具有自我服务、自我循环的产业特征。因此，发展重工业可以克服当时农民占人口绝对优势比重，而极度贫困使得他们无法为工业发展提供有效需求这一现实条件的约束。

是一套城市从农村萃取资源的模式。

这一模式有两大基石。基石之一是工农业产品价格剪刀差。在改革开放之前的中国，所有商品的价格都是由国家计划经济委员会（简称国家计委）制定的。为了推动资源从农村向城市转移，国家计委人为地抬高工业品价格，同时人为地压低农产品价格，然后让农产品与工业品之间相互交换。农村的各类资源，自然就会通过这个价格剪刀差，源源不断地流入城市。[①]

基石之二是城乡分割的户籍制度。[②]如果农村劳动力可以自由流动，那么一旦农民发现上述价格剪刀差的存在，就会采用"用脚投票"的方式离开农村，进入城市成为一名市民。如果农民都这样做，城市从农村持续萃取资源的方式就难以为继。因此，在中华人民共和国之后，中国政府实施了严格的以城乡分割为特征的户籍制度，限制农民大规模进入城市。这就把农村劳动力锁定在农村，源源不断地被工农业产品价格剪刀差萃取财富。

通过工农业产品价格剪刀差与城乡分割的户籍制度两大基石，中国政府实现了城市从农村持续萃取资源，进而集中全国之力快速实现了工业化。这对中华人民共和国在内忧外患之下快速发展壮大自然功不可没。然而，

---

① 林毅夫等（1994）指出，要实现优先发展重工业的赶超型战略，就不可避免地要利用一系列政策手段来扭曲价格体系，以便为工业化创造政策环境，这些政策通常包括压低利率、汇率、资本投入品价格与农产品价格等。

② 1958年1月，全国人大常委会通过《中华人民共和国户口登记条例》，第一次明确将城乡居民区分为"农业户口"和"非农业户口"两种不同户籍，奠定了我国现行户籍管理制度的基本格局。1964年8月，《公安部关于处理户口迁移的规定（草案）》出台，集中体现了该时期户口迁移的两个"严加限制"基本精神，即对从农村迁往城市、集镇的要严加限制，对从集镇迁往城市的要严加限制。

这一制度长期实施的后果，自然是农村人均收入显著低于城市。

改革开放的过程，也是中国政府慢慢放松城乡劳动力流动藩篱的过程。随着城乡流动的限制逐渐被放开，人均收入偏低的农村劳动力自然会大规模流入城市去改善收入水平，由此造成的大规模人口流动，就构成了人口红利 II。[①]

综上所述，人口红利 I 是数量方面的红利，意味着总人口中工作年龄人口比重的上升。人口红利 II 是价格方面的红利，意味着大规模低收入农民工向城市的流动压低了城市的工资水平，进而使得城市能够得以发展大规模劳动密集型产业。人口红利 I 和 II 的结合，就构成了劳动力数量这一要素对中国经济增长做出的巨大贡献。

二、人力资本：高回报激发高投资

在其他条件不变的前提下，人力资本积累速度越快，一个国家的长期经济增速就越快。但问题在于，如何衡量人力资本积累速度呢？

人力资本是指劳动力的质量，在传统文献中，大致可以用人均受教育程度与人均寿命来进行衡量。而人力资本投资，则可以用一个国家教育支出与医疗支出各自占 GDP 的比重来衡量。

笔者在这里提出一个比较新颖的衡量标准。分析一个国家的人力资本

[①] 1984 年 10 月，《国务院关于农民进入集镇落户问题的通知》颁布，户籍严控制度开始松动。该通知规定，农民可以自理口粮进集镇落户，并同集镇居民一样享有同等权利，履行同等义务。1985 年 7 月，《公安部关于城镇暂住人口管理的暂行规定》的出台标志着城市暂住人口管理制度走向健全，同年 9 月，作为人口管理现代化基础的居民身份证制度颁布实施。

积累速度，可以看这个国家的中低收入家庭将家庭收入投资于子女教育的比例。这是一个更加微观的衡量标准。为什么只看中低收入家庭，而不看所有家庭呢？这是因为，全球范围内几乎所有国家的高收入家庭，均有很强的动力将更高比例的家庭收入投资于子女教育。相比之下，中低收入家庭对子女教育投资的国别差异更加显著。

尽管没能找到这方面的具体数据，然而从笔者的经验来看，在改革开放以后很长一段时间里，中国中低收入家庭投资子女教育的积极性是很高的，子女教育支出占这些家庭总支出的比重也应该不低。为什么中国中低收入家庭投资子女教育的积极性很高呢？用经济学术语来讲，这是因为中低收入家庭投资子女教育的回报率很高。

举一个例子来加以说明。一个中国农村家庭有三个子女。全家人节衣缩食，支持其中一个最有天赋的孩子上学。这个孩子通过自己的努力考上重点大学。由于当时重点大学学费不高，而且有一定的补贴，因此这个孩子上学之时，就是家庭减负之日。孩子大学毕业，找到了一个很好的工作（如公务员、国企员工或外企员工），他（她）就完成了从农村草根阶层向城市中间阶层的身份转换。更重要的是，在这个孩子进城工作之后，他（她）还会千方百计地帮助自己的兄弟姐妹进城，帮助全家人实现收入与身份的跃迁。用经济学术语来讲，这个家庭对一个孩子的教育投资的收益可以溢出到整个家庭，因此整体投资回报率很高。

从更深层次来看，之所以在改革开放之后较长一段时间里中国中低收入家庭投资子女教育的回报率较高，是因为在这一时期里中国社会阶层之间的流动性较强。因此，草根阶层出身的孩子可以在自己家庭的帮助下，凭借自己的努力实现阶层跃迁，甚至有可能帮助整个家庭实现阶层跃迁。

在 20 世纪八九十年代，高考就是这样一个帮助草根阶层实现阶层跃迁的最重要机制。当时有两句俗语可以用来很好地刻画上述阶层跃迁的故事，一句是"知识改变命运"，另一句则是"鲤鱼跳农门"。

我们可以用"代际受教育相关性程度"来衡量一个国家的阶层流动性。这个指标是指父母一代人与子女一代人受教育程度的相关性。代际受教育相关性越高，说明该国阶层流动性越低，反之亦然。表 1.2 比较了全球若干国家的代际受教育相关性指数。从中可以看出，拉美国家的阶层流动性最低，表中代际受教育相关性指数最高的 7 个国家都来自拉美。相比之下，丹麦、英国、北爱尔兰、芬兰、挪威等西北欧国家的阶层流动性相对较高。有趣的是，中国农村的阶层流动性在表 1.2 中高居第二。表 1.2 的调查时段是 1994 年至 2004 年。这说明在该时期内，中国社会的阶层流动性是较高的，这造就了中低收入家庭投资子女教育的高回报率。

表 1.2　各国代际受教育相关性指数排名

国家	指数	排名	国家	指数	排名	国家	指数	排名
秘鲁	0.66	1	美国	0.46	15	斯洛伐克	0.37	29
厄瓜多尔	0.61	2	瑞士	0.46	16	捷克	0.37	30
巴拿马	0.61	3	爱尔兰	0.46	17	荷兰	0.36	31
智利	0.60	4	南非	0.44	18	挪威	0.35	32
巴西	0.59	5	波兰	0.43	19	尼泊尔	0.35	33
哥伦比亚	0.59	6	越南	0.40	20	新西兰	0.33	34
尼加拉瓜	0.55	7	菲律宾	0.40	21	芬兰	0.33	35
印度尼西亚	0.55	8	比利时	0.40	22	北爱尔兰	0.32	36
意大利	0.54	9	爱沙尼亚	0.40	23	英国	0.31	37

续表

国家	指数	排名	国家	指数	排名	国家	指数	排名
斯洛文尼亚	0.52	10	瑞典	0.40	24	马来西亚	0.31	38
埃及	0.50	11	加纳	0.39	25	丹麦	0.30	39
匈牙利	0.49	12	乌克兰	0.39	26	吉尔吉斯斯坦	0.28	40
斯里兰卡	0.48	13	东帝汶	0.39	27	中国（农村）	0.20	41
巴基斯坦	0.46	14	孟加拉国	0.38	28	埃塞俄比亚（农村）	0.10	42

资料来源：Hertz 等（2007）。

注：调查期间为 1994 年至 2004 年，除了秘鲁（1985）、马来西亚（1988）与巴基斯坦（1991）。

更进一步的问题则是，为什么中国在改革开放之后的阶层流动性很高呢？追根溯源，这与"文化大革命"所带来的十年动乱高度相关。在"文革"中，很多精英阶层的人士被打倒，有些人甚至失去了生命，以致"文革"结束后，中国精英阶层一度出现了断层。在邓小平等领导人的倡导下，中国政府采用了通过高考来选拔培养人才的机制。当时的高考对中低收入家庭的孩子而言还是较为公平的。年轻人不论出身，只要能够考出高分，就能获得上大学的权利。在那段时期里，大学生供不应求，只要能考上大学，通常就能找到很好的工作，进而实现阶层跃迁。换言之，"文革"虽然是场大灾难，但提高了改革开放初期中国社会的阶层流动性。

综上所述，为什么在改革开放之后相当长的时间内，中国的人力资本积累速度很高呢？"文革"的爆发造成精英阶层人数锐减，形成断层，为了重建精英阶层，改革开放之后高考成为选拔培养人才的重要机制。相对公平的高考制度给草根阶层出身的年轻人提供了通过自身努力改变命运、实现阶层跃迁的机会。[①] 这就提高了中低收入家庭投资子女教育的回报率，从而使得他们愿意将家庭收入的较大部分投入子女教育。由此，人力资本得以快速积累，进而推动了经济增长。

三、实物资本：旺盛需求与低融资成本造就高投资

实物资本即固定资产。在 1978 年改革开放之后至 2008 年全球金融危机爆发前，中国的固定资产投资增速一直很快，资本形成总额占 GDP 的比率也一直很高。如图 1.5 所示，1996 年 1 月至 2007 年 12 月，中国月度固定资产投资累计同比增速的均值高达 21.8%，是同期内 GDP 增速的一倍以上。如图 1.6 所示，中国的资本形成率（资本形成总额与 GDP 的比率）由 1983 年

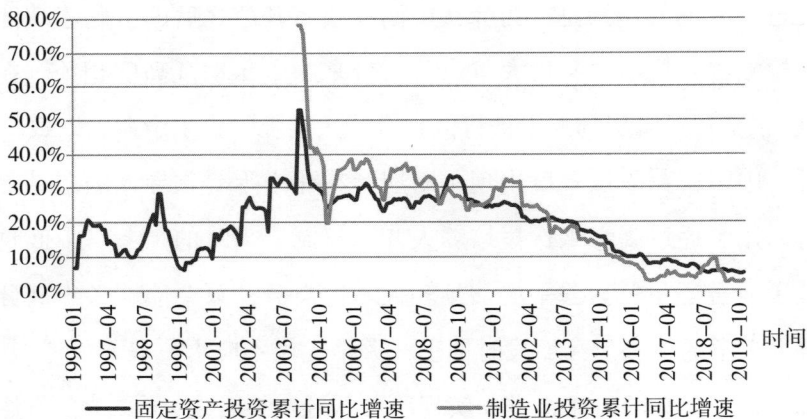

资料来源：CEIC。

图1.5 中国固定资产投资增速与制造业投资增速的变化

---

① 姚洋（2018）认为，中国改革开放以来之所以能够取得长期持续的高速经济增长，从政治经济学视角来看，主要有三个原因：一是有一个不代表特定社会阶层或利益集团的中性政府；二是经济分权赋予地方政府强大动力去发展经济；三是选贤任能的官员选拔机制。选贤任能的官员选拔机制给了草根阶层出身的年轻人实现阶层跃迁的重要机会。

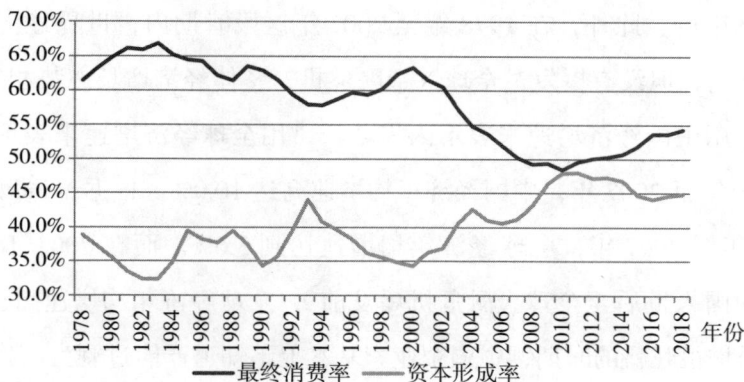

资料来源：Wind。

图1.6 中国的最终消费率与资本形成率

的 32.4% 上升至 2004 年的 42.7%。可以说，改革开放后至 2008 年全球金融危机爆发前，中国的经济增长在很大程度上是靠投资驱动的。正如林毅夫等（1994）所指出的，中国经济之所以能够保持长期高速增长，首要原因在于中国具有很高的资本积累率。无论是产业升级还是技术进步，都需要有相对充裕的资金积累提供支撑。

为什么中国的固定资产投资增速一直很高呢？既然大多数中国企业都在市场化经营，因此投资增速高的主要原因自然是投资回报率高。为什么 1978 年至 2007 年期间中国企业的投资回报率很高呢？笔者认为主要有两个原因。

第一个原因是，在改革开放之初到 2008 年全球金融危机爆发前，中国企业面临的内外部需求都很旺盛。从内需来看，在改革开放之初，中国经济一穷二白，几乎所有商品都很匮乏。在这种情况下，中国企业家生产各类商品的收益率均很高。只要企业家进行投资，投资形成了产能，产能转化为产品，就不愁找不到销路。从外需来看，随着中国在 2001 年年底加入世界贸易组织（WTO），中国企业生产的产品还能通过出口源源不断地销售到全球市场。此外，在 1978 年至 2007 年这段时期内，世界经济虽然局部危机不断，但没有爆发过全球性金融危机，整体经济增长态势相当不错。我们可以用中国经济增速来表示内需增长，用全球经济增速来表示外需增长。1978 年至 2007 年，中国经济年均增速高达 10.0%。根据 Wind 的数据，在 1980 年至 2007 年，全球经济年均增速达到 3.6%。而在 2002 年至 2007 年（即中国入世后至全球金融危机爆发前），全球经济年均增速高达 4.8%。在内外需均很旺盛的时期，中国企业家基本上不知道产能过剩为何物，进行固定资产投资的回报率很高。

第二个原因是，在这段时期内，中国企业进行固定资产投资的融资成本普遍较低。虽然中国的投资率很高，但幸运的是，中国的储蓄率更高（见图 1.7）。因此，中国不必像拉美国家或者南欧国家那样，要靠国外融资来支持国内投资，因为中国的高储蓄足以为本国投资提供资金融通。那么问题就转变为，为何中国储蓄率在 1978 年至 2007 年总体上不断上升？

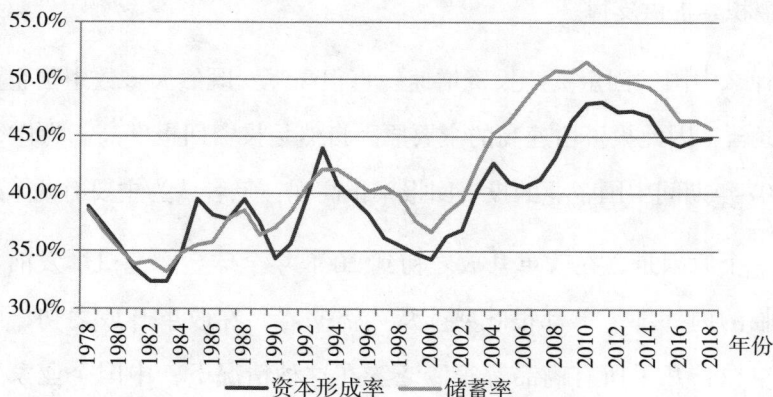

资料来源：Wind 与笔者的计算。

注：资本形成率为资本形成总额占 GDP 的比重，储蓄率为 1 减去最终消费额占 GDP 的比重。

图1.7　中国的储蓄率与投资率

中国高储蓄的原因大致包括中国居民预防性储蓄倾向较高（中国居民由于预期未来在教育、医疗、养老等方面会面临大额支出，因此倾向于削减当期消费）、中国居民面临流动性约束（中国居民在借钱消费上面临障碍，因此难以扩大当期消费）、儒家文化提倡未雨绸缪、中国家庭在过去的低收入时期形成了低消费习惯等，这些理由都可以部分地解释中国的高储蓄（张明，2009）。[①]

然而，决定中国国民储蓄率变动的最重要的理论，是生命周期理论。所谓储蓄的生命周期理论，是指一个人只是在工作期间才有能力储蓄，而在人生的两头（婴儿时期与老年时期）都是在消耗储蓄（婴儿时期是消耗上一代人的储蓄）。这就意味着，如果工作年龄人口占总人口比重不断上升，那么一个经济体的储蓄率就通常会上升，反之亦然。

推动中国储蓄率在 1978 年至 2007 年持续上升的最重要因素，其实是人口红利 I。中国的工作年龄人口占比由 1990 年的 66.7% 持续上升至 2010 年的 74.5%，这自然会推动中国储蓄率的上升。高储蓄可以为国内投资提供充足的资金支持，从而压低了中国企业的融资成本，进而提高了中国企业家进行固定资产投资的回报率。[②]

_____

[①] 笔者提供了一个解释中国高储蓄的新视角。笔者认为，居民储蓄、企业储蓄与政府储蓄两两之间，由于制度性原因而不能相互转化，导致居民、企业与政府不得不各自保持较高的储蓄，这是中国国民储蓄率居高不下的重要原因。例如，由于中国居民持有中国上市公司的股权很低，同时国有企业税后利润向社保上缴的比例很低，造成居民不能充分享受企业部门的收益，这导致中国居民部门不得不持有更高的储蓄。

[②] 黄益平等（2012）指出，生产要素成本的低估与政府对经济活动的干预，是促成中国经济成功起飞的重要因素。中国经济呈现出普遍而典型的金融抑制特征，包括利率管制、汇率干预、政府对贷款决策的影响、频繁调整的存款准备金率和资本管制等。金融抑制的一大结果就是中国的存、贷款基准利率持续偏低。

综上所述，一方面是旺盛的内外需增长，另一方面是高储蓄压低了融资成本，这两者共同提高了中国企业家进行固定资产投资的回报率，从而造就了持续快速的固定资产投资增长。

四、技术：后发优势驱动快速进步

在改革开放之后到 2008 年全球金融危机爆发前，中国的技术进步速度是很快的。技术进步有外源驱动与内生驱动两种模式。在更大程度上，这一时期内的技术进步更多是外源驱动的。这是因为，在改革开放之初，中国在很多方面的技术都显著落后于全球先进水平，因此可以引入外部技术，进行消化、吸收、提高，推动国内技术进步。这种后发优势是中国实现快速技术进步的最重要原因。林毅夫等（1994）指出，相对于技术开发而言，模仿和购买技术所需的成本要低得多。购买专利的成本只是原有开发成本的三分之一左右，而且购买的技术一定是已经证明成功的、有商业价值的技术。

然而，要充分发挥后发优势，必须具备两个前提条件。前提条件之一是中国技术水平距离全球先进技术的差距要足够大。技术落差越大，中国就可以越充分地发挥后发优势。例如，在这种情况下，不用一步到位引进最先进的技术，只要引入比国内技术水平先进一些的技术就可以了，这会降低引入技术的成本与难度，并逐步塑造中国企业与科研机构的学习能力。

前提条件之二是中国经济的体量要足够小。毋庸讳言，在改革开放初期，中国企业在引进外国技术时，采取了很多不规范的做法，在很多时候并没有充分支付市场对价。例如，在 20 世纪 90 年代，中国市场上充斥着大量的盗版软件。在那段时期，外国企业与外国政府不是不知道中国国内这些不规范的做法。他们之所以没有对此做出强烈反应，很大程度上是因为当时中国经济体量很小、中国企业竞争力不强，还没有被外国企业与政府视为重要竞争对手。

综上所述，较大的技术落差，加上较小的经济体量，共同塑造了中国在技术进步方面的后发优势，推动了中国在 1978—2007 年的快速技术进步。[①]

五、制度：10 年一次的重大经济制度改革

国内制度越是能对劳动者与企业家提供正向激励，一个国家的长期经济增速就越快，反之亦然。例如，林毅夫等（1994）指出，中国传统计划经济体制存在以下三方面痼疾：其一，计划配置造成资源配置效率低下；其二，缺乏竞争导致生产效率低下；其三，劳动激励不足，企业经理人员、工人、农民都没有努力工作的积极性，消极工作与搭便车成为普遍现象。又如，黄益平等（2012）指出，中国政府转变经济发展方式的政策之所以尚未取得显著成功，归根到底是因为这些政策措施没有真正涉及政府官员与经济部门的激励机制。

中国改革开放的进程，就是一部制度改革的历史。不过，笔者在这里所谈的制度改革，并不是指制度的小修小补，而是重大经济制度改革。

虽然中国经济在 1978—2007 年这 30 年间取得了年均 10% 的增长，但在此期间经济增长率的波动还是很大的（见图 1.8）。幸运的是，每次当经济增速下滑至较低水平时，中国政府都会进行一次重大经济制度改革。而在改革之后，经济增速便触底反弹、重新高速增长。

_____

① 这里必须指出的是，笔者并不是在否认或者低估自主创新在中国技术进步中扮演的重要角色。这里突出强调后发优势，只是为了便于前后比较与行文简洁。

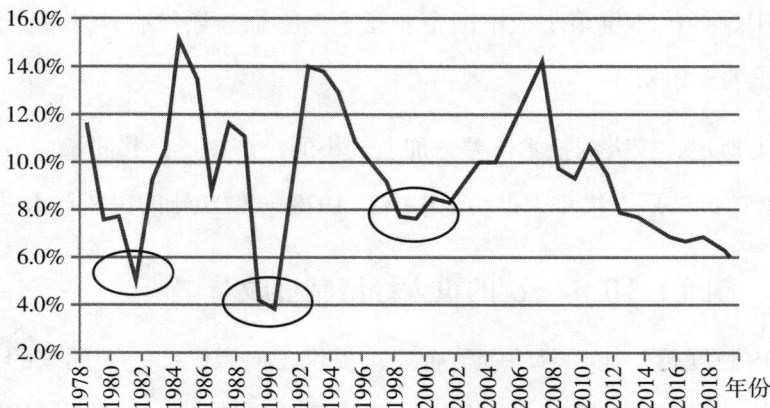

资料来源：Wind。

图1.8　三次重大经济制度改革

　　三次重大经济制度改革发生的时间如图 1.8 中的椭圆所示：第一次改革发生在 20 世纪 80 年代初期，核心是农村联产承包责任制改革与城市企业承包制改革；第二次改革发生在 1992—1993 年，核心是邓小平南方谈话与十四届三中全会确立了社会主义市场经济体制的发展道路；第三次制度改革发生在 1998—2001 年，核心是江泽民、朱镕基这届政府进行的国有企业改革、住房商品化改革及中国在 2001 年年底成功加入 WTO。[①]

　　值得一提的是 1998 年前后的国有企业改革。如表 1.3 所示，在 1995 年，中国国有企业面临严重问题，例如利润总额仅略高于亏损总额，产值利润率低下等。但在经历了 1998 年国企改革之后，虽然中国社会一度面临数千万人下岗带来的挑战，但在国有工业企业数量锐减的前提下，国有企

[①]　张燕生（2018）指出，用开放促改革和发展，同时用进一步改革和发展来扩大开放的互动模式，是中国在加入 WTO 之后取得显著的经济增长和社会发展效应的主要原因。

业的利润总额快速增长，产值利润率显著上升，亏损额与利润额之比显著下降。这意味着，1998 年前后"抓大放小"的国企改革取得了巨大成功。

表 1.3　1998 年国有企业所有制改革前后发生的重大变化

年份	国有工业企业家数（万家）	工业总产值（万亿元）	利润总额（亿元）	亏损企业亏损总额（亿元）	产值利润率（%）	亏损额 / 利润额（%）
1995	11.80	3.12	665	640	2.1	96
2000	5.35	4.06	2408	646	5.9	27
2005	2.75	8.37	6447	1026	7.7	16

资料来源：王小鲁（2019）。

国有企业"抓大放小"改革取得成功的过程，也是民营经济发展壮大的过程。如表 1.4 所示，在 20 世纪 80 年代、20 世纪 90 年代与 21 世纪初，非国有经济部门对 GDP 增长加速的贡献不断上升，在 21 世纪初对增长加速的贡献超过了 90%。中国经济在改革开放前 30 年的快速增长，与民营企业的蓬勃发展是密不可分的。

表 1.4　不同阶段三大要素对增长加速的贡献因素

	1978—1990 年增长加速 4.1%	1991—2000 年增长加速 5.3%	2001—2010 年增长加速 5.5%
农业	1.0%	0.4%	0.3%
国有经济	0.6%	1.4%	0.0%
非国有经济	2.5%	3.5%	5.2%

资料来源：王小鲁（2019），笔者对原始表格进行了汇总整理。

上述三次重大经济制度改革，频率基本是每 10 年发生一次。这些改革从根本上而言，都提升了经济的市场化程度，提高了微观主体（劳动者和企业家）的工作积极性，形成了正向激励机制，从而推动了中国经济的新一轮强劲增长。正如林毅夫等（1994）所指出的，中国通过深化制度改革，使得资源配置效率向生产可能性曲线靠近，从而成功地把被传统体制压抑的生产力释放出来。他们还将中国的经济体制改革模式归纳为做大蛋糕、增量改革、试验推广与非激进改革四大特征。韦森（2017）也认为，1978年尤其是1994年以来中国不断推进的市场化改革，即从计划经济体制向市场经济体制的社会转型，正是近40年来中国经济高速增长的最根本原因。

┃小 结┃

本章从劳动力数量、人力资本、实物资本、技术与制度这五个层面，分析了1978—2007年中国经济持续快速增长的原因。（见本书彩插上的思维导图）

从劳动力数量来看，经济高增长源自两个层面的人口红利。人口红利 I 是指工作年龄人口占总人口比重持续上升，这是一个数量方面的红利。人口红利 II 是指大量低成本的农村劳动力源源不断地流入城市，压低了城市的工资水平，使得城市具备了发展大规模劳动密集型产业的比较优势，这是一个价格方面的红利。

从人力资本来看，"文革"造成中国精英阶层出现断层，中国政府选择通过高考这一比较公平的制度设计来选拔培养人才，这提高了中国社会的阶层流动性，进而提高了中低收入家庭投资子女教育的回报率，最终促进人力资本快速积累。

从实物资本来看，一方面，较快的国内外经济增长提供了旺盛的内外部需求；另一方面，人口红利 I 导致中国储蓄率不断上升，为投资提供了源源不断的资金支持，从而压低了企业融资成本。旺盛的内外需求与较低的融资成本，共同推动了固定资产投资的持续快速增长。

从技术来看，在改革开放初期，中国技术水平与全球先进技术之间存在较大的技术落差，再加上中国经济的体量较小，使得中国可以比较充分地发挥后发优势，实现快速的技术进步。

从制度来看，在1978—2007年这30年间，每当中国经济增速滑落至较低水平时，中国政府都会进行一次重大经济制度改革。10年一次的重大制度改革，增强了微观主体的正向激励，进而推动了中国经济的新一轮强劲增长。

第 二 章

2008—2019：中国经济增速为何显著放缓？

在改革开放前 30 年期间，中国经济年均增速达到 10.0%。然而在 2007—2019 年，中国经济增速却由 14.2% 一路下降至 6.1%，降幅超过 50%。在笔者写作本书的 2020 年年初，由于遭受新冠肺炎疫情的冲击，中国经济自 2008 年以来的这一波下行趋势看起来仍将持续。为什么中国经济增速在 2008 年全球金融危机爆发之后会显著放缓呢？本章将同样从上篇引言中提到的生产函数入手，来解释 2008—2019 年中国经济增速为何显著放缓。下面同样从劳动力数量、人力资本、实物资本、技术与制度这五个维度来展开分析。

一、劳动力数量：两个人口红利均在衰减

在第一章中，我们用了两个层次的人口红利来分析劳动力数量这一维度对中国经济高速增长的贡献。人口红利 I 是指工作年龄人口占总人口比重不断上升，人口红利 II 是指大规模农民工向城市的流动压低了总体工资水平。那么在 2008—2019 年，这两个人口红利是否发生了重要变化呢？

如图 2.1 所示，中国 15~64 岁的人口数量由 1990 年的 7.63 亿逐渐上升

至 2013 年 10.06 亿的峰值，到 2018 年则下降至 9.94 亿。中国工作年龄人口占总人口的比重，则由 1990 年的 66.7% 上升至 2010 年 74.5% 的峰值，到 2018 年下降至 71.2%。这意味着，中国人口红利 I 的顶峰是 2010 年。从 2011 年起，中国的人口红利 I 就已经开始衰减了。

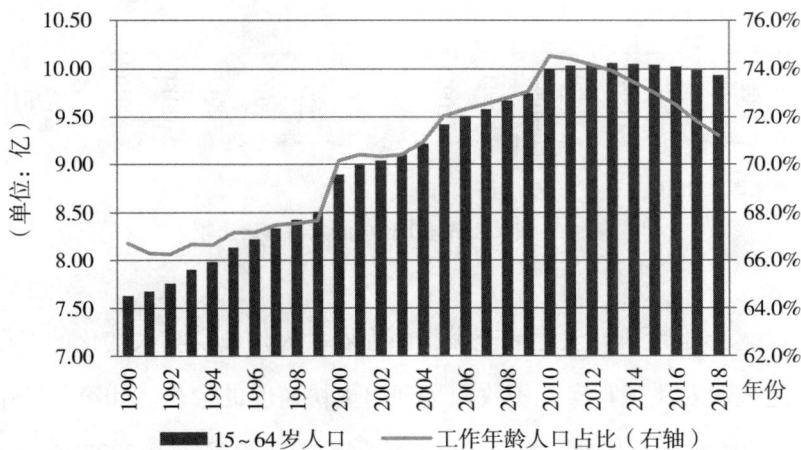

资料来源：CEIC。

图2.1 2010年是人口红利I的拐点

如图 2.2 所示，截至 2018 年，中国的工作年龄人口占比依然显著高于美国、欧盟与日本：中国的工作年龄人口占比要比美国、欧盟高出 5 个百分点以上，要比日本高出 10 个百分点以上。但是，2010 年以来中国工作年龄人口占比曲线的下降斜率，却显著高于美国与欧盟。各方面证据均显示，中国将在未来 30 年内迎来快速的人口老龄化。这意味着中国人口红利 I 在未来将会加速衰减。

人口红利 II 是否也发生了衰减呢？我们依然可以用农村人均收入增长的间接证据来分析农民工市场供求关系的变化。如第一章中的图 1.3 所示，从

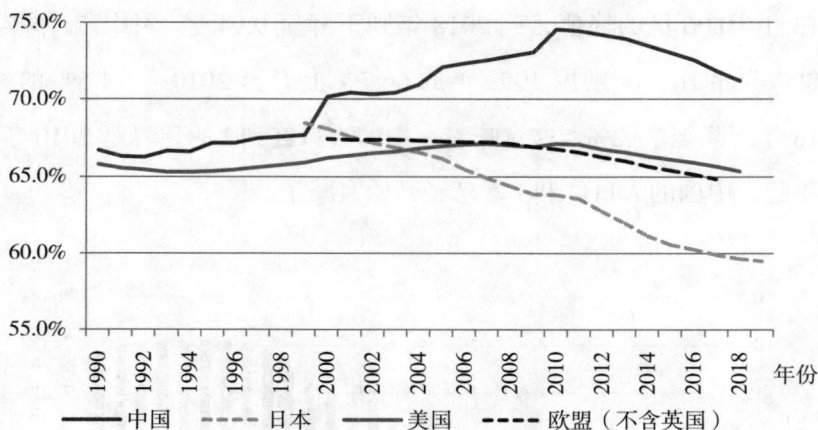

资料来源：CEIC。

图2.2　四大经济体工作年龄人口占比比较

2008 年全球金融危机爆发之后至今，中国农村人均真实收入变化的斜率明显上升，这表明农民工真实工资收入呈现出更快速度的增长。如第一章中的图 1.4 所示，中国农村人均收入占城市人均收入的比重已经由 2007 年 31.8% 的谷底，上升至 2019 年的 37.8%。这两方面的证据均表明，中国农民工工资水平在 2008 年之后上升速度明显加快。其背后的原因则是农民工市场供求关系发生了转变，由最初的供过于求转变为全球金融危机之后的供不应求。

如图 2.3 所示，尽管中国的农民工规模依然由 2008 年的 2.25 亿人上升至 2019 年的 2.91 亿人，但农民工数量的年均增速却由 2010 年的 5.4%显著下降至 2019 年的 0.8%。在不远的将来，农民工的绝对数量很快就会由升转降了。除了农民工数量增速下降、总量趋稳外，在 2008 年全球金融危机之后，中国农民工流动还发生了两大结构性变化（见图 2.4）：其一，农民工平均年龄显著上升，由 2008 年的 34.0 岁上升至 2018 年的 40.2 岁；其二，外出工作农民工占全部农民工的比例显著下降，由 2010 年的 63.3%

下降至 2019 年的 59.9%。"离土不离省""离土不离市""离土不离县"的
情形越来越多。

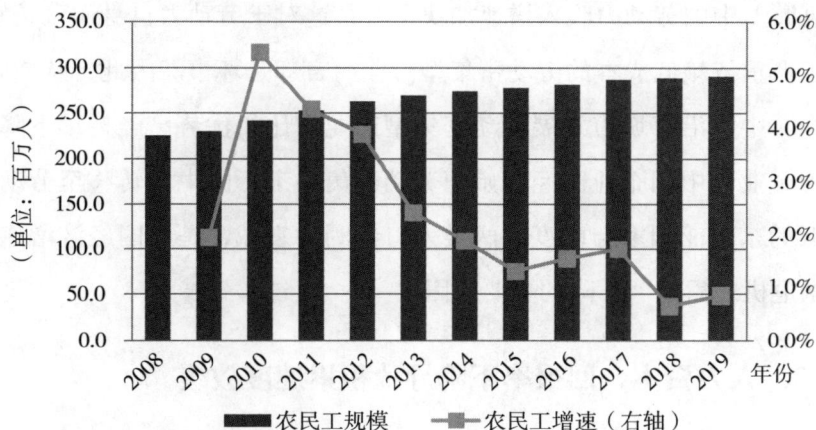

资料来源：CEIC。

图2.3 中国农民工规模的变化

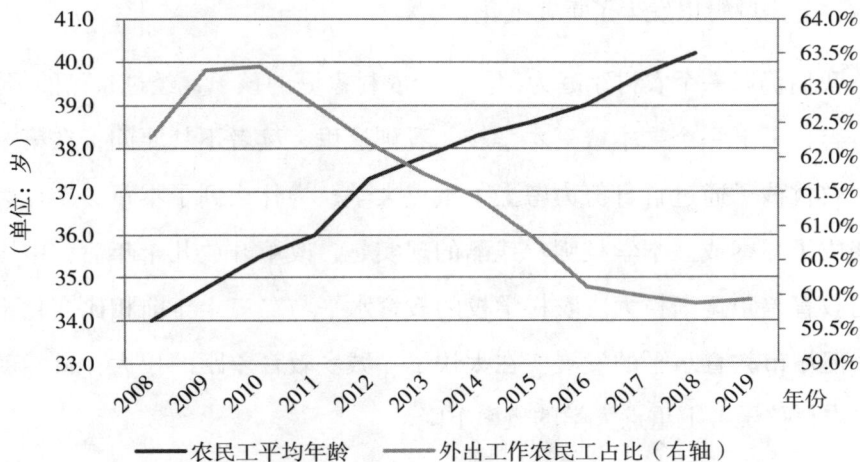

资料来源：CEIC。

图2.4 农民工流动的两大结构性变化

综上所述，随着工作年龄人口占比在 2010 年达到拐点，人口红利 I 开始衰减；随着农民工数量增速下降、总量趋稳与结构性变化的发生，农民工市场由供过于求转变为供不应求，农民工工资显著上升，人口红利 II 也开始衰减。中国劳动力收入增速加快上升，这对于劳动力自身而言是好事，但对于严重依赖低成本的劳动密集型行业而言却是坏事。因此，从 2008 年起至今，中国沿海城市发展劳动密集型产业的比较优势已经持续下降。不少跨国企业与中国企业已经开始把劳动密集型工厂由中国转移至劳动力成本更低的东南亚国家与印度。两类人口红利的衰减，是中国经济增速在全球金融危机之后显著下降的重要原因之一。

二、人力资本：回报率下降导致积累速度放缓

第一章提到，在改革开放前 30 年，中国中低收入家庭投资子女教育的积极性很高，这是因为相关投资的回报率很高，更深层次的原因则在于这一时期内中国社会的阶层流动性较强。遗憾的是，在 2008 年全球金融危机之后，上述逻辑也发生了重要变化。

我们仍以一个农村家庭为例。一个农村家庭的孩子，经过自己的努力，好不容易考上一个二本或三本学校。看到这里，读者不禁要问，在第一章中，农村孩子通过自身努力考上了重点大学，为什么到了本章，重点大学却变成了二本或三本学校呢？残酷的现实是，改革开放几十年后，中国城乡的教育差距逐渐拉大。农村学校的教育水平与二三十年前相比变化不算大，但城市教育水平的发展实在太快了。城乡教育差距的拉大，自然就会造成农村孩子考上重点大学的概率下降。

例如，北京大学教育学院的刘云杉教授在统计了 1978—2005 年近 30 年间北大学生的家庭出身后发现，1978—1998 年，来自农村的北大学子

比例约占三成，而在 2000 年至 2011 年，考上北大的农村子弟只占一成左右。[①] 又如，自 2000 年以来，农村学生上大学的比例已经上升至新生人数的 60%，但是上"985"和"211"重点大学的比例不升反降。[②] 再如，清华大学中国经济社会中心和清华大学社会学系的调查发现，2006 年入学的农户子弟（上大学前户籍为农业户口）、农村子弟（上大学前居住在农村）和农民子弟（父母中至少有一方从事农业劳动）在本科（学院）中的比例分别为 47.2%、32.4% 和 11.5%。2010 年这一比例分别上升到 68.5%、50.5%和 32.7%。而在同一时期内，在"985""211"高校这些优势教育资源上，农户子弟和农村子弟的教育机会都出现了下降趋势（李强等，2012）。

然而，考上二三本学校才是故事的开始。中国大学目前的收费特点是，越是重点大学，学费通常越低。越是二三本学校，学费通常越高。因此，这个农村孩子考上大学之日，就是家庭举债之时。大学四年毕业之后，由于二三本毕业生数量太多，这个孩子遭遇结构性失业压力，很难找到一份理想的工作。养家糊口尚为不易，更不要谈偿还上大学家庭举借的贷款了。

问题接踵而来。即使这个农村孩子通过自身努力，再加上足够的运气，大学毕业后找到了一份不错的工作，在城市安了家，娶了个城里媳妇儿，他还能像 20 世纪八九十年代的农村大学毕业生那样，给自己的兄弟姐妹以无私支持吗？即使他愿意，他在自己的小家庭里也可能遭遇很大压力。在

---

① 北大等名校农村学生所占比例缘何越来越少 [EB/OL].http://edu.china.com.cn/henan/2013-10/16/content_30308642.htm，2013-10-16.

② 两点一线网络教育.为什么重点大学农村学生比例不断降低？[EB/OL].https://www.sohu.com/a/1147451_101042，2015-02-05.

当前很多讨论都市家庭关系的电视剧中，这种出身农村的男青年被称为"凤凰男"，通常都会遭遇冷嘲热讽或者口诛笔伐。但是，为自己原生家庭提供各种支持的"凤凰男"，恰恰是一个农村家庭所进行的人力资本投资发挥外溢作用的最重要渠道。如果预期到对特定子女的人力资本投资最终不能溢回给其他家庭成员，这个家庭的父母还愿意长期节衣缩食，并以其他孩子利益受损为代价，去送特定孩子接受各种费用不菲的教育吗？

尽管仍然不能找到具体数据，但从笔者能够接触到的案例来看，自2008年以来，不少中低收入家庭投资子女教育的积极性与支出占比已经明显下降。

造成这一现象的深层次原因，则是中国社会的阶层流动性已经明显下降了。其实，上面这个故事反映了来自农村草根阶层的年轻人在通过自己努力实现阶层跃迁的过程中，正在遭遇越来越大的困难。第一章提到，在20世纪八九十年代，"知识改变命运"与"鲤鱼跳农门"这两句俗语可以用来刻画当时中国社会较强的阶层流动性。而在当前，有一个热门词可以用来精准地刻画中国社会阶层流动性的下降，这个词就是"拼爹"。"拼爹"这个词所透露出的含义，不就是子女一辈人的社会阶层在很大程度上取决于父母一辈人吗？

如前所述，"文革"造成了改革开放初期中国的精英阶层断层，高考成为从草根阶层中选拔培养人才的公平机制，这一逻辑塑造了改革开放前30年中国社会较强的阶层流动性。然而，精英阶层一旦形成，利益就可能固化，从而演变为既得利益阶层。既得利益阶层将会千方百计保护自己的利益，人为提高进入门槛，这就会造成精英阶层的"板结化"，最终导致阶层流动性的下降。

很遗憾，笔者没能找到代际受教育相关性系数的时间序列来刻画中国社会阶层流动性的变化。不过，如表 2.1 所示，在 2020 年世界经济论坛最新发布的全球社会流动性排名中，中国在 82 个国家中仅仅名列第 45 位，这一点无疑值得我们高度关注。值得一提的是，排名前 7 位的国家均为西北欧国家。

表 2.1 世界经济论坛全球社会流动性排名（2020 年）

排名	国家	排名	国家	排名	国家	排名	国家
1	丹麦	22	新西兰	43	马来西亚	64	土耳其
2	挪威	23	爱沙尼亚	44	哥斯达黎加	65	哥伦比亚
3	芬兰	24	葡萄牙	45	中国	66	秘鲁
4	瑞典	25	韩国	46	乌克兰	67	印度尼西亚
5	冰岛	26	立陶宛	47	智利	68	萨尔瓦多
6	荷兰	27	美国	48	希腊	69	巴拉圭
7	瑞士	28	西班牙	49	摩尔多瓦	70	加纳
8	奥地利	29	塞浦路斯	50	越南	71	埃及
9	比利时	30	波兰	51	阿根廷	72	老挝
10	卢森堡	31	拉脱维亚	52	沙特阿拉伯	73	—
11	德国	32	斯洛伐克	53	格鲁吉亚	74	洪都拉斯
12	法国	33	以色列	54	阿尔巴尼亚	75	危地马拉
13	斯洛文尼亚	34	意大利	55	泰国	76	印度
14	加拿大	35	乌拉圭	56	亚美尼亚	77	南非
15	日本	36	克罗地亚	57	厄瓜多尔	78	孟加拉国
16	澳大利亚	37	匈牙利	58	墨西哥	79	巴基斯坦
17	马耳他	38	哈萨克斯坦	59	斯里兰卡	80	喀麦隆
18	爱尔兰	39	俄罗斯	60	巴西	81	塞内加尔
19	捷克	40	保加利亚	61	菲律宾	82	科特迪瓦
20	新加坡	41	塞尔维亚	62	突尼斯		
21	英国	42	罗马尼亚	63	巴拿马		

数据来源：World Economic Forum, The Social Mobility Report 2020。

随着一个国家收入分配失衡程度的上升，该国的社会阶层流动性通常会下降。中国近年来阶层流动性的下降，也与国内收入分配失衡加剧密不可分。衡量一国收入分配不平等程度的常用指标是基尼系数。基尼系数的范围是由 0 至 1，数值越大，表示收入分配不平等程度越高。中国国家统计局发布的基尼系数显示，2003 年至 2018 年，中国的基尼系数由 0.479 下降至 0.468（见图 2.5）。换言之，这段时期内，中国的基尼系数虽然超过了 0.40 的国际警戒线，但总体上趋于下降，表明收入分配失衡程度有所改善。毫无疑问，官方基尼系数变动与大众的观感明显是不一致的。最重要的原因是，基尼系数的估算要求精确统计中国家庭的收入，而国家统计局的问卷调查很难摸清中国家庭（尤其是高收入家庭）的真实收入。

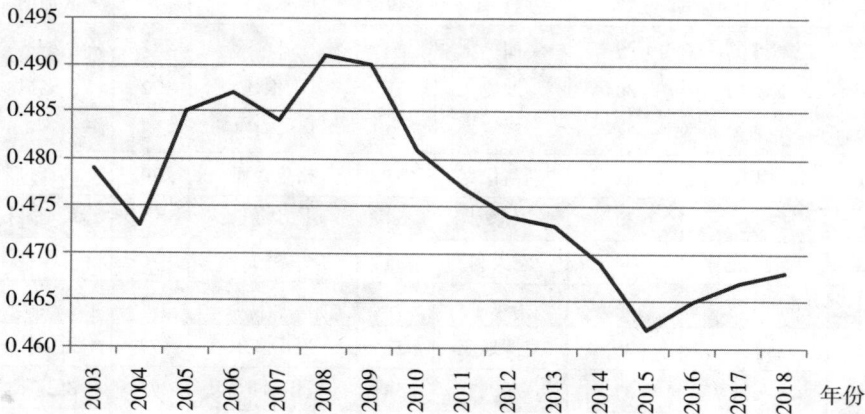

资料来源：CEIC。

图2.5 中国官方基尼系数

这里我们可以给出三个著名的估算案例。第一，根据西南财经大学甘犁教授团队基于入户调查的估算，2010 年中国的基尼系数高达

0.61，^①中国 5% 的高收入家庭拥有中国 50% 的储蓄。^②第二，根据北京大学谢宇教授团队的估算，中国的真实基尼系数在 0.52 左右。不过，传统基尼系数是基于收入的，而谢宇教授团队的估算表明，2012 年中国基于家庭净资产的基尼系数高达 0.73。^③中国 1% 的最富有家庭拥有中国 35% 的财产。导致中国出现严重财产不平等的根源，对大部分人来讲是房产，对小部分人来讲是金融。^④第三，根据王小鲁（2019）的估算，中国的收入分配失衡在很大程度上是由于一部分城镇高收入家庭拥有大量未纳入统计的灰色收入。城镇 10% 最高收入家庭的真实收入是统计收入的三倍以上。2011 年的灰色收入达到 6.24 万亿元，相当于当年 GDP 的 12% 左右。如果将灰色收入统计在内，则 2008 年城镇 10% 最高收入家庭的人均收入是 10% 最低收入家庭的 26 倍，而非统计显示的 9 倍。

综上所述，阶层利益固化与收入分配失衡加剧降低了中国社会的阶层流动性，压低了中低收入家庭投资子女教育的回报率，从而降低了人力资本积累速度。这可能导致中国经济长期增速的下降。^⑤

---

① 一般认为，全球收入分配失衡最严重的国家是南非，基尼系数达到 0.64。

② 北青财迷到家 .5% 的家庭占有全国一半存款，你们家属于哪一类家庭？［EB/OL］. https://www.sohu.com/a/160176153_510002，2017-07-27.

③ 谢宇团队同时指出，美国 2001 年的财产基尼系数高达 0.83。

④ 谢宇 . 中国的财产不平等主要来自房产和金融［EB/OL］.https://www.thepaper.cn/newsDetail_forward_1353526_1，2015-07-17.

⑤ 伊斯特利（2016）利用非洲国家数据的对比分析说明，政府增加教育投资并不必然带来更快的经济增长。他发人深省地指出："在寻租是唯一赢利活动的国家里，让人们获得技能并不会带来成功。"如果只有技能，而没有能够让技能得以发挥的环境，经济增长也就无从谈起。他还指出："如果在未来进行投资的激励并不存在，那么发展教育就没有什么收效了。"

三、实物资本：需求减弱与融资成本上升造成积累速度放缓

第一章指出，在改革开放前 30 年，中国固定资产投资增速一直很快，原因之一是有着旺盛的内外部需求，原因之二是高储蓄压低了融资成本。

然而，正如第一章中的图 1.5 所示，中国的固定资产投资增速已经由 2008 年之前的年均 20% 以上一路下降至 2019 年的 5%~6%。也正如第一章中的图 1.6 所示，中国最终资本形成占 GDP 的比率，已经由 2011 年的 48.0% 下降至 2018 年的 44.8%。换言之，在 2008 年全球金融危机爆发后至今，中国的固定资产投资增速已经显著下滑。由于固定资产投资决策是由市场化经营的企业做出的，固定资产投资增速的下滑反映了相关投资回报率的下降。

导致投资回报率下滑的原因之一，是内外需增速下降使得中国传统制造业开始面临越来越严重的产能过剩。[①]

从内需来看，一方面，中国经济年均增速已经由 1978—2007 年的 10.0% 下降至 2008—2019 年的 8.0%，而 2019 年的经济增速仅为 6.1%；另一方面，中国家庭对很多耐用消费品的消费已经较为饱和，如家电和汽车等。这意味着，对中国传统制造业而言，国内需求增速已经显著下降。

从外需来看，一方面，2008 年全球金融危机爆发后，全球经济增速显著走低。2008—2018 年的全球经济增速仅为 3.4%，显著低于 2002—2007

---

① 刘海影（2014）富有洞见性地指出，只有有效投资才能有效扩张企业的生产能力，而无效投资只能加大过剩产能的堆积。过剩产能高的国家一定存在大量的僵尸企业，而它们生存的前提是消耗大量宝贵的信贷资源。因此，高过剩产能国家的信贷比例一定会以更高的速度攀升。

年的 4.8%；另一方面，随着世界经济在全球金融危机后陷入长期性停滞格局，国际范围内的孤立主义、单边主义和保守主义明显抬头，造成全球经贸摩擦持续升级。自 2018 年 3 月起至今的中美经贸摩擦就是明证。全球经济增速的放缓与国际经贸摩擦的抬头，使得中国传统制造业面临的外部需求增速也显著下降。

一旦内外需增速同步回落，中国传统制造业就开始面临产能过剩的挑战。钢铁、煤炭、平板玻璃、水泥、电解铝、船舶、光伏、风电与石化被称为中国的九大产能过剩行业。如图 2.6 所示，在 2008—2014 年，钢铁、电解铝、水泥、炼油、平板玻璃、造纸等行业的产能利用率的确出现了不同程度的下滑。国际产能利用率的警戒线一般为 75%~80%。不难看出，中国的钢铁、水泥、炼油等行业的产能利用率在 2014 年已经跌破国际警戒线。

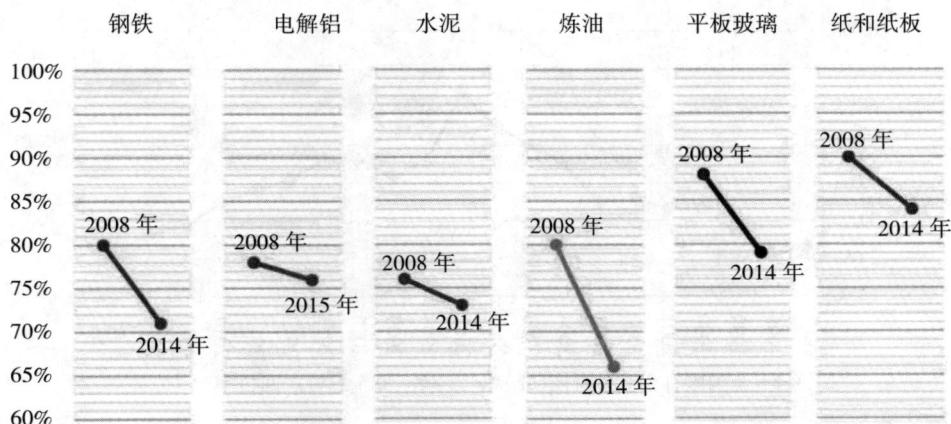

资料来源：中国欧盟商会（2016）。

图2.6 六大行业的产能利用率

产能过剩意味着企业的现有产能尚不能得到充分利用，企业自然没有动力去新增产能投资。此外，内外需不振导致的产能过剩也会造成中国企业的赢利能力下滑。如图 2.7 所示，中国国有企业的总资产回报率（return on assets, ROA）在 1997 年至 2007 年持续上升，但在 2008 年至 2016 年却持续下降，由 2007 年的 6.4% 下降至 2016 年的 2.7%。虽然中央国有企业的 ROA 要比全部国有企业高一些，但央企同样面临 2008 年之后 ROA 持续下滑的局面。

导致投资回报率下滑的原因之二，是中国企业融资成本的显著上升，尤其对于中小民营企业而言。近年来，民营企业融资难、融资贵已经成为困扰中国经济的突出问题。尽管中国政府采取了很多鼓励性政策（包括结构性货币政策），依然没能显著改善这一状况。造成民营企业融资成本高居

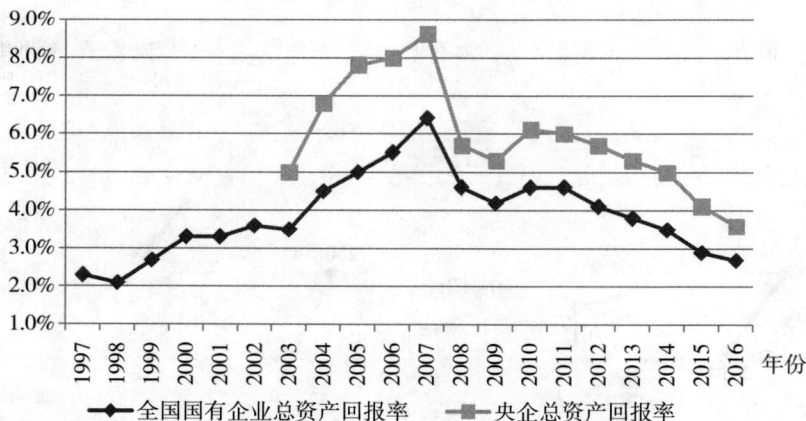

资料来源：Wind。

图2.7　中国国有企业的总资产回报率（ROA）

不下的原因，至少包括民营企业融资链条不断拉长[①]、金融机构风险偏好上升（因此对违约率更高的中小企业要求更高的风险溢价）、预算软约束的地方融资平台挤压了民营企业融资（徐高，2019）等。

　　然而，中国企业融资成本上升的更深层次、更中长期的原因，是中国储蓄率的显著下滑。正如第一章中的图 1.7 所示，中国的储蓄率已经由 2010 年 51.5% 的峰值下降至 2018 年的 45.7%。导致储蓄率下降的原因有很多，其中最重要的原因，则是中国的工作人口占比在 2010 年到达拐点后开始由升转降。换言之，人口红利 I 的衰减造成中国储蓄率下降，这提高了中国企业的融资成本，进而压低了投资回报率。[②]

　　综上所述，中国国内经济增速下降、居民对传统耐用品消费接近饱和，导致内需增速显著下降。全球经济增速下降、国际经贸冲突上升，导致外需增速显著下降。中国工作年龄人口占比由升转降，导致储蓄率下降，抬高了企业融资成本。内外需增速的下降与企业融资成本的上升，压低了企业进行固定资产投资的回报率，进而使得固定资产投资增速下降，最终导致中国经济增速下降。

---

　　①　让我们举例说明。最初，民营企业可以直接从商业银行处获得贷款，融资链条只有一环。随后，商业银行只愿意把钱贷给国有企业，而国有企业再将用不掉的富余资金，通过国企下属的财务公司贷给民营企业，融资链条变为两环。后来，国企财务公司只愿意购买信托产品，信托公司再把发行信托产品募集的资金贷给民营企业，融资链条变为三环。再后来，信托公司也不愿意直接把资金贷给民企，而是要求民企必须获得担保公司的担保，融资链条变为四环。一般而言，融资链条增加一个环节，民企的年化融资成本至少上升两个百分点。这就是为什么基准贷款利率为 5%，民企实际借款成本却往往高达 15%（郭强等，2019）。

　　②　Perkins 与 Rawski（2008）指出，在维持了 30 年高速增长后，中国经济的人口红利即将结束，老龄化加剧将会带来储蓄率下降，这将使得中国经济进入增长速度下滑时期。

四、技术：后发优势难再发挥，自主创新面临掣肘

第一章指出，在改革开放前 30 年，中国淋漓尽致地发挥了后发优势，实现了持续快速的技术进步。而要充分发挥后发优势，又需要具备技术落差足够大和经济体量足够小两个前提条件。

在经历了 30 年的高速经济增长之后，后发优势的两个前提条件均发生了根本性变化。其一，中外技术落差已经越来越平坦化。随着中国国内技术水平的持续进步，目前中国技术水平与全球先进技术之间的差距已经越来越小。其二，中国经济的体量已经今非昔比。在 2008 年全球金融危机期间，中国 GDP 总量已经超越日本而位居全球第二。如果用购买力平价来计算，当前中国的 GDP 总量已经超过美国而位居全球第一。

在两个前提条件均发生根本性变化的前提下，中国继续发挥后发优势的难度越来越大。随着发达国家日益把中国视为最重要的战略竞争对手，它们开始实施各种针对中国的高新技术出口限制，并开始封锁与打压中国。

例如，在奥巴马政府执政期间，美国政府致力于在全球范围内打造三个"T"，即 TPP、TTIP 与 TISA。所谓 TPP，是指跨太平洋伙伴关系协定（Trans-Pacific Partnership Agreement）。所谓 TTIP，是指跨大西洋贸易与投资伙伴协定（Transatlantic Trade and Investment Partnership）。所谓 TISA，是指国际服务贸易协定（Trade in Service Agreement）。这三个协定象征着美国政府试图在 WTO 之外构建更高标准的全球贸易投资规则的努力。而在这三个协定中，"知识产权条款"都是最核心的条款之一。美国这样做的用意，其实就是要用这些条款来限制中国等新兴市场大国通过从外部引入先进技

术来推动国内技术进步。①

在特朗普上台之后，虽然美国政府暂时退出了 TPP 谈判，但却实施了更直接地打压中国的策略。从 2018 年春季开始，美国政府悍然发动了中美贸易战。美国政府挑起贸易摩擦的核心理由之一，就是中国在"偷窃"美国的技术，以及通过"强制性技术转让"来"迫使"在中国经营的美资企业向中方合作者转移技术。在 2020 年年初签署的中美第一阶段经贸协议中，也有专门的章节涉及知识产权内容。此外，美国政府还在大范围调查通过"千人计划"回国效力的华裔科学家，② 以及显著提高了在美国学习敏感专业的中国留学生的签证难度。美国外国投资委员会也明显加大了对中国企业并购美国高新技术企业的审查力度。从特朗普政府的这些举措来看，未来中国企业要想从美国获取先进技术的难度将会变得越来越大。其他发达国家虽然没有美国这么极端，但中国从外国获取先进技术的难度已经变得越来越大，这一点已经成为不争的事实。

既然后发优势难以继续发挥，那么中国实现技术进步的主要渠道自然会转向自主创新。近些年来，中国国内技术自主创新的确取得了重大进展。例如，到 2016 年，在 11 个主要的科技创新指标国际排名中，中国在研究人员数量、专利申请量、专利授权量、高科技产品出口额这 4 个指标上已

---

① 有趣的是，我们可以把 TPP 看作美国在太平洋领域设置的封锁圈，把 TTIP 视为美国在大西洋领域设置的封锁圈，要应对这样的封锁圈，中国在世界地图上的自然选择是向西、向南走，而这恰好正是"一带一路"的倡议指向。

② "千人计划"是海外高层次人才引进计划的简称，这是指中国政府围绕国家发展战略目标，有针对性地引入海外高层次人才的人才发展计划。2008 年 12 月 23 日，中共中央办公厅转发了《中央人才工作协调小组关于实施海外高层次人才引进计划的意见》，"千人计划"就此启动。截至 2017 年年底，"千人计划"入选人数累计已经超过 8000 人。

经位列全球第一，在研发费用、国际科学论文数、被引数、世界 500 强企业数、世界 500 强品牌数这五个指标上已经位列全球第二。

尽管如此，中国在科技创新方面还面临以下主要不足：企业创新能力不强、核心技术仍然依赖进口、原始创新能力弱、科技力量分散重复与项目重复导致整体效率不高、以论文为主导的科技评价导向不适应科技与经济融合发展的基本要求、培养与吸引顶尖人才的体制机制还需要进一步完善等（王宏广，2018）。

要充分激发国内技术自主创新，目前中国还面临以下三个掣肘因素。

一是中国国内知识产权保护体系依然较为薄弱。在过去更加依赖外源式创新的时候，淡化知识产权要求的确有助于降低中国企业的模仿成本。然而，当需要激发国内自主创新的时候，薄弱的知识产权保护将会降低创新企业的激励，因为它使得后者不能充分获得创新成果带来的好处。

二是 2008 年全球金融危机爆发之后，中国出现了"国进民退"的现象。全球金融危机爆发后，四万亿财政刺激方案与天量银行信贷的最大受益者是国有企业，这造成了一轮"国进民退"。从 2016 年年底以来，中国政府开展了金融强监管、去杠杆、控风险行动，监管强化导致影子银行体系显著收缩，商业银行表外融资规模大幅下降。由于民营企业是影子银行与商业银行表外融资的最大受益者，这次强化金融监管的行动事实上又造成了新一轮的"国进民退"。由于民营企业的创新动力普遍强于国有企业，因此这几轮"国进民退"自然不利于激发国内的自主创新。

三是人力资本积累速度有所放缓。推进国内技术自主创新需要有人力资本的支持。毫无疑问，改革开放前 30 年中国大规模的人力资本投资为国内技术自主创新提供了有力支撑，例如，当前中国存在巨大的"工程师红利"。然而，如前所述，自2008年以来中国人力资本积累速度已经显著放缓，这无疑将会影响到未来中国国内自主创新的可持续性。

后发优势难以继续发挥，国内自主创新又受到上述因素的掣肘，因此，中国技术进步在2008年之后的明显放缓就不难理解了。这里我们举出两个证据。其一，如图2.8所示，在2008—2019年，中国的劳动生产率增速总体上不断下滑，由2007年的13.7%下滑至2019年的6.3%，降幅超过50%。其二，如表2.2所示，在2009—2016年，全要素生产率对GDP增速的贡献仅为2.7个百分点，显著低于1978—2008年（尤其是2001—2007年）时的贡献率。无论是劳动生产率增速的下降，还是全要素生产率对GDP增速贡献率的下降，都反映出2008年至今中国技术进步速度的放缓。

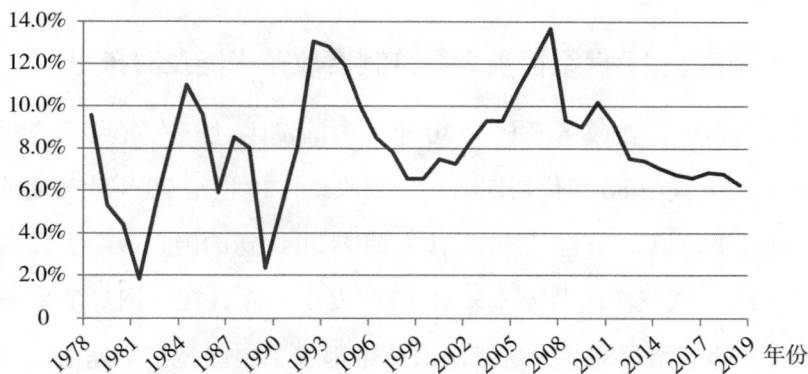

资料来源：CEIC。

图2.8 中国劳动生产率增速的变化

表 2.2　中国 GDP 增速的增长计量分解

年份	1965—1977	1978—1990	1991—2000	2001—2008	2009—2016
GDP 增速	6.9%	9.3%	9.9%	10.7%	8.3%
资本贡献	3.0%	3.9%	4.0%	4.8%	5.3%
劳动力贡献	1.5%	2.1%	0.6%	0.3%	0.2%
全要素生产率贡献	2.4%	3.3%	5.2%	5.6%	2.7%

资料来源：徐高（2019）。

综上所述，一方面，技术落差的缩小与经济体量的放大，制约了中国继续通过后发优势实现技术进步；另一方面，国内知识产权保护体系薄弱、2008 年之后发生的"国进民退"现象、人力资本积累速度的放缓，均对国内技术自主创新形成掣肘。在这两方面因素影响下，中国的技术进步速度在 2008 年之后明显放缓，这也是中国经济长期增速下降的原因之一。

五、制度：21 世纪初重大经济制度改革未能及时推进

第一章指出，在改革开放前 30 年，中国发生过三次重大经济制度改革，分别是 20 世纪 80 年代初期的承包制改革，20 世纪 90 年代初期的社会主义市场经济道路，20 世纪 90 年代末期 21 世纪初的国企改革、住房改革与加入 WTO。这三次改革差不多每 10 年发生一次，在中国经济增速陷入低谷之时重塑了增长动力。这三次改革也都成了中国经济增速由降转升的拐点。然而，如第一章中的图 1.8 所示，从 2008 年到 2019 年，中国经济增速已经持续下滑了 12 年，创下改革开放之后经济持续下滑时间之最。在这 12 年间，似乎还没有发生在重要性上可与上述三次相提并论的重大经济制度改革。为什么会出现这一现象呢？

中国的重大经济制度改革似乎存在一个政治经济周期。在中国，每届政府通常执政 10 年，并分为前后两个任期。每届政府在上任初期，都会形成一套关于经济制度改革的蓝图。这套蓝图通常会在偶数届党代会的三中全会对外发布。① 但通常来看，每届政府都倾向于在第二个任期的前几年来推进这些重大经济制度改革。个中原因可能是，在第一个任期内，新政府要集中精力完成交接，并通过把经济增速搞上去来获得有关各方更大程度的支持；而在第二个任期的最后一两年，现任政府的主要精力就变成了实现政府换届时期的平稳过渡。换言之，中国政府重大经济制度改革的时间窗口，大约是每 10 年出现一次，每次不过两三年时间。

重大经济制度改革一般是"以短痛换长痛"。在改革实施之初，可能导致当期经济增速下行，同时也会损害既得利益集团利益。因此，这种改革最好发生在外部环境向好之时。然而这个世界的吊诡之处恰好在于，过去几十年内，全球经济金融体系似乎也是每 10 年左右爆发一次重大危机。事情就这么凑巧，连续好几次，每当中国面临重大经济制度改革的时间窗口之时，均与国际金融危机的爆发撞车。

例如，江泽民、朱镕基政府国内重大经济制度改革的时间窗口，与1997—1998 年的东南亚金融危机撞车。又如，胡锦涛、温家宝政府国内重大经济制度改革的时间窗口，与2007—2008 年的全球金融危机撞车。再如，

---

① 例如，1984 年召开的十二届三中全会通过了《中共中央关于经济体制改革的决定》，1993 年召开的十四届三中全会通过了《中共中央关于建立社会主义市场经济体制若干问题的决定》，2003 年召开的十六届三中全会通过了《中共中央关于完善社会主义市场经济体制若干问题的决定》，2013 年召开的十八届三中全会通过了《中共中央关于全面深化改革若干重大问题的决定》。

本届政府在进入第二个五年任期之后，又遭遇了中美贸易战。

因此问题就转变为，在外部环境严重恶化的背景下，中国政府是否依然能够推动国内重大经济制度改革呢？从历史经验来看，江泽民、朱镕基政府在东南亚金融危机爆发的大环境下，依然坚持推动了国企、住房与入世等重大经济制度改革。然而，在2008年全球金融危机爆发之后，由于预期这场危机可能给中国经济带来严重负面冲击，胡锦涛、温家宝政府实施了四万亿财政刺激计划，辅之以宽松的货币信贷政策，最终通过大规模基建与房地产投资稳定了经济增长。不过，国内重大经济制度改革却由此而推迟了。[①] 正因为21世纪初的重大经济制度改革没有发生，中国经济增速仅在2010年短暂反弹，随后又继续下行。

综上所述，在21世纪初，由于国内重大经济制度改革的时间窗口与2008年全球金融危机的爆发撞车，中国政府将政策重点放在稳定经济增长之上，重大经济制度改革没有如期推进，这是造成中国经济长期增速在2008年之后持续下行的重要原因之一。

---

① 例如，卢锋（2016）指出，在2008年全球金融危机爆发后，中国政府出台的四万亿财政刺激计划与银行信贷罕见扩张的确成功地扭转了经济下滑趋势，但也支付了不菲的代价。这就是本来需要调整的某些失衡因素进一步加剧与复杂化。例如，原本进行的房地产调控政策逆转，房价重新飙升，客观上加剧了一些地区本来就存在的房地产泡沫。又如，一些制造业行业原本就比较突出的产能过剩问题，在四万亿刺激之后进一步加剧。

｜小 结｜

　　本章从劳动力数量、人力资本、实物资本、技术与制度这五个层面，分析了 2008 年至 2019 年中国经济增速持续下降的原因。[①]（见本书彩插上的思维导图）

　　从劳动力数量来看，经济增速的下行源自两个人口红利的衰减。一方面，从 2011 年起，中国工作年龄人口占比持续下行，人口红利 I 开始萎缩；另一方面，在 2008 年全球金融危机爆发之后，农民工数量增速持续下行，平均年龄显著上升，且留在家乡工作的现象明显增多，这使得农民工市场的供求关系开始转变。农民工工资持续上升进一步削弱了中国城市发展劳动密集型产业的比较优势。人口红利 II 也开始萎缩。

　　从人力资本来看，随着精英阶层利益固化，以及收入与财产分配失衡的加剧，中国社会的阶层流动性明显下降。这压低了中低收入家庭投资子女教育的回报率，他们的投资积极性随之下降，人力资本积累速度由此变慢。

　　从实物资本来看，一方面，中国经济增速与全球经济增速在 2008 年之后的显著下行，导致中国企业面临的内外部需求增速放缓，

---

　　① 田国强（2018）把中国经济当前面临的问题总结为三个结构性失衡：一是经济结构失衡，如需求、产业、市场结构失衡、虚实经济失衡、转型驱动发展滞后等；二是体制结构失衡，如重政府轻市场、重国富轻民富、重发展轻服务、发展逻辑错位等；三是治理结构失衡，如贫富差距过大、改革共识减弱、治理粗暴简单、社会矛盾增加、生态环境恶化、中央决策和地方执行落差大等。

使得传统制造业产能过剩问题凸显；另一方面，人口红利 I 的衰减造成中国储蓄率由升转降，从而提高了中国企业的融资成本。疲弱的最终需求与高企的融资成本，压低了中国企业固定资产投资的回报率，最终导致固定资产投资增速显著放缓。

从技术来看，30 年快速技术进步，使得中国与全球的技术落差迅速收窄，再加上中国经济体量今非昔比，导致中国的后发优势不再显著。国内薄弱的知识产权保护体系、全球金融危机之后的数轮"国进民退"，以及人力资本积累速度的放缓，对国内技术自主创新构成了掣肘。后发优势显著下降，自主创新面临掣肘，造成中国技术进步速度的持续放缓。

从制度来看，在 21 世纪初，中国政府进行重大经济制度改革的时间窗口与 2008 年全球金融危机的爆发撞车，中国政府的政策重点转变为维持经济稳定，重大经济制度改革相应被推迟。由于缺乏重大经济制度改革的支撑，中国经济增速在全球金融危机之后仅小幅反弹，随后继续下行。

第 三 章

结构性改革：中国政府提高长期经济增速的必然选择

在改革开放前 30 年，中国经济年均增速达到 10.0%。2007—2019 年，中国经济增速由 14.2% 下降至 6.1%。在前两章中，我们分别讨论了中国经济持续快速增长与增速显著回落的原因。在本章中，我们将继续使用上篇引言中生产函数的分析框架，针对第二章发现的导致经济增速回落的若干问题，来为中国政府通过结构性改革重振经济增速提供政策建议。下面同样从劳动力数量、人力资本、实物资本、技术与制度这五个维度展开分析。

一、劳动力数量：缓解两个人口红利的衰减

第二章指出，在改革开放前 30 年推动中国经济快速增长的两个人口红利，在 2008 年全球金融危机爆发后至今均已开始衰减。对此笔者提出以下对策。

1. 人口红利 I 衰减应对策略

2010 年是人口红利 I 的拐点。从 2011 年起，中国工作年龄人口占比开

始持续下降。中国人口年龄结构将在未来 30 年内快速老龄化。人口结构老龄化的趋势是不能逆转的，但可以通过以下对策来缓解过快老龄化对中国经济增长造成的不利影响。

对策一，尽快全面取消计划生育政策。

计划生育政策既是造就改革开放前 30 年人口红利的重要原因，也是导致 2008 年以来人口红利快速衰减的重要原因。如图 3.1 所示，每位中国女性生育孩子的数量，由 1969 年的 6.3 个锐减至 1995 年的 1.6 个。生育率如此之快地下降在全球范围内可谓绝无仅有。自然而然地，在计划生育政策全面实施大约 20 年后，人口年龄结构的加速老龄化就会到来。

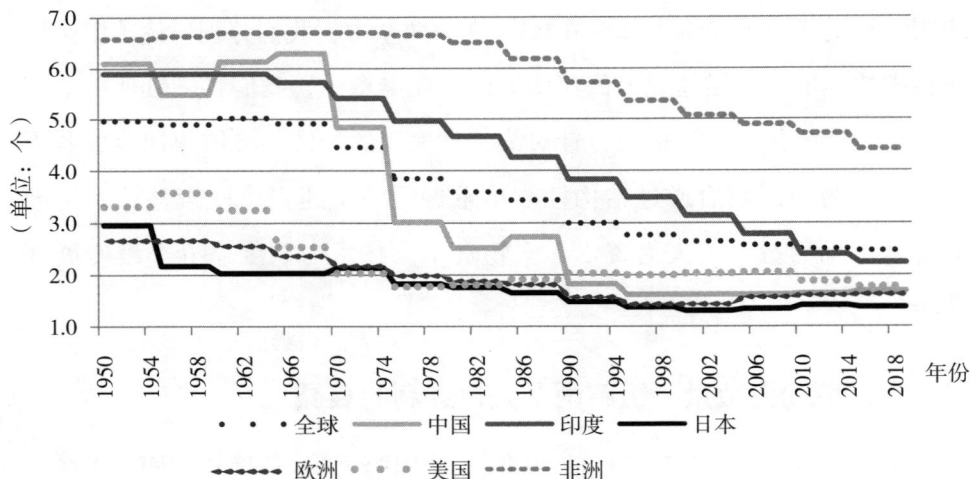

资料来源：CEIC。

注：图形中纵轴表示每位女性生育儿童的平均数量。

图3.1　全球若干国家与地区生育率的变化

在认识到计划生育政策的潜在负面影响后，中国政府从 2011 年起就开始渐进地调整计划生育政策。2011 年 11 月，中国各地全面实施双独二孩政策，即如果父母双方均为独生子女，他们可以生两个孩子。2013 年 12 月，中国开始实施单独二孩政策，即只要父母双方有一个是独生子女，他们就可以生两个孩子。2015 年 10 月，中国政府开始实施全面二孩政策。

二孩政策的实施效果究竟如何呢？如图 3.2 所示，效果不尽如人意。在全面二孩政策实施后，中国出生人数仅在 2016 年有所增长，在 2017 年至 2019 年连续三年下滑。出生率更是从 2016 年的 1.30% 显著下降至 2019 年的 1.05%。二孩政策效果不佳的原因，大致包括教育成本问题、住房成本问题、生活质量下降问题、孩子看护问题、70 后父母身体问题及事业问题等。[①]从国际经验来看（见图 3.1），随着人均收入的提高，生育率的下降是一种全球普遍趋势，中国也不例外。

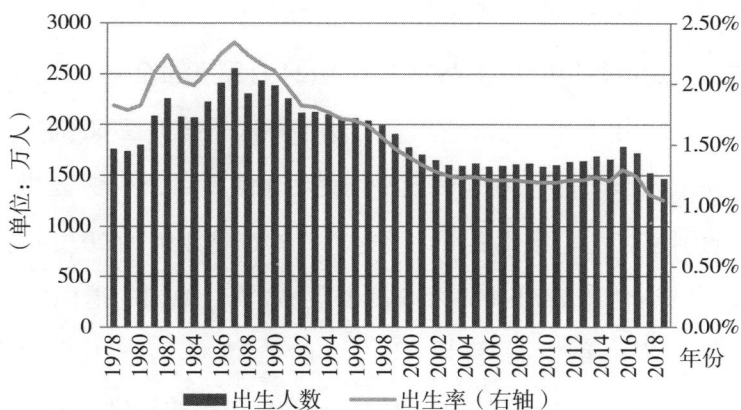

数据来源：CEIC。

图3.2　中国每年出生人数与出生率的变化

---

① 为什么二胎政策的效果远远达不到预期？［EB/OL］.https://new.qq.com/omn/20180203/20180203G0UGXB.html，2018-02-03.

为了防止生育率的进一步下滑，中国全面放开计划生育势在必行。毕竟，那些有能力支付相关成本的父母，或者对多生孩子具有更强偏好的父母，目前依然受到计划生育政策的限制。不过有趣的是，如果全面放开计划生育真的收到较好效果，短期内工作人口占比将会更快地下降，因为未成年人占比上升了。然而从长远来看，全面放开计划生育政策有利于防止生育率进一步下降，避免出现因过快的人口老龄化而造成的"大国空巢"现象（易富贤，2013）。

对策二，尽快分步骤实施延迟退休政策。

延迟退休政策的实施，可以提高工作年龄人口占比的分子，在一定程度上延缓人口红利 I 的衰减。在医疗条件与营养水平明显改善、人均寿命显著提高的中国，适当延长退休年龄是明智选择。

中国的法定退休年龄是在 1978 年 5 月 24 日第五届全国人民代表大会常务委员会第二次会议上确定的。现行退休年龄依然是男性 60 周岁，女干部 55 周岁，女工人 50 周岁。中国目前平均退休年龄不到 55 岁，是世界上退休年龄最早的国家之一。相比之下，澳大利亚的退休年龄到 2029 年将延长至 70 岁，英国的退休年龄到 2030 年将延长至 68 岁，德国的退休年龄到 2031 年将延长至 67 岁，美国与西班牙的退休年龄是 65 岁。目前中国政府尚未正式公布延迟退休方案。但根据人力资源与社会保障部的建议，中国将从 2020 年起开始实施延迟退休政策，并且将每两年延长 1 岁退休年龄，到 2045 年，不论男女，退休年龄均为 65 岁。

延迟退休除了能够缓解人口红利 I 的衰减外，也能够适当缓解社保体系面临的巨大压力。由于中国实施的是现收现付（pay as you go）式的社保体系，即由下一代人为上一代人的养老支出买单，在人口年龄结构快速老龄化的背景下，中国社保体系将会面临越来越大的收付平衡压力。例如，根据《中国社会保障发展报告（2019）》的估算，到2022年，养老金收不抵支的省份将由2015年的6个上升至13~14个，接近全国省级统筹单位的一半，这些省份主要集中在东北和中西部地区。[①] 延迟退休意味着劳动者缴纳社保费用的时间将会延长，而领取社保金的时间相应缩短。这有助于缓解中国社保体系的收支平衡压力。

对策三，未来可以通过移民来缓解本国人口结构的老龄化。

虽然移民对于当前中国而言还显得有些遥远，但对于欧洲、北美洲与大洋洲的一些发达国家而言，通过移民来缓解本国人口结构的老龄化已经提上议事日程，或早已成为现实。未来30年内，中国人口结构的老龄化将会明显提速。如图3.3所示，1980年中国人口年龄的中位数仅为22岁，2015年上升至37岁，而到2050年将逼近50岁。到2050年，中国人口年龄的中位数将仅次于韩国、日本与德国，而明显高于英国、美国与俄罗斯。英、美等国家从2015年到2050年人口年龄的中位数几乎没有大幅变化，这与相对宽松的移民政策关系密切。[②]

---

① 2019社保发展报告：当前个人养老账户为空账 半数省份养老金将收不抵支［EB/OL］.https://www.guoqp.net/?c=articles&a=show&id=583，2019-02-28.

② 从图3.3中可以看到，南亚国家与非洲国家在未来30年内将享受巨大的人口红利I。当然，这些国家也具备很大的移出人口的潜力。

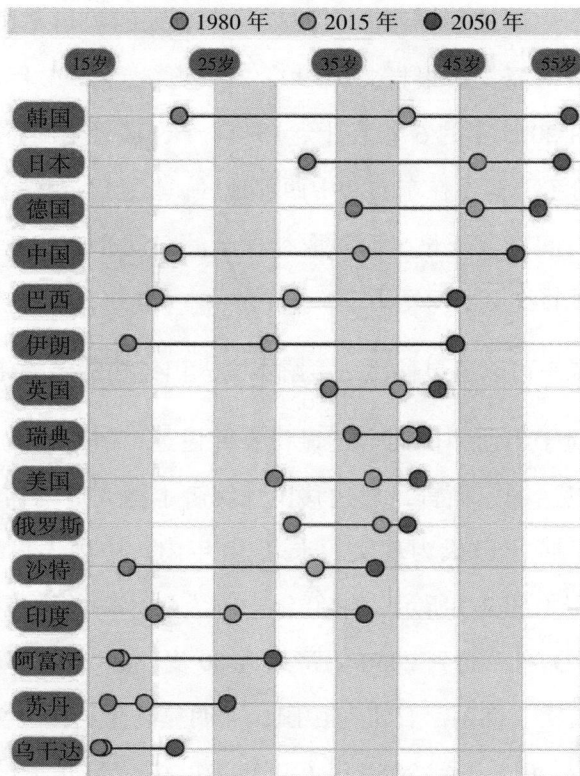

资料来源：大猫财经。

注：所谓人口年龄的中位数，是指该国有一半人口比这个数字年龄大，而另一半人口比这个数字年龄小。

图3.3　不同国家人口年龄中位数的变化

2. 人口红利 II 衰减应对策略

人口红利 II 是指农村劳动力持续流入城市并压低城市工资水平的机制。从 2008 年至今，这一红利也逐渐衰减，农民工工资增速显著上升就是明证。衰减的直接原因是农民工劳动力市场的供求关系在 2008 年前后发生了显著变化，总体上由供过于求转变为供不应求。

人口红利 II 的衰减是不争的事实。然而，目前在大中城市里工作的农民工，有意愿且有能力在这些城市定居的比例却非常低。一方面，大中城市生活成本高、房价昂贵；另一方面，农民工受到户籍制度限制，难以在这些城市里享受到与市民平等的公共服务资源，如教育、医疗、养老等。

不能在当前工作的大中城市定居，一方面会影响农民工在城市的相关消费，另一方面也会损害农民工的工作积极性。例如，根据陈斌开等（2010）的研究，在控制住居民的其他特征之后，一个没有所在城市户籍的外来居民与当地城市居民相比，前者的消费要低大约 30%。他们进而指出，户籍制度造成的消费损失相当于每年 GDP 增长的五分之一。

因此，为了延续人口红利 II，中国政府应该通过各种措施来促进农民工的市民化。在此笔者提出以下几点对策建议。

对策一，应该尽快取消户籍限制。

2013 年 11 月，《中共中央关于全面深化改革若干重大问题的决定》指出，要"创新人口管理，加快户籍制度改革，全面放开建制镇和小城市落户限制，有序放开中等城市落户限制，合理确定大城市落户条件，严格控制特大城市人口规模"。2014 年 7 月 30 日，《国务院关于进一步推进户籍制度改革的意见》指出，"要进一步调整户口迁移政策，统一城乡户口登记制度，全面实施居住证制度，加快建设和共享国家人口基础信息库，稳步推进义务教育、就业服务、基本养老、基本医疗卫生、住房保障等城镇基本公共服务覆盖全部常住人口"。

根据 2019 年 2 月 21 日召开的全国治安管理工作会议精神，第一，在未来除了落户超大、特大城市和跨省迁移户口实施审批制之外，①要积极探索以经常居住地登记户口制度；第二，探索实施城市群内户口通迁、居住证互认制度；第三，探索实行农业转移人口"宜城则城、宜乡则乡、来去自由"的落户政策。如果这次会议精神得以真正贯彻落实，这就意味着中国户籍制度改革取得了重大进展。

对策二，应该大力推动城市公共服务均等化。

所谓城市公共服务均等化，是指要让城市定居流动人口与市民在教育、医疗、养老、社保等领域享受基本相同的公共服务。迄今为止，城市定居流动人口在上述公共服务领域依然受到较大歧视，这对于充分发挥人口红利 II 而言是很严重的制约。

党的十九大报告把"基本公共服务均等化基本实现"作为第一阶段（2020—2035 年）的发展目标与基本任务。2018 年 12 月，中共中央办公厅、国务院办公厅印发了《关于建立健全基本公共服务标准体系的指导意见》，指出要以标准化促进基本公共服务的均等化、普惠化、便捷化，到 2035 年实现"基本公共服务均等化基本实现，现代化水平不断提升"的目标。

陆铭（2013）指出，户籍制度改革的方向应该是减少由户籍身份造成的公共服务差异。从更长远的时期来看，城市公共服务的获取权应以在本地居住并缴税（尤其是财产税）为前提，从而形成通过房价与财产税为本地公共服务付费的机制，而户籍则逐渐演变成一个身份认定和常住地登记制度。

---

① "超大城市"，是城区常住人口超过 1000 万的城市。"特大城市"是城区常住人口在 500 万至 1000 万之间的城市。中国这两种城市的数量为 40~50 个。

为了避免新增城市居民与原有居民之间因为公共资源分享而形成矛盾，陆铭（2013）建议实行"土地与户籍制度联动改革"。这一改革的核心思想是，允许那些已经在城市长期居住和工作的农民，将其在家乡宅基地对应的建设用地指标转让给其就业所在的城市，作为城市扩张的建设用地指标，而家乡则通过宅基地复耕的方式相应增加农业用地保有量。由于人口流入地建设用地指标的价值远高于内地宅基地的价值，因此放弃家乡宅基地使用权的农民就能够用新增收入去获取居住地的户籍、公共服务和社会保障。

对策三，应该在风险可控的前提下加快推动农地流转。

即使取消了户籍限制、实现了基本公共服务均等化，但考虑到目前中国各线城市房价高企，如果没有财产性收入，农民工很难仅靠工资收入而在城市中获得一席之地。因此，通过加快农地流转来增加农民工的财产性收入，就成为当务之急。

中共十八届三中全会通过的《中共中央关于全面深化改革若干重大问题的决定》（以下简称《决定》）给了农地流转很大的政策空间。《决定》指出，农村的三种土地——耕地、宅基地、农村集体经营性用地——均可以进行流转试点。然而，迄今为止，农地流转的规模依然非常有限。造成这一现象的重要原因是，农地大规模流转可能产生一个重大风险，即大量农地集中到少数人或企业手里，造成大量失地农民的出现，这可能最终损害农民福利，并严重影响社会稳定。坚持这一观点的代表人物是中央农村工作领导小组前副主任陈锡文。他的主要观点包括：其一，必须遏制大量土地被转租之后的非粮化、非农化现象，坚持农地的用途管制；其二，有些地方在推进两权（土地承包经营权与农民宅基地使用权）抵押贷款试点时，商业银行对抵押品的作价太低，严重损害了农民利益，且可能带来巨大的潜在风险；其三，土地制度改革必须坚持习近平总书记提出的"四个不能"，即土地制度改革怎么改都不能把农村集体经济组织给改垮了，不能把耕地给改少了，不能把粮食产量给改滑坡了，不能把农民利益给改损害了。

二、人力资本：重塑阶层流动性与加快教育改革

第二章指出，从 2009 年至今，中国中低收入家庭投资子女教育的积极性有所下降，人力资本积累速度显著放缓。造成这一现象的深层次原因，是中国社会的阶层流动性明显下降，而收入与财产分配失衡是造成阶层流动性下降的重要原因。要重新提高人力资本积累速度，我们提出的政策建议有以下几点。

对策一，中国政府应该实施更大力度的收入再分配政策，尤其是应该考虑引入一系列具有累进性质的财产税，如遗产税、房产税、资本利得税等。[①]

中国居民目前缴纳的税收以个人所得税为主。[②] 个人所得税基于居民当期收入纳税，具有累退性质，即越富裕人群的真实边际税率更低。[③] 例如，

---

① 阿特金森（2016）在这些财产税之外，甚至还建议征收年度财富税。

② 中国居民除了缴纳直接税之外，也是增值税等间接税的最终承担者。而以增值税为代表的间接税也都具有累退性质。

③ 阿特金森（2016）的研究发现，从全球范围来看，那些收入分配越失衡的国家，富裕群体的边际税率也越低；从英国来看，收入分配失衡程度的变化与富裕群体边际税率的变化呈现出强烈的相关性。富裕群体边际税率越低（如在撒切尔夫人执政时期），收入分配失衡程度也就越高。

对企业家而言，他们可以采用很多手段规避个税。而对工薪阶层而言，他们却不得不如实缴纳个税。即使对个税进行综合征管，税负加重的主要群体也不是真正的高收入群体，而是兼职收入来源多样化的知识分子阶层（如教授、科研人员等）。要真正扭转中国已经失衡的收入分配格局，就必须引入具有累进性质的财产税，即居民财富越多，承担的真实税负就越高。

遗产税是以被继承人去世后所遗留的财产为征税对象，向遗产的继承人和受遗赠人征收的税种。征收遗产税的目的，是通过对财产进行调节来防止贫富过分悬殊。全球有很多发达国家都征收遗产税。例如，日本的遗产税是对每个继承者继承遗产的数额征税，税率分为 13 个档次，从最低的 10% 到最高的 70%。又如，美国的遗产税是对美国公民在世界各地的所有资产征税，税率为 18%~55%，并对遗产额在 60 万美元以下者免征。再如，德国的遗产税分为 7 级，税率从 7%~50% 不等。一般而言，大多数发达国家对慈善公益捐赠都免征遗产税，这也是慈善基金会在发达国家都很流行的深层次原因。

房产税是以房屋为征税对象，按房屋的评估价值或租金收入为计税依据，向房屋所有人征收的一种财产税。例如，美国 50 个州都有自己的房产税，税率由最低的 0.28%（夏威夷）到最高的 2.29%（新泽西）不等。又如，日本针对不动产的房产税主要包括固定资产税和都市计划税两种，税率分别为 1.4% 与 0.3%。房产税的收入通常用于房产所在地的市政建设。对于住房分布严重失衡的国家而言，征收房产税是改善收入与财产分配的重要手段。此外，征收房产税也可以有效打击炒房行为。

资本利得税是指对从事不动产和有价证券买卖的纳税人，就其已实现的资本利得征收的一种税。例如，法国的资本利得税税率统一为 27%。又如，加拿大对资本利得的 50% 按照一般所得税税率进行征税，而另外 50% 不征税。再如，新西兰的资本利得税税率达到 33%，而全球资本利得税税率最高的国家是丹麦，达到 42%。

通过实施具有累进性质的财产税，中国政府可以有效地实现收入再分配，降低收入与财产失衡程度。之后，中国政府可以将税收收入用于转移支付，或者向低收入群体提供公共产品。设计得当的收入再分配政策，有助于重新提高中国社会的阶层流动性。

这里必须指出的是，当前中国企业的总税费负担在全球范围内已经处于最高水平（韦森，2007）。因此，在中国政府开征财产税来实现居民部门收入再分配的同时，应该降低企业部门的宏观税负。

阿西莫格鲁与罗宾逊（2015）将一个国家的政治经济制度区分为包容性（inclusive）制度与汲取性（extractive）制度，并认为只有包容性制度才能带来长期可持续的经济增长。在保护私人合法财产权的基础上，通过更大力度的转移支付政策来纠正中国的收入与财产分配失衡，重塑中国社会的阶层流动性，让经济增长惠及全体人民，与上述包容性制度是完全相通的，这与中国政府提出的全面建成小康社会、最终实现全民富裕的目标也是完全一致的。

对策二，中国政府应该加快推动教育改革，尤其是应该大力发展职业教育，推动教育体系的对外开放与对内开放，促进教育理念转变。

2008 年以来中低收入家庭投资子女教育的积极性下降，也与中国教育体系存在的问题有关。王小鲁（2019）指出，中国教育体系目前面临以下五个问题。一是行政化的教育管理方式和理念不适应现代社会发展需要。例子之一，是全国各地教材和教学方式千篇一律、学校千校一面，教学强调死记硬背，不注重培育学生创新思维和独立解决问题的能力。例子之二，是近年来中等职业教育发展严重萎缩，教师知识结构与课程设置严重老化。二是行政化的教育管理导致了腐败与不公平，例如大量"条子生"的出现。三是教育资源分配严重不平等，使用效率过低。四是没有处理好公办教育和民办教育的关系，导致民办教育发展严重不足。五是公民接受教育的平等权利常常被忽视，特别是大城市存在对农民工子女的严重教育歧视。

中国劳动力市场近年来一直面临结构性失业：一方面，大学毕业生往往找不到理想工作；另一方面，高素质蓝领工人严重供不应求。这说明过多资源被投入高等教育，而职业教育发展严重不足，以至于高达上千万的高级技术工人缺口与职业学校"招生难"尴尬地并存。正如国务院相关文件《关于印发国家职业教育改革实施方案的通知》指出的，"我国职业教育还存在着体系建设不够完善、职业技能实训基地建设有待加强、制度标准不够健全、企业参与办学的动力不足、有利于技术技能人才成长的配套政策尚待完善、办学和人才培养质量水平参差不齐等问题，到了必须下大力气抓好的时候。没有职业教育现代化就没有教育现代化"。

2019年1月，国务院发布了《关于印发国家职业教育改革实施方案的通知》，指出要花5~10年的时间，推动我国职业教育基本完成由政府主办为主向政府统筹管理、社会多元办学的格局转变，由追求规模扩张向提高质量转变，由参照普通教育办学模式向企业社会参与、专业特色鲜明的类型教育转变。到2022年，要推动一大批普通本科高等学校向应用型转变，建设50所高水平高等职业学校和150个骨干专业（群）。建成覆盖大部分行业领域、具有国际先进水平的中国职业教育标准体系。

在发展职业教育方面，我们可以借鉴德国、瑞士、日本等国家的成功经验。例如，在德国，只有不到一半的初中毕业生选择通过高中进入大学深造，更多的初中毕业生会选择职业教育。德国特色的"双元制职业教育"（berufsbildenden schule，BBS），是指职业教育是在企业和职业学校两个地方同步进行，且以企业培训为主。这种"为未来工作而学习"的方式能够显著激发学生们的学习动机。学徒制度培育出大量训练有素的技术型劳动力，为德国中小企业提供了特殊的竞争优势（奥德兹与莱曼，2018）。更为重要的是，德国职业工人不仅工资待遇与社会地位都很高，而且有顺畅的通道晋升为高级技工或者中高层管理人员。

中国目前在职业教育方面之所以进展缓慢，与整个社会看待职业教育与技术工人的观念密切相关。例如，上级评价地方政府教育工作的政绩，仍然主要看高考升学率。又如，很多家庭对职业学校与技术工人存在负面看法，不愿让子女到职业学校就读，成长为技术工人。要在中国促进职业教育发展，就必须下大力气、从各方面努力来扭转社会对职业教育与技术工人的偏见。中国政府应着力在社会上营造"大国工匠"精神，提高技术型劳动力的社会地位。此外，中国目前有大量二三本学校办学方式雷同、学生就业困难，应推动这些学校逐渐向高水平职业技术学院转变。

加快教育改革的另一个层面，是推动中国教育体系的对外开放与对内开放。例如，中国的"985"与"211"高校中，没有一所是中外合办高校，也没有一所是民办高校。每年都有很多中国家庭将孩子送到欧美接受教育。其实，我们也可以把欧美知名高校引入中国，让它们在中国创办分校，在这些分校里提供与本部完全一样的教育，授予与本部完全相同的文凭。欧美知名高校的引入，还能给国内知名高校带来新的竞争，推动国内高校提高教学质量。

目前，中国政府不允许外国高校在中国独资办学，但允许外国高校与中国高校进行合作。例如，美国纽约大学与上海华东师范大学合办的上海纽约大学，取得的社会反响非常好。

中国政府也应允许民间资本创建高水平学校。在这方面，美国的公立大学与私立大学体系值得我们借鉴。私立大学通常学费很贵，适合中高收入家庭的孩子就学。但公立大学的学费相对便宜很多，且提供的教育质量并不差，这就给中低收入家庭的孩子提供了相对公平的受教育机会。如果未来中国能够涌现出更多优质民办高校，那么公立高校就可以更好地发挥自己的比较优势，致力于提高教育的公平性与普惠性。

当前的现实是，中国政府对民间资本进入基础教育与高等教育管得很紧，民间资本只能大量进入职业教育领域。考虑到中国已经有很多高校面临招生不足问题，因此教育部恐怕不会审批更多的民办高校。在这一背景下，不妨让民间资本与现有高校开展合作，或者让民间资本参股或控股一些高校。当然，中国政府应对公立高校与民办高校一视同仁地进行监管，避免民办高校出现过度商业化倾向。

中国教育体系一直以来非常强调机械式记忆与理解，而忽视了独立思考、批判性思考与创造性思维能力的培养。这种教育理念对于"工程师红利"的形成及中国成长为全球制造大国做出了历史性贡献。但随着中国经济结构的变化及对国内技术自主创新的需求上升，上述教育理念亟须变革。新的教育理念应该更加鼓励学生发挥独立思考能力、强化批判性思维与创造性思维。只有这样，才能更好地通过人力资本积累去推动国内技术自主创新。

三、实物资本：开放服务业、发展先进制造业与加快直接融资市场建设

第二章指出，2009 年至今，中国固定资产投资增速显著下滑。投资增速下滑的主要原因，一是内外需增速放缓加剧传统制造业产能过剩，二是人口红利 I 的衰减导致储蓄率下滑，抬高了企业融资成本。那么，中国政府应该如何来激发企业家的投资意愿呢？

对策一，中国政府应该加快教育、医疗、养老等服务业部门向民间资本的开放。

党的十九大报告指出，当前中国社会的主要矛盾，是人民日益增长的美好生活需要和不平衡不充分的发展之间的矛盾。究竟什么是人民日益增长的美好生活需要呢？笔者认为，当前中国居民对制造品的消费相对充分，困扰居民生活的主要是上学难、看病难、住房难、养老难等问题。一言以蔽之，就是高质量的服务品严重供不应求。为什么在市场经济下还存在产品长期供不应求呢？难道价格机制不会引导资源流动去自动填补供求缺口吗？问题的关键恰好在于教育、医疗、养老等服务业部门，在很大程度上依然存在国有企业垄断现象。对作为垄断者的国企而言，并没有太大动力去增加优质服务品的供给。因此，要满足居民部门对高质量服务品的旺盛需求，就必须打破国有资本对教育、医疗、养老等服务业部门的垄断，向民间资本真正开放这些行业。这样做也能给民营资本带来传统行业之外的新投资机会，可谓一举两得。诚然，民营资本进入公共服务业可能造成一些问题和乱象，例如莆田系医疗企业造成的"魏则西事件"。但是，可以加强对民营资本的监管，而不能以此为借口，拒绝对民营资本开放上述行业。

对策二，中国政府应该大力推动先进制造业的发展。

中国并不是所有的制造业都面临产能过剩，面临严重产能过剩困扰的主要是传统制造业。中国在先进制造业方面非但不存在产能过剩，而且还有很大的发展空间。所谓先进制造业，是指制造业不断吸收电子信息、计算机、机械、材料以及现代管理技术等方面的高新技术成果，并将这些先进制造技术综合应用于制造业产品的研发设计、生产制造、在线检测、营销服务和管理的全过程，实现优质、高效、低耗、清洁、灵活生产，即实现信息化、自动化、智能化、柔性化、生态化生产，取得很好经济收益和市场效果的制造业总称。

当前中国的先进制造业大致分为两类：一类是传统制造业在吸纳高新技术之后提升为先进制造业，如数控机床、海洋工程设备、航天航空装备等；另一类则是新兴技术成果产业化之后形成的新产业，如增量制造、生物制造、微纳制造、3D 打印等。2015 年 5 月，国务院颁布的《中国制造2025》就指出了未来 10 年中国先进制造业的发展方向。这个报告列出未来重点发展的十大领域：新一代信息技术产业、高档数控机床和机器人、航空航天装备、海洋工程装备及高技术船舶、先进轨道交通装备、节能与新能源汽车、电力装备、农机装备、新材料、生物医药及高性能医疗器械。虽然《中国制造 2025》在中美贸易摩擦中成为美国政府批评中国的靶子，但毫无疑问的是，在未来相当长时间内，上述产业都会成为中国政府大力扶持、优惠措施集中倾斜的重点领域。

对策三，中国政府应该通过加快金融市场（特别是直接融资市场）发展来提高企业融资的可得性，降低优质企业的融资成本。

工作年龄人口占比下降导致的储蓄率下降难以逆转。然而，由于中国金融市场依然不够发达，导致储蓄转化为投资的效率较差，如果能够通过加快金融市场发展来提高储蓄投资转化效率，这就能有效抑制企业融资成本的上升。

迄今为止中国金融体系一直由商业银行主导。如图 3.4 所示，广义银行融资占中国社会融资总额的比重已经由 2002 年的 92.9% 下降至 2019 年的 58.5%，但仍占据大半壁江山。在 2019 年，企业债券融资占比仅为 12.7%，非金融企业境内股票融资占比仅为 1.4%，这两项指标均显著低于发达国家水平。商业银行在融资方面天生就"嫌贫爱富"。中小民营企业既不能提供良好的抵押品，也很难提供长时间的信用记录，自然不会受到银行融资的青睐。因此，中小民营企业不得不通过影子银行体系进行融资，而融资链条的不断拉长无疑会提高其融资成本。

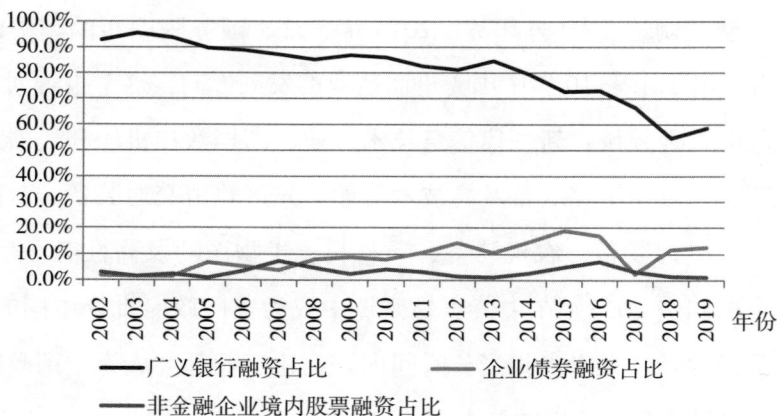

资料来源：CEIC。

注：广义银行融资包括人民币贷款、外币贷款、委托贷款、信托贷款与未贴现银行承兑汇票。

图3.4　中国社会融资规模的结构

因此，中国政府应该大力发展直接融资，包括广义股权融资与高收益债券融资。广义股权融资是指从天使投资、风险投资、私募股权投资，再到区域性股权交易市场、新三板、创业板、中小板、主板乃至国际股权市场这一整套伴随企业整个生命周期的股权融资安排。这套安排能够在不同发展阶段为真正具有竞争力的企业提供融资支持。高收益债券（也称垃圾债券）是指由中小企业发行的收益率与违约风险都比较高的债券。高收益债券市场也是很多发达国家中小企业融资的重要渠道。广义股权市场与高收益债券市场的发展，能够显著提高企业融资可得性，并显著降低优质企业的融资成本。

四、技术：多渠道激发国内自主创新

第二章指出，自 2008 年全球金融危机爆发以来，随着技术落差的缩小及经济体量的放大，中国在技术方面的后发优势越来越小。国内技术自主创新又受到知识产权保护较为薄弱、事实上的"国进民退"及人力资本积累速度放缓等因素的掣肘。后发优势的下降及未能充分激发国内技术自主创新，导致技术进步速度明显放缓。

后发优势的下降是我们无法逆转的，这原本也是中国快速技术进步的必然结果。因此，要重新提升中国的技术进步速度，就必须通过以下措施来激发国内自主创新。

对策一，应显著加强对知识产权的保护。

加强对知识产权的保护，让知识产权的拥有者更加充分地享受技术创新带来的红利，能够在更大程度上激发创新。过去，一些地方政府对知识产权的侵权行为重视不够，甚至出于地方利益考虑，庇护本地企业的侵权行为。这种做法严重损害了科技企业与科技人员的创新热情。2018 年 4 月 10 日，习近平主席在博鳌亚洲论坛开幕式上指出："加强知识产权保护。这是完善产权保护制度最重要的内容，也是提高中国经济竞争力最大的激励。对此，外资企业有要求，中国企业更有要求。"在 2018 年，中国政府重新组建了国家知识产权局，致力于完善执法力量、加大执法力度、提高违法成本、充分发挥法律的威慑作用。在未来一段时间内，中国政府对知识产权的保护力度将会显著增强。

对策二，应努力扭转"国进民退"的局面。

在经济下行期与风险释放期，民营企业面临的困难通常会大于国有企业，这也是为何在 2008 年全球金融危机之后出现数轮"国进民退"的深层次原因之一。因此，要扭转"国进民退"的局面，首先需要加快国有企业混合所有制改革（我们将在本章第五节详细展开分析），其次需要加快教育、医疗、养老等服务业部门向民营企业的开放，再次需要大力发展直接融资市场，最后需要加强对于民营企业的产权保护。[①]

对策三，应设法重新提高人力资本积累速度。

我们已经在本章第二节进行了深入分析。一方面，应通过更大力度的收入再分配政策来提高中国社会的阶层流动性；另一方面，应对当前教育体系进行大力改革，以提高中低收入家庭投资子女教育的积极性。

---

① 党的十九届四中全会《决定》中指出，"毫不动摇鼓励、支持、引导非公有制经济发展"，"促进非公有制经济健康发展和非公有制经济人士健康成长。营造各种所有制主体依法平等使用资源要素、公开公平公正参与竞争、同等受到法律保护的市场环境"。

五、制度：实体改革与金融改革平衡推进

第二章指出，在 21 世纪初，由于国内重大经济制度改革的时间窗口与 2008 年全球金融危机的爆发撞车，中国政府将政策重点放在稳定经济增长之上，从而推迟了重大经济制度改革。重大经济制度改革在 21 世纪初的缺位，是导致中国经济长期增速下行的重要原因。

此外，自 2010 年中国人口年龄结构达到拐点之后，包括劳动力在内的各种要素成本都在快速上升。周其仁（2006）指出，可以从要素成本、制度成本与要素质量三个要素来理解中国的国际竞争力。在中国的要素成本全面上升之后，通过经济制度改革去降低制度成本、提升要素质量就变得更加迫切。

在 2013 年 11 月召开的十八届三中全会上，本届政府发布了《中共中央关于全面深化改革若干重大问题的决定》（简称《决定》），这其实正是本届政府关于重大经济制度改革的蓝图。在笔者看来，《决定》提出了以下三个重要领域的经济制度改革。

一是国有企业改革，方向聚焦于"混合所有制改革"（简称混改）。[①]《决定》指出："国有资本、集体资本、非公有资本等交叉持股、相互融合的混合所有制经济，是基本经济制度的重要实现形式，有利于国有资本放大功能、保值增值、提高竞争力，有利于各种所有制资本取长补短、相

---

① 国有企业混改可以分为"混"与"改"两个层面。所谓"混"，强调国有资本层面的改革，是指通过国有资本与其他各类资本的混合来优化股权结构，让资本在积极流动中实现优势互补、保值增值。所谓"改"，强调国有企业层面的改革，是指通过股权结构的优化来促进企业治理结构的改善，增强企业核心竞争力。

互促进、共同发展。允许更多国有经济和其他所有制经济发展成为混合所有制经济。国有资本投资项目允许非国有资本参股。允许混合所有制经济实行企业员工持股，形成资本所有者和劳动者利益共同体。""鼓励非公有制企业参与国有企业改革，鼓励发展非公有资本控股的混合所有制企业。"

二是农村土地制度改革，方向聚焦于"流转"。《决定》指出："稳定农村土地承包关系并保持长久不变，在坚持和完善最严格的耕地保护制度前提下，赋予农民对承包地占有、使用、收益、流转及承包经营权抵押、担保权能，允许农民以承包经营权入股发展农业产业化经营。鼓励承包经营权在公开市场上向专业大户、家庭农场、农民合作社、农业企业流转，发展多种形式规模经营。"

三是金融改革，方向聚焦于"改革+开放"。《决定》指出："扩大金融业对内对外开放，在加强监管前提下，允许具备条件的民间资本依法发起设立中小型银行等金融机构。推进政策性金融机构改革。健全多层次资本市场体系，推进股票发行注册制改革，多渠道推动股权融资，发展并规范债券市场，提高直接融资比重。完善保险经济补偿机制，建立巨灾保险制度。发展普惠金融。鼓励金融创新，丰富金融市场层次和产品。""完善人民币汇率市场化形成机制，加快推进利率市场化，健全反映市场供求关系的国债收益率曲线。推动资本市场双向开放，有序提高跨境资本和金融交易可兑换程度，建立健全宏观审慎管理框架下的外债和资本流动管理体系，加快实现人民币资本项目可兑换。"

截至2020年3月，上述三项改革的进展究竟如何呢？应该说，这三项改革均取得了一定程度的进展。然而，国企改革与土地改革的速度明显低于金融改革的速度。

在国企混改方面，改革进展明显滞后于市场预期。国企混改过程出现了以下问题。

第一，经典案例有限。除了中国联通之外，[①]央企层面的混改还缺少标志性成功案例。第二，国企不愿意将优质资产拿出来进行混改，而非公有制企业又对问题资产不感兴趣。第三，国企非常重视非公有制企业提供的资金，但不愿意分享国有企业的管理权。换言之，国企只愿意实现股权结构的调整，却不愿意进行公司治理机制的调整。第四，国有资产价格评估与交易规则没有明确，国企负责人存在被指责"国有资产流失"的顾虑。第五，国资监管机制尚未理顺，国资委、发改委、财政部等多头管理的情况依然存在。而作为综合性改革措施，国企混改需要多部门协同推进，要做到这一点难度很大。正是由于面临以上问题，迄今为止，国有企业在引入非公有制股东方面进展较为有限，不少混改案例实际上是国企在"混"国企。

随着中国经济增速的回落，以及金融监管的强化导致影子银行体系的收缩，近年来很多民营企业在经营方面遭遇严重困难。此外，有段时间内国内舆论对民营企业的作用、民营企业家的未来等问题存在较大争议，甚至出现了"民营经济退场论"等不负责任的言论。在这种不利环境下，不

---

① 2017 年 8 月 16 日，中国联通董事长王晓初在中期业绩发布会上公布混改方案，宣布将引入包括腾讯、百度、京东、阿里巴巴在内的 14 家战略投资伙伴，认购中国联通 A 股股份。混改完成后，联通集团对中国联通的持股比例从原来的 62.7% 降低到 36.7%，失去了持股 50% 以上的绝对控股地位。战略投资者占股 35.2%，员工持股 2.6%，公众股东 25.5%。这是截至 2020 年 3 月央行混改中力度最大的一次改革。

少民营企业主动寻求国有企业的"收编"。换言之，出现了不少国企"混"民企的案例。

在农村土地改革方面，虽然十八届三中全会给了农村土地流转改革很大的政策空间，但农地流转改革进展仍然较为缓慢。一个重要原因是，加快土地流转可能导致大量土地集中到少数企业或个人手中，进而导致土地用途转变、失地农民受损。在 2014 年年初出台的中央一号文件（《关于全面深化农村改革加快推进农业现代化的若干意见》）中强调指出，"土地是否流转、价格如何确定、形式如何选择，应由承包农户自主决定，流转收益应归承包农户所有"；"没有农户的书面委托，农村基层组织无权以任何方式决定流转农户的承包地，更不能以少数服从多数的名义，将整村整组农户承包地集中对外招商经营"；严格禁止"定任务、下指标或将流转面积、流转比例纳入绩效考核等方式"；"防止少数基层干部私相授受，谋取私利"。这些规定，都说明中国政府看到了无序推进农地流转可能带来的风险。正是出于上述风险的考虑，迄今为止农地流转改革进展较为有限。

相比之下，在 2012 年至 2016 年，金融改革的步伐却迈得很大。例如，人民币汇率与利率市场化得以快速推进。又如，影子银行体系、互联网金融（包括 P2P[①]）如雨后春笋般快速发展。再如，股市与债市等直接融资市场均获得长足发展。此外，在 2013 年左右，中国政府曾经考虑过加快资本账户的开放。[②]

[①] P2P: peer to peer lending 的缩写，即网络借贷平台。
[②] 2013 年前后，中国人民银行调查统计司曾经发布两篇研究报告，认为当时是中国加快资本账户开放的重要时间窗口与"战略机遇期"。

我们可以将国企改革与土地改革视为实体改革，将金融改革视为虚拟改革。那么在 2012 年至 2016 年，出现了实体改革速度显著滞后于虚拟改革的现象。应该怎么来认识这种现象呢？从积极的一面来看，至少中国政府在阻力较小的改革领域率先取得了突破，这是因为相对于国企改革与土地改革，金融改革面临既得利益集团的阻力较小。而从风险的一面来看，实体改革的速度滞后于虚拟改革的速度，可能加剧"脱实向虚"[①]与"金融空转"[②]，从而致使系统性金融风险的上升。这是因为，实体改革速度较慢导致实体投资回报率不断下降，金融改革速度较快导致金融机构混业经营程度提高、影子银行蓬勃发展及流动性四处逐利。在实体投资回报率缺乏吸引力的情况下，大量金融资源并没有进入实体领域，而是停留在金融领域内部进行套利，或者炒作资产价格（张明等，2017a）。

如图 3.5 所示，自 2008 年至今，中国 GDP 增速与信贷增速之间的缺口逐渐拉大，说明同样规模的信贷只能拉动更低的经济增长。如图 3.6 所示，中国金融业增加值与房地产增加值占 GDP 的比率在 2008 年之后均呈现快速上升态势，中国金融业增加值占 GDP 的比率甚至超过了全球金融业最发达的国家美国。上述两方面证据表明，自 2008 年全球金融危机爆发至今，尤其是在 2010 年至 2015 年（如图 3.6 所示，在此期间金融业增加值占 GDP 比率曲线的斜率明显变陡），中国的确出现了显著的"脱实向虚"与"金融空转"。

---

① 脱实向虚：指脱离实体经济的投资、生产、流通，转向虚拟经济的投资。
② 金融空转：指当前正常、超量发行的货币、信贷无法有效流入实体经济，而流入了金融系统，在金融体系内循环，实现资产价格的增长。

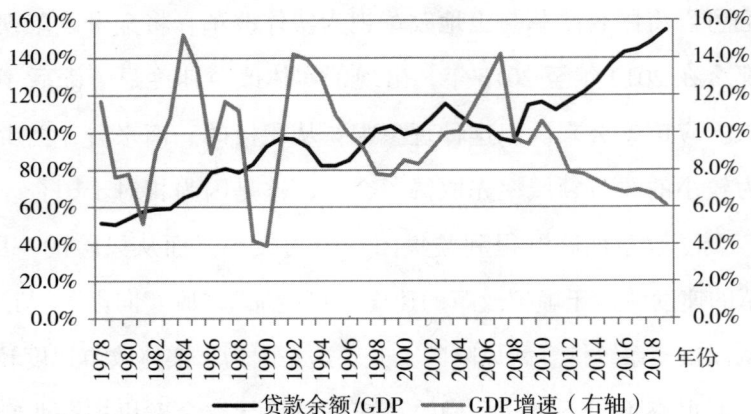

资料来源：Wind 与笔者的计算。

注：贷款余额是指每年年底的金融机构人民币贷款余额。

图3.5　近年来信贷增速与GDP增速的背离程度加剧

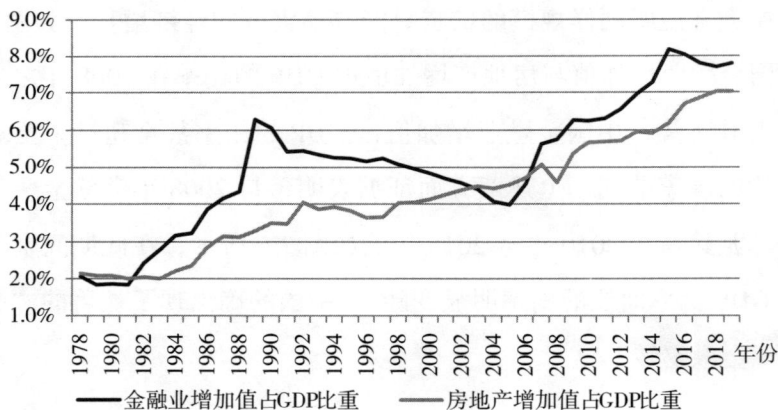

资料来源：Wind。

图3.6　金融业与房地产增加值占GDP比率的变化

随着"脱实向虚"与"金融空转"现象的持续甚至加剧，中国的系统性金融风险显著上升。如图 3.7 所示，中国的宏观杠杆率（全社会非金融债务占 GDP 的比率）由 2008 年的 141% 攀升至 2017 年的 244%，增长超过 100 个百分点，其中增长最快的是企业部门债务。

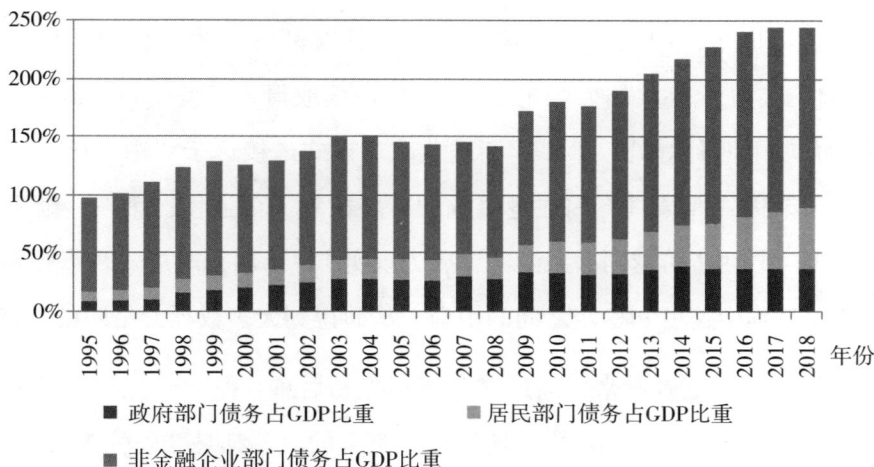

资料来源：Wind。

图3.7 中国的宏观杠杆率

从 2016 年年底开始，中国金融监管部门开展了轰轰烈烈的"去杠杆、控风险、强监管"行动，其目的正是打击"脱实向虚"与"金融空转"、降低系统性金融风险。该行动的确取得了较大进展。例如，在图 3.6 中，金融业增加值占 GDP 比率在 2016—2018 年连续三年下降。又如，在图 3.7 中，中国宏观杠杆率在 2018 年略有下降。而在 2017 年 10 月召开的十九大上，中国政府将防范系统性风险列为"全面建成小康社会决胜期"（2018 年至 2020 年）的三大攻坚战之首。这说明防范金融系统性风险的任务依然任重道远。[①]

综上所述，在 2012—2016 年，中国出现实体改革速度滞后于金融改革速度的不匹配现象，进而造成"脱实向虚"与"金融空转"，导致系统性金融风险上升。而从 2016 年年底至今，中国政府开始加强金融监管，这意味着金融改革的速度开始放缓。

长期以来，中国的经济体制改革都具有渐进式改革色彩。林毅夫等（1994）认为，渐进式改革模式之所以在中国取得了巨大成功，是因为这种模式有如下四种好处：第一，渐进式改革模式最接近于"帕累托改进"[②]；第二，渐进式改革具有内在逻辑上的有序性和不可逆性；第三，渐进式改革使得"分两步跨越同一条鸿沟"成为现实；[③] 第四，渐进式改革有利于保持改革过程中速度和稳定之间的平衡，从而得到大多数社会集团的支持。

然而，在笔者看来，渐进式改革是先易后难，倾向于把更困难的改革放在后面。中国到了当前发展阶段，剩下来的改革都是"硬骨头"，都是涉及存量利益重新分配的存量改革，而非做大蛋糕式的增量改革。换言之，

[①] 从放松管制加快金融市场改革，到金融风险上升导致中国政府不得不重新加强管制，这就是具有中国特色的治乱循环，即俗话所言"一管就死，一放就乱"。无论是宏观问题、金融问题还是房地产问题，都反复地出现了这种治乱循环。林毅夫等（1994）认为，中国经济改革进程中出现的这种治乱循环，根源在于经济改革过程中一部分环节的改革先行造成了经济体制内部的制度不配套，而走出治乱循环的关键在于尽快把改革深入推进到宏观政策环境的层次。不能因为乱就因噎废食，否定改革的必要性。

[②] 帕累托改进（Pareto Improvement），是指在没有使任何人福利受损的前提下，至少使一个人的福利得到改善。

[③] 激进式改革的倡导者认为，只有激进式改革才能"一步跨越鸿沟"，而渐进式改革只能跌进沟底。

渐进式改革在后期同样会遇到"惊险的一跃"。能否胜利完成这"惊险的一跃"，决定了渐进式改革能否收获全功。我们不妨再换个比喻。在过去相当长的时间里，中国改革的模式都是"摸着石头过河"。但目前我们已经进入改革的"深水区"，在这个时候，继续"摸着石头过河"未必是一种明智理性的策略。在改革的"深水区"，我们应该通过强化顶层设计，瞄准对岸的长远目标，沉着、坚定、不停顿地游过去。[1]

|小 结|

本章从劳动力数量、人力资本、实物资本、技术与制度这五个层面，为中国政府如何通过结构性改革来提高中国经济长期增速，提出了一系列政策建议。[2]（见本书彩插上的思维导图）

在劳动力数量方面，为了缓解人口红利I的下滑，中国政府应尽快全面取消计划生育政策、尽快分步骤实施延迟退休政策，以及必要时可以考虑通过移民政策来缓解本国人口的老龄化。为了缓解人口红利II的下滑，中国政府应尽快取消户籍限制、推动实施城市公共服务

---

[1] 在这一过程中，政府扮演好自身的角色至关重要。田国强（2018）指出，基础性制度的完善是中国经济平衡充分良性发展的关键所在，是降低制度成本的关键所在，是社会和谐良性发展的关键所在。其中，政府的恰当定位至关重要，只有有能、有为、有效、有爱的有限政府定位得到落实，才能真正处理好政府与市场、政府与社会的关系，导向好的市场经济与好的社会规范。

[2] 刘世锦（2018）认为，要保障中国经济的高质量发展，需要改造社会共识与政绩观，实现要素市场的进一步开放、流动与优化配置，理顺和调整重大结构性问题，有效防范与化解金融风险，强化地方性要素黏性与高价值区域的形成，保护与发展企业家精神，重构高质量发展的地方竞争机制等。不难看出，这些建议与本章的分析具有较强的一致性。

均等化，并在风险可控的前提下加快推动农地流转。

在人力资本方面，为了重新提高人力资本积累速度，首先，中国政府应该实施更大力度的收入再分配政策，尤其是应该考虑引入一系列具有累进性质的财产税，如遗产税、房产税、资本利得税等；其次，中国政府应推动教育改革，尤其是应该大力发展职业教育，推动教育体系的对外开放与对内开放，积极转变教育理念。

在实物资本方面，为了重新提高实物资本积累速度，中国政府应加快教育、医疗、养老等服务业部门向民间资本的开放，大力推动先进制造业发展，通过加快直接融资发展来提高企业融资可得性、降低优质企业融资成本。

在技术方面，后发优势的衰减不可避免，为了激发国内自主创新，中国政府应显著加强对知识产权的保护、扭转"国进民退"的局面、重新提高人力资本积累速度。

在制度方面，党的十八届三中全会提出了本届政府重大经济制度改革的蓝图：以混改为特征的国有企业改革、以流转为特征的土地改革、以改革加开放为特征的金融改革。然而在 2013 年至 2016 年，由于国企改革与土地改革的进展滞后于金融改革，以致出现了"脱实向虚"与"金融空转"的现象，系统性金融风险也随之上升。从 2016 年年底开始，中国政府开始重新加强金融监管，金融改革的速度随之放缓。

第 四 章

行业新方向：未来 10 年将会涌现出哪些快速成长的行业？

在前三章中，我们使用上篇引言中的生产函数框架，分别讨论了中国经济在改革开放前 30 年高速增长的动力源泉、中国经济增速在 2008—2019 年显著回落的原因，以及如何通过结构性改革来重新提高中国经济长期增速。在本章中，我们继续沿用生产函数分析框架，来展望未来 10 年内中国将会涌现出哪些快速成长的行业。这些行业是投资者、劳动者及未来将成为劳动者的学生们不应忽视的。下面同样从劳动力数量、人力资本、实物资本、技术与制度这五个维度展开分析。

一、劳动力数量：三个新兴市场

在劳动力数量方面，笔者认为，未来 10 年内至少会涌现出三个非常重要的市场。而在每个市场中，又会涌现出一系列有望实现快速发展的行业。

第一个市场是老年人市场。在未来 30 年间，中国将会经历非常迅速的人口老龄化。如前所述，到 2050 年，中国人口年龄的中位数将会接近 50 岁。老年人占比越来越高的市场的消费重心，与年轻人占主体的市场的消费重心相比，差别应该很大。在老年人占比越来越高的市场中，至少有三个行业将会获得持续快速发展。**第一个行业是"医疗＋养老"的大健康行业。**在老龄化加剧的社会中，消费结构中医疗支出的比重将会显著上升，同时社会对养老服务的需求将越来越强劲。**第二个行业是文化旅游行业。**在很多发达国家，老年人都是文化旅游行业最重要的消费者。原因是老年人既有消费能力（工作期间的积蓄）又有闲暇（很多老年人已经退休），可以进行频繁、持续的文旅消费。**第三个行业是终身培训行业。**随着医疗条件的进步，人均寿命将会越来越长。即使退休年龄延长到 65 岁，中国人在退休后将依然生活数十年。当今世界日新月异、变化太快，退休后老人将会产生强烈的终身学习需求，这就为终身培训行业提供了广阔的发展空间。

第二个市场是婴幼儿市场。在全面放开计划生育政策之后，中国的总体生育率未必显著上升。但那些有更强意愿和更强经济实力的家庭还是会考虑多生孩子。重点在于，这些家庭愿意在孩子身上投入大量资源。这股"迷你婴儿潮"有望带来以下行业的快速发展：**一是婴幼儿保健护理，二是婴幼儿生态食品，三是儿童培训。**

第三个市场是进城定居的农民工市场。随着户籍制度的进一步放开、城市公共服务均等化及土地流转改革的推进，未来 10 年内将有大量农民工选择到城市定居。然而，由于收入水平较低、消费习惯短期内难以改变，这些新居民在消费偏好方面可能与老居民存在显著差异。进城定居农民工数量庞大，那些精准定位这一群体的消费特征与消费偏好的企业，就有望获得快速发展。涉及的相关行业有以下三个。**第一个行业是在线培训行业。**进城定居农民工为了快速融入城市，对知识更新与职业培训将产生旺盛需求。而由于自身收入较低，他们将会偏好于性价比更高的在线培训、而非传统面对面培训。**第二个行业是物美价廉的快销品行业。**进城定居的农民工群体，由于收入水平偏低，在日常消费方面更关注商品的性价比，而非商品品牌。这就给价廉物美的快销品企业提供了发展机遇。例如，近年来发展势头火爆的拼多多网购平台，其最重要的目标群体就是农民工与小镇居民（何帆，2019）。**第三个行业是网络直播与网络游戏行业。**由于进城定居农民工的大部分亲朋好友仍在农村，他们通常会产生孤独、疏离、难以融入城市的感觉，随即会产生强烈的人际交流的需求，进而很可能在网络直播与网络游戏中寻求慰藉。事实上，目前有不少网络游戏直接定位的消费群体就是农民工。这类网络游戏的一个普遍特征是，游戏本身难度并不太大，游戏者很大一部分时间会花在虚拟人物之间的对话交流上。

二、人力资本：财产税与教育改革催生新兴行业

一系列旨在改善收入再分配的财产税的实施，将会促进以下两个行业的快速发展。**第一个行业是税务咨询行业。**毫无疑问，人是趋利避害的经济动物，总会寻找各种渠道去降低税负或规避税收，这就给税务咨询行业带来巨大的发展空间。有趣的是，在中国经营的国际四大会计师事务所中，迄今为止审计人员的规模远大于税务人员。而在发达国家的四大会计事务所中，审计人员与税务人员的比重基本相当。这意味着未来中国注册税务师将是一个具有旺盛需求的职业。**第二个行业是公益慈善行业。**如果中国政府开始实施严格的遗产税制度，富裕人群将会发现，与其把资产在缴纳很大比例的税收之后留给子女，不如将一部分资产捐赠给慈善事业（这通常可以免税）以实现名利双收。事实上，欧美国家的慈善基金之所以非常发达，也与欧美国家通常实施较高税率的遗产税密切相关。在一定程度上，欧美国家富裕群体的慈善精神并不是凭空产生的，而是制度设计有意引导的结果。

中国的教育体系改革将带来教育产业投资的新机会。**第一个行业是高质量、针对性强的职业教育与职业培训。**与高等教育相比，中国的职业教育发展严重落后。在未来，那些能够把学校学习与企业培训更好地结合起来、给职业学校学员提供更高质量就业机会、更长期上升通道的职业教育与培训项目，有望获得持续快速发展。第二个行业是中外合作的教育培训行业。随着中国教育体系在更大程度上对外开放，未来会有很多全球优质教育机构"走进来"，同时也会有很多中国优质教育机构"走出去"。中外合作教育培训行业的发展空间非常广阔。**第三个行业是高质量的民办学校。**未来民间资本与现有高等院校合作办学，也有望成为一个热门领域。

三、实物资本：公共服务业、先进制造业与直接融资市场

在未来，为了满足人民群众日益增长的美好生活需要，同时也为了帮助民营资本找到新的投资出口，中国政府将会向民间资本开放一系列公共服务业。在教育、医疗、养老等服务业行业，民间资本将迎来新的发展机遇。

在未来 10 年内，中国政府将大力推进先进制造业发展。全球先进制造业的两大发展方向，自然也将成为中国的重点发展领域。

全球先进制造业的发展方向之一是工业 4.0。"工业 4.0"的概念最早由德国政府在 2013 年汉诺威工业博览会上正式推出。工业 4.0 的核心是指将传统制造业与互联网、大数据、云计算等真正无缝结合起来，变过去以量取胜的刚性制造为量身定制的柔性制造。换言之，是用物联信息系统（cyber-physical system，CPS）将生产中的供应、制造、销售信息数据化、智慧化，最后实现快速、有效、个人化的产品供应。工业 4.0 可以概括为智能工厂、智能生产与智能物流。工业互联网和物联网是工业 4.0 体系下的两

大热门概念。虽然中国互联网行业看似非常发达，但真正发达的仅是消费互联网（BATJ 都属于这一概念），工业互联网与物联网是中国互联网发展的重要短板。

全球先进制造业的发展方向之二是智能制造。智能制造（intelligent manufacturing，IM）是一种由智能机器和人类专家共同组成的人机一体化智能系统，它在制造过程中能进行智能活动，如分析、推理、判断、构思和决策等。通过人与智能机器的合作共事，去扩大、延伸和部分取代人类专家在制造过程中的脑力劳动。它把制造自动化的概念更新，扩展到柔性化、智能化和高度集成化。"智能制造"的概念最早起源于日本政府在 1990 年倡导的"智能制造系统"国际合作研究计划。智能制造基于人工智能技术的发展，具有自律能力、人机一体化、虚拟现实技术、自组织超柔性、自行学习与维护等特征，在未来具有广阔的发展空间。

为提高企业融资可得性与降低融资成本，中国政府一定会大力发展直接融资。未来将会涌现出两大热门领域：**一是包含天使投资、风险投资、私募股权投资、资本市场一二级投资在内的广义股权投资市场；二是高收益债券市场（也称为垃圾债券市场）**。这两个市场未来既是很多中国企业获取融资的重要渠道，也是未来各类投资者的重要目的地。不过，无论是广义股权投资还是高收益债券投资，都对投资者的专业性提出了更高要求，这些市场对散户投资者而言是不太友好的。

四、技术：知识产权投资与研发团队投资

为了激发国内技术自主创新，中国政府必将加大对知识产权的保护。在未来 5~10 年内，中国国内将出现一个巨大的知识产权市场。在这个市场上，知识产权可以被定价、被交易，甚至作为基础资产去创造其他衍生资

产。知识产权投资有望成为未来中国的热门投资。而比知识产权投资更早一步的是研发团队投资，即资本拥有者与具有潜力的研发团队签订合作协议，前者为后者提供研发资金，并因此而获得后者未来研究成果一定比例的收益权。

五、制度：实体改革提速，金融风险求解

本届政府在十八届三中全会上提出重大经济制度改革的蓝图，改革重点可归纳为国企改革、土地改革与金融改革三个方面。

在国企改革领域，未来 5~10 年，地方国企的混合所有制改革有望显著提速。目前央企混合所有制改革依然面临一些障碍，例如，赢利水平高的国企进行混改的动力不强，国企不愿意分享企业管理权，国有资产的价格评估与交易规则尚未明确，国资监管机制尚未理顺等。因此，央企混改的进展可能不会太快。目前地方政府大多面临沉重债务。如果中央政府不帮助地方政府偿还债务，那么对地方政府而言，大体上只能通过出售两种资产来偿还债务，一是土地使用权，二是地方国企的股权。考虑到中央政府的房地产调控思路已经发生重大转变，未来地方政府通过卖地来偿还债务的空间比较有限。因此，未来地方政府可能不得不通过转让其所持有的地方国企股权来偿还债务。换言之，地方国企的混合所有制改革有望提速。那些债务水平越高的省份（如青海、云南、贵州、甘肃等中西部省份），地方国企的混合所有制改革就可能开展得越快。

在土地改革领域，未来 5~10 年，土地银行有望成为农村土地流转的重要抓手。土地银行是指经营土地存贷及与土地有关的长期信用业务的金融机构。土地银行的经营内涵，是政府出面组织，把某一区域农民的承包地使用权、农村集体建设用地使用权及"拆院并院"之后的农民宅基

地使用权分类整合，"零存整贷"，加快农地流转，推动农业的产业化和规模化。

土地银行的具体经营模式可以概括为 5 个要点：第一，农民自愿将土地承包经营权存入土地银行，收取存入利息；第二，土地银行再将土地划块后贷给愿意种植的农户，收取贷出利息；第三，种植农户按照土地银行的要求进行种植，实现了土地的规模化、集体化、集约化经营，促进了农民集中居住后生产方式的转变；第四，为保证存入土地能够完全贷出，土地银行还必须引进龙头企业并签订合作协议，由企业为大户提供种子、化肥等农资和技术指导，并同大户签订产品收购保底价；第五，为扩大再生产，种植大户也可以将土地经营权作为抵押资产，向土地银行申请抵押贷款。不难看出，土地银行的模式有助于促进土地银行、农民和龙头企业三者之间的利益互动。

德国、法国与中国台湾地区，都有着长期成熟的土地银行模式。在汶川地震后的灾后重建过程中，2008 年 12 月 22 日，四川省彭州市磁峰镇皇城农业资源经营专业合作社正式挂牌运营，这可能是中国大陆第一家土地银行。从 2009 年起，成都市也开始土地银行的探索试点。2015 年 3 月，河南临颍土地银行（河南汇农土地流转发展有限公司）正式成立，这是河南省第一家全县域推进的土地银行，由临颍县政府持股 87%，农发行河南省分行全程参与组建。它既是一个土地流转平台，也能为新型农业经营主体提供急需的贷款服务。

土地银行模式的核心是由政府或集体控股，即使申请抵押贷款的农户违约，这种制度设计也能保证土地承包权最后依然掌握在集体手里，而非落入私人企业或个人手里。这就克服了中国政府进行土地流转改革的深层次顾虑。土地银行未来有望成为中国政府推进农地流转的重要推手。

在金融改革领域，化解与管理潜在金融风险将推动市场化不良资产处置与资产证券化两个重要产业的发展。未来一段时间里，中国商业银行体系必将会出现新一轮坏账浪潮。如何化解这一轮不良资产将成为中国政府面临的重大挑战。在 1998 年前后，中国政府曾经通过财政部发行特别国债—注资成立不良资产管理公司（Asset Management Company，AMC）—AMC 以账面价值从商业银行处购买不良资产—AMC 长期独立从事不良资产处置的模式，成功化解了上一轮商业银行不良贷款的困局。当前与 1998 年相比最大的不同是，中国政府的债务负担已经今非昔比，同时银行业资产规模也已今非昔比。这意味着中国政府不可能再凭一己之力来帮助银行业化解不良资产浪潮了。

未来的不良资产化解可能采用"三位一体"的新模式。首先，商业银行动用自己的坏账拨备与资本金来冲销部分不良资产。其次，商业银行再将部分不良资产以市场价值转移给专业的不良资产管理机构，由后者来专门负责处置这类资产。毫无疑问，这两个步骤都会导致商业银行赢利水平与资本充足率下降。最后，等到商业银行的资产负债表已经变得比较干净之后，中国政府再通过各种方式帮助商业银行补充资本金。这种坏账处置模式可以概括为"银行自救、市场处置、政府注资"（张明，2017）。

未来一段时间里，市场化的不良资产处置机构将获得长足发展。这种机构通常拥有更加丰富的不良资产定价经验、更加多样化的不良资产处置手段，与商业银行、监管机构等有关各方也保持着密切联系与频繁沟通。值得注意的是，2020 年年初新冠肺炎疫情仍在肆虐之际，全球知名投资管理公司橡树资本（Oaktree Capital）的全资子公司——OAKTREE（北京）投资管理有限公司在北京落户，这是在中国成立的首家外资控股的资产管理公司。而橡树资本的核心竞争优势就是不良资产处置。

迄今为止，中国资产证券化市场的发展速度并不算快，资产类别也以资产支持证券（asset-backed securities，ABS）为主，而不像发达国家那样以住房抵押贷款支持证券（mortgage-backed securities，MBS）为主。中国资产证券化发展较慢有很多原因，其中最重要的一个原因就是，商业银行普遍把住房抵押贷款视为优质资产，不愿意将其剥离至表外。一旦未来面临新一轮不良资产浪潮，中国商业银行将会产生很强烈的动机去提高资产周转速度。资产证券化恰恰就是一种能够帮助商业银行提高资产周转率的重要工具。因此，未来 5~10 年内，基础资产分别为住房抵押贷款、非住房类贷款资产、公司长期贷款的 MBS、ABS 及抵押贷款权证（collateral loan obligations，CLO）等都将大行其道。随着房地产市场由高速发展转为中低速发展，未来房地产投资信托（real estate investment trusts，REITs）也将变得更加流行。资产证券化不仅将成为金融机构与实体企业提高资产周转率的重要工具，其产品也将成为各类机构投资者重点布局的战略性资产。

最后，市场化不良资产处置与资产证券化这两个领域也可以有机结合起来。在一些发达国家，不良资产证券化既是重要的坏账处置方式，其产品也是具有吸引力的投资对象（高蓓与张明，2018）。

| 小 结 |

　　本章从劳动力数量、人力资本、实物资本、技术与制度这5个层面,展望了未来10年中国将会涌现出来的快速成长行业。(见本书彩插上的思维导图)

　　在劳动力数量方面,中国将涌现出老年人、婴幼儿与进城定居农民工三个重要市场。老年人市场的崛起,意味着"医疗+养老"的大健康行业、文化旅游行业与终身培训行业将获得快速发展。迷你婴儿潮的到来,意味着针对婴幼儿与儿童的保健护理、生态食品与教育培训行业将会蓬勃发展。农民工进城定居潮的出现,意味着在线培训行业、物美价廉的快销品行业及网络直播与网络游戏行业将大行其道。

　　在人力资本方面,一系列具有收入再分配性质的财产税的实施,将促进税务咨询业与公益慈善业的发展壮大;教育体系改革意味着职业教育、中外合作教育与高质量民办教育有望成为三个快速增长的行业。

　　在实物资本方面,教育、医疗、养老等公共服务业部门对民间资本的开放将会提供大量的投资机会,工业4.0与智能制造将成为先进制造业的两大发展方向,广义股权市场与高收益债券市场将成为两大不容忽视的融资渠道与投资目的地。

　　在技术方面,未来10年,中国将形成一个规模巨大的知识产权市场,知识产权与研发团队都将成为热门的投资对象。

　　在制度方面,地方国企的混合所有制改革有望提速,土地银行将成为农地流转的重要抓手,商业银行化解风险的强烈需求将会促进市场化不良资产处置与资产证券化这两个市场的快速发展。

周期
波动

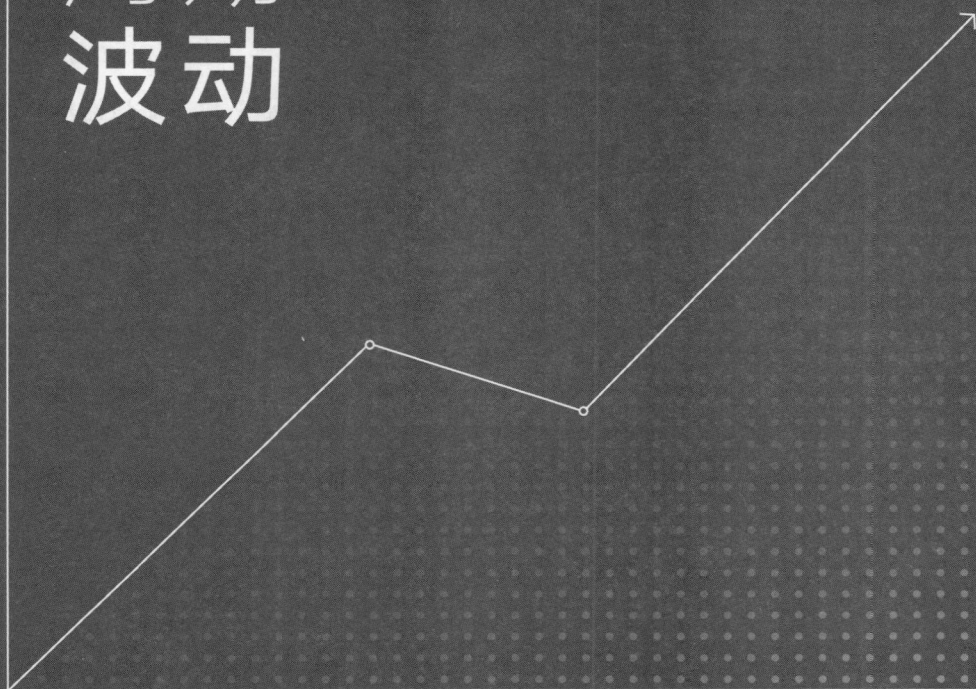

引言　中国经济短期波动的分析框架

本篇将转为研究短期经济波动。在本篇引言中，笔者将介绍一个自己经常使用的中国短期经济波动分析框架。该分析框架由三个步骤组成：第一步，研判中国宏观经济的冷热状况，并在产出—通胀的坐标系中给中国经济定位；第二步，判断使用何种宏观政策、沿着何种方向来推动中国经济回归均衡状态；第三步，在各种约束条件下挑选最适宜的政策工具组合。

一、为中国经济定位

在图 P2.1 中，横轴为产出水平 Y，纵轴为价格水平 P。假定一个经济体的长期均衡产出增速为 Y^*，均衡价格增速为 P^*，那么就可以把图 P2.1 中的坐标系分为四个象限。在象限 I 中，产出与价格水平均高于均衡水平，属于"过热"区间。在象限 III 中，产出与价格水平均低于均衡水平，属于"过冷"区间。在象限 IV 中，高产出与低价格并存，属于"理想"区间。在象限 II 中，低产出与高价格并存，属于最棘手的"滞胀"区间。

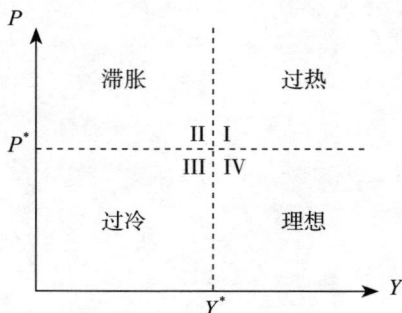

资料来源：笔者绘制。

图P2.1　宏观经济定位四象限

我们可以根据当前中国的经济增速与通胀增速，把当前状态作为一个点放入图 P2.1 中去。这样做的前提，是我们知道均衡产出 Y^* 与均衡价格 P^*，而现实中均衡产出与均衡价格的确定通常备受争议。我们不妨使用一组替代指标。在每年年底召开的中央经济工作会议（或者第二年的全国人大与政协会议）上，中国政府都会公布第二年（当年）的经济增速目标与通胀增速目标。我们不妨把这一组目标作为图 P2.1 中的 Y^* 与 P^*。例如，某年年底中央经济工作会议将第二年的增长目标定为 6%，通胀目标定为 3%，那么坐标系中的 Y^* 与 P^* 就分别为 6% 与 3%。这样，我们就可以把当前经济状态作为一个点定位到坐标系中去。

二、确定政策类型与方向

如果这个点位于象限 IV，即"理想"区间，那么太好了，政府什么也不用干，坐享其成就好。如果这个点位于象限 I，即"过热"区间，那么政府可以通过紧缩性需求管理政策（财政政策或货币政策）来同时降低产出水平与物价水平（请注意，我们这里用到了第五章中 AD-AS 模型[①]的有关结论）。如果这个点位于象限 III，即"过冷"区间，那么政府可以通过扩张性需求管理政策来同时提高产出水平与物价水平。

棘手的是这个点位于象限 II，即"滞胀"区间。在这个区间中，经济增速较低，而通货膨胀较高。如果采用扩张性需求管理政策，这的确能使经济增速回归均衡水平，但同时却使通货膨胀进一步上升。如果采用紧缩

① AD-AS 模型：总需求—总供给模型。AD（aggregate demand curve）为总供给曲线，AS（aggregate supply curve）为总需求曲线。

性需求管理政策，这的确能使通货膨胀率回归均衡水平，但同时使经济增速进一步下降。这种政策困境正是西方发达国家在20世纪70年代遭遇的现实。事实上，在滞胀状态下，需求管理政策（财政政策与货币政策）是无效的。我们即将在第五章中指出，在滞胀情形下，只能通过移动总供给曲线AS，来推动产出与通胀双双回归均衡水平（详见第五章）。移动总供给曲线意味着政府实施供给侧结构性改革。通常情况下，供给侧结构性改革的难度远高于需求管理政策。

三、在约束条件下挑选具体政策工具

我们将在第五章中将宏观政策工具区分为需求管理政策（这种政策能够移动总需求曲线AD）和供给侧结构性改革（这种政策能够移动总供给曲线AS）。

需求管理政策主要包括财政政策与货币政策。最重要的财政政策工具包括税收、财政支出与发行债券等。最重要的货币政策工具包括基准利率、法定存款准备金率、公开市场操作等。有些国家也把汇率作为一种货币政策工具。当需要扩张时，可以选择的政策工具包括减税、增加财政支出、增发政府债券来为支出融资、降息、降准、通过公开市场操作向市场注入流动性、本币贬值等。当需要收缩时，可以选择的政策工具包括加税、削减财政支出、加息、提高法定存款准备金率、通过公开市场操作从市场回笼流动性、本币升值等。

供给侧结构性改革的核心目标是提高微观主体（包括劳动力、企业与政府）的工作积极性和工作效率。具体政策工具大致包括：企业所有制改革、放松对企业部门的监管、打破垄断、放松对劳动力自由流动的约束、

增强对劳动力的教育培训和社会保障、打击腐败、适当提高公务员报酬等。具体到当前中国，重要的供给侧结构性改革包括国有企业改革、土地流转改革、更具包容性的城市化（户籍制度改革与公共服务均等化）、向民间资本开放公共服务业部门、政府治理能力建设等。读者不难看出，这些供给侧结构性改革措施，与我们在上篇第三章中提出的提高中国经济长期增速的政策建议重合度很高。事实上，供给侧结构性改革可以同时在短期与长期发挥效力。

每一项政策之下都有多种具体工具可供选择。在现实中政府究竟选用何种工具，主要取决于政府面临的各种约束条件。例如，如果一国的公共债务已经很高，那么该国政府实施扩张性财政政策的空间就非常有限。又如，如果一国的资产价格泡沫已经很大，那么该国政府实施扩张性货币政策的空间就非常有限。再如，如果一国实施固定汇率制，那么该国就不能随意使用汇率变动这一工具。此外，供给侧结构性改革之所以实施难度较大，是因为这种改革很可能会损害既得利益集团的利益，从而必然会遭遇其坚决抵制。

即使政府已经确定了宏观政策的方向，但是在挑选具体政策工具时，政府必须全面审视自身面临的各类约束条件，在约束条件下挑选最适宜的政策工具。而在有些时候，政府必须在努力打破特定约束条件（如突破既得利益集团的阻碍）后，才能选择适宜的政策工具。

本篇的结构安排如下：

第五章介绍用于研究经济波动的思想工具，包括宏观经济思想的演变，以及在政策分析中常用的一些理论模型；

第六章展示如何进行中国短期经济波动分析，包括如何从"三驾马车"的视角分析 GDP 短期增速变动、探寻背后的原因，以及如何分析通胀与失业；

第七章评价中国政府常用的宏观政策工具，包括财政政策和货币政策；

第八章分析全球视角下的中国经济，并集中从国际收支平衡表与国际投资头寸表出发展开分析。

第 五 章

研究周期波动的思想工具

本章集中讨论研究宏观经济周期波动的思想工具。首先，将介绍研究周期波动最关注的三个宏观经济目标，以及这些目标之间的相互关系。其次，将纵览宏观经济思想的演变。最后，将提出三个在宏观政策分析中广为使用的经济学模型。在传统宏观经济学教材中，本章内容可能占到半壁江山，而本章试图用最简洁的语言提供一个概览。

一、周期波动的三个重要目标及其相互关系

长期经济分析的对象是经济增长，目的是如何提升一个经济体的长期增速。短期经济分析的对象是周期波动，目的是如何通过宏观政策来降低经济波动的幅度。一个完整的经济周期，可以分为复苏（recovery）、过热（overheating）、衰退（recession）与萧条（depression）四个阶段。经济周期是无法避免的。由于波幅过大、持续时间过久的经济波动将会损害资源配置与居民福利，因此政府通常会采取各种措施去"熨平"经济波幅。

在经济波动分析中，最重要的三个宏观经济目标是经济增长、通货膨

胀与失业。而一国政府实施宏观政策的目标则是让经济增长水平接近长期潜在增速、让通货膨胀率与失业率处于适宜水平。[①] 图 5.1 展示了经济增长、通货膨胀与失业三个经济目标之间的相互关系。

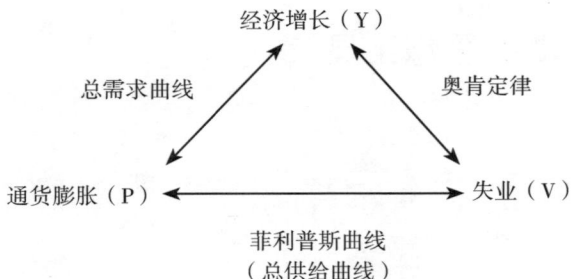

资料来源：笔者绘制。

图5.1　三个目标之间的相互关系

首先，一个国家经济增长越快，能够提供的就业岗位就越多，失业率就越低。反之亦然。换言之，经济增长与失业之间存在负相关，这个关系被称为奥肯定律（Okun's Law）。该定律最初由美国经济学家阿瑟·奥肯提出，用来描述美国经济中 GDP 增速变化与就业率变化之间的稳定关系：当美国经济现实增长率相对于潜在增长率（当时为 3% 左右）每上升 1%，就业率大致上升 0.5%（失业率下降 0.5%）。

其次，一个国家通货膨胀率较高，通常意味着该国经济增速较快与失业率较低。换言之，一国通货膨胀率与失业率之间存在负相关，这个关系被称为菲利普斯曲线（Phillips Curve）。该曲线最初由新西兰统计学家威

---

① 更准确的表述是让失业率等于自然失业率，让通货膨胀率等于自然失业率相对应的通胀水平。

廉·菲利普斯提出，用来描述英国经济中通货膨胀率与失业率之间的反向变动关系。从更深层面来看，菲利普斯曲线反映了一个国家劳动力市场的均衡条件，其实也是该国的总供给曲线。[①]

最后，一个国家经济增长较快，通货膨胀率通常也较高。换言之，一国经济增长率与通货膨胀率之间存在正相关。

二、宏观经济思想的演变

迄今为止，宏观经济思想的演变大致可以分为古典主义、凯恩斯主义、货币主义、新古典主义、新凯恩斯主义与新－新古典综合主义 6 个阶段。

1. 古典主义

古典主义的核心理念包括以下几点。第一，市场具有自发调节的功能，灵活的价格变动能够平衡供给与需求，实现资源最优配置。例如，商品价格调整可以实现商品市场均衡，工资调整可以实现劳动力市场均衡，利息率调整可以实现资金市场均衡。第二，供给将会自动创造需求。[②]有生产就一定有消费，整个社会不会出现长期全面的生产过剩。第三，政府应该实施自由放任政策，不应频繁干预市场，只应担任"守夜人"的角色。

2. 凯恩斯主义

1929—1933 年的大萧条证明了市场机制在特定时期将会失灵，而全面的生产过剩的确会发生。这暴露了古典主义理论的缺陷，直接催生了凯恩

---

① 总供给曲线反映了一个经济体的产出与物价之间的正向变动关系，即一个经济体的物价水平越高，产出水平也越高。总供给曲线的推导是基于劳动力市场均衡得出的。

② 供给自动创造需求，这在经济学上被称为"萨伊定律"。

斯主义。

凯恩斯主义的核心理念包括以下几点。第一,一个经济体可能会周期性地面临有效需求不足。一方面,流动性偏好在特定情形下会导致居民消费不足与储蓄过剩;另一方面,企业家的"动物精神"(animal spirits)[①]使得企业家在情绪悲观的时候不愿意增加投资。更要命的是,居民消费不足与企业家不愿投资这两种情形通常会同时发生。第二,在经济体存在有效需求不足时,政府应该动用积极的逆周期政策来刺激有效需求。由于流动性偏好的存在,货币政策的效果可能不佳,因此财政政策应该扮演更加重要的角色。

3. 货币主义

"二战"期间与 20 世纪 50—60 年代是凯恩斯主义的黄金时期。然而,在 20 世纪 70 年代初期,石油危机的冲击导致西方经济体出现了滞胀现象(即通货膨胀与经济停滞并存),这是凯恩斯主义不能解释的现象,从而导致货币主义与新古典主义的兴起。

货币主义的核心理念有以下几点。第一,通货膨胀在任何时间和任何地点都是一种货币现象。从中长期来看,货币政策只会影响通货膨胀,而不会影响真实产出。因此传统的菲利普斯曲线是不存在的。第二,坚持经济自由主义,反对国家过多干预。建议央行实施单一规则的货币政策,即公开宣布一个长期固定不变的货币供应年增长率(这个增长率应该与该国的真实经济增速一致),以保持稳定的价格水平。

---

① "动物精神"一词来源于凯恩斯,他认为投资行为不能用理论或理性选择去解释,因为经济前景根本难以捉摸。因此,他提出投资的冲动要靠"动物精神",即靠自然本能的驱动。

4. 新古典主义

新古典主义建立在理性预期革命的基础之上，其核心理念包括以下几点。第一，在市场主体具有理性预期的前提下，货币政策与财政政策都是无效的。对货币政策而言，市场主体会预期到宽松货币政策最终会导致物价上涨，因此货币政策只会改变物价，不会改变真实产出。对财政政策而言，市场主体能够预期到，当期宽松的财政政策在未来将会导致税负增加（所谓的"李嘉图等价"[①]），从而并不会增加当期支出，因此财政政策也归于无效。第二，作为新古典主义灵魂的真实经济周期（real business cycle, RBC）理论认为，经济波动是对无法预料到的外生技术冲击的自然反应，因此经济波动自身是合理的，政府试图"熨平"经济波动的做法反而会导致资源配置的扭曲。第三，政府应该实施自由放任的政策，并按照预先承诺的政策规则行事，以降低政策的时间不一致性（time inconsistency）。

5. 新凯恩斯主义

新凯恩斯主义是对新古典主义的回应与挑战，也是对凯恩斯主义精神的回归。新凯恩斯主义的核心理念是，名义刚性（nominal rigidity）的存在使得商品价格和工资水平不能发生瞬时灵活调整，这意味着至少在短期内，货币政策能够影响真实产出。商品价格名义刚性的例子是"菜单成本"，即当一个商店在制定完所有商品的价格标签之后，它不可能随时根据市场供需去更换商品的价格标签，因为这样做会承担更换价签的成本。工资水平名义刚性的例子是，在很多发达国家，工人工资水平的变动取决于工会与

[①] "李嘉图等价"思想的来源是，李嘉图在《政治经济学及赋税原理》第十七章表达了这样的思想：政府为筹措战时经费，采用征税和发行公债的方式影响是等价的。这个定理是以封闭经济和政府活动非生产性为前提与条件的，并不符合真实的现实情况。

企业家半年一度或一年一度的劳资谈判。

6. 新－新古典综合主义

新－新古典综合主义是当前全球经济学界的主流宏观经济思想，也是对新古典主义与新凯恩斯主义的折中。其核心理念是，在短期内，由于名义刚性的存在，宏观政策能够发挥积极作用；而在长期内，价格最终能够调整到位，宏观政策将会归于无效。作为新－新古典综合主义代表的动态随机一般均衡模型（dynamic stochastic general equilibrium model，DSGE Model），其实质无非是在真实经济周期模型的内核基础上，加上了一层名义刚性的外衣而已（徐高，2019）。

7. 小结

综上所述，古典主义、货币主义、新古典主义是一脉相承的，这一派认为价格机制是灵活的，市场是有效的，不应该实施积极的反周期宏观政策；凯恩斯主义、新凯恩斯主义则是一脉相承的另一派，认为价格存在刚性，市场有时会失灵，必要时应该实施积极的反周期宏观政策。一般而言，在爆发大规模金融危机之后，凯恩斯主义会占上风。而当市场承平日久或通胀失控时，古典主义会占上风。作为当前西方经济学界主流意识形态的新－新古典综合主义，则是上述两派观点的折中。

三、政策分析中常用的三个宏观经济模型

在本节中，我们将介绍在日常政策分析中最为常用的三个宏观经济模型，即 IS–LM 模型、AD–AS 模型与 IS–LM–BP 模型。值得一提的是，这三个模型都是凯恩斯主义模型。三个模型的假设前提都是宏观政策有效，这也正是我们开展政策分析的目的。所谓政策分析，是指在特定情形下应该

使用何种政策去促进经济体重新达到均衡。

1. IS-LM 模型

IS–LM 模型刻画了产品市场与货币市场的联立均衡。该模型的核心方程如公式 5.1 与公式 5.2 所示。

$$Y=C（Y）+I（Y,i）+G \qquad\qquad （5.1）$$

$$M_s=M_d(Y,i) \qquad\qquad （5.2）$$

在公式 5.1 中，Y 为总产出，C 为消费，I 为投资，G 为政府支出，i 为利率。公式 5.1 的左边代表产品市场的供给，右边代表产品市场的需求。消费与投资均与产出正相关，投资与利率负相关。因此，公式 5.1 代表了产品市场的均衡条件。

在公式 5.2 中，M_s 为货币供给，M_d 为货币需求。M_d 与产出 Y 正相关，与利率 i 负相关。公式 5.2 代表了货币市场的均衡条件。

求解公式 5.1 与公式 5.2 组成的联立方程，就可以得到使得两个市场同时处于均衡状态的产出 Y 与利率 i。

如图 5.2 所示。在横轴为 Y、纵轴为 i 的坐标系中，IS 曲线是一条向右下方倾斜的曲线，表示利率 i 越高，产出 Y 越低（因为利率越高、投资越低，进而会导致产出越低）；LM 曲线是一条向右上方倾斜的曲线，表示利率 i 越高，产出 Y 越高（产出越高，对货币需求越强，在货币供给不变的前提下，这需要 i 上升来降低对货币的投资性需求，才能实现货币市场均衡）。

IS–LM 模型的用途是讨论财政政策与货币政策的作用。如图 5.2 所示，IS_1 与 LM_1 的交点对应的产出为 Y_1，低于长期均衡产出 Y^*，这意味着存在负向的产出缺口。那么应该如何让产出恢复到均衡水平呢？一种方法是实

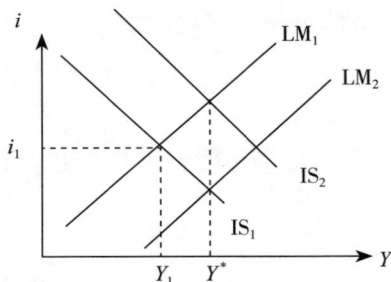

资料来源：笔者绘制。

图5.2　IS–LM模型

施扩张性财政政策（也即增加政府支出 G），让 IS_1 右移至 IS_2；另一种方法是实施扩张性货币政策（也即增加货币供给 M_s），让 LM_1 右移至 LM_2。

　　虽然这两种方法都能达到目标，但我们不难发现，两种政策对利率的影响是截然相反的。扩张性财政政策的实施会导致新的利率水平上升（高于 i_1），而扩张性货币政策的实施会导致新的利率水平下降（低于 i_1）。如果政府既想提高产出水平，同时又不改变利率水平的话，可以怎么做呢？政府可以同时实施宽松的财政政策与宽松的货币政策，这样两者对利率的相反效应就可以相互抵消。

　　反之亦然，如果当前产出水平高于均衡水平，政府可以通过紧缩性财政政策、紧缩性货币政策，或者两种紧缩性政策的适当组合，来让产出水平回落至均衡水平。

　　综上所述，IS-LM 模型论证了财政政策与货币政策的有效性，且两种政策在一定程度上是可以相互替代的。

2. AD-AS 模型

AD–AS 模型刻画了产品市场、货币市场与劳动力市场的联立均衡。该模型的核心方程如公式 5.3 与公式 5.4 所示。

$$Y=F1(P) \tag{5.3}$$

$$Y=F2(Y) \tag{5.4}$$

在两个公式中，Y 均为产出水平，P 为价格水平。

公式 5.3 是总需求曲线 AD，它实质上正是 IS–LM 曲线求出的均衡解，即产品市场与货币市场同时均衡时的产出与价格组合（物价的引入是因为在 LM 曲线中可以引入真实货币供给 M_s/P）。在公式 5.3 中，价格水平越高，产出水平越低，两者之间呈现负相关（价格水平越高，真实货币供给越低，这会导致利率水平上升，最后压低产出水平）。

公式 5.4 是总供给曲线 AS，它实质上就是菲利普斯曲线，刻画了劳动力市场的均衡。在公式 5.4 中，产出水平越高，价格水平越高，两者之间呈现正相关。其背后的逻辑是，产出水平越高，失业率越低，因此工人在进行工资谈判时，就能够提出更高的工资要求，而更高的工资水平将会导致价格总水平上升。反之亦然。

求解公式 5.3 与公式 5.4 组成的联立方程，就可以得到三个市场同时均衡时的产出 Y 与价格 P。

如图 5.3 所示。在横轴为 Y、纵轴为 P 的坐标系中，总需求曲线 AD 是一条向右下方倾斜的曲线，表示价格 P 越高，产出 Y 越低；总供给曲线 AS 是一条向右上方倾斜的曲线，表示价格 P 越高，产出 Y 越高。AD-AS 模型的用途是可以讨论需求管理政策的作用与局限。如图 5.3 所示，

AD_1 与 AS_1 的交点对应的产出为 Y_1，低于长期均衡产出 Y^*，这意味着存在负向产出缺口。那么应该如何让产出恢复到均衡水平呢？政府可以实

施扩张性需求管理政策（扩张性货币政策与扩张性财政政策均可，两者的作用是一样的，都是让 AD_1 右移），让 AD_1 右移至 AD_2，这样产出水平就回归到均衡水平 Y^* 了。这意味着需求管理政策是有效的。

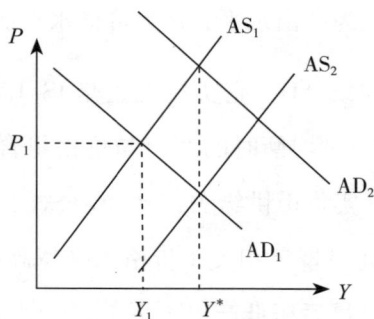

资料来源：笔者绘制。

图5.3　AD–AS模型

我们不难发现，扩张性需求管理政策的副作用，是提高了价格水平（新的价格水平高于 P_1）。如果 Y_1、P_1 均低于均衡水平，那么扩张性需求管理政策可谓一箭双雕。但如果初始点处于滞胀状态（即产出低于均衡水平，但物价高于均衡水平），那么扩张性需求管理政策虽然能够使得产出水平上升，但同时也会使得通货膨胀恶化。换言之，在滞胀状态下，需求管理政策不能同时实现产出目标与通胀目标。

在滞胀状态下，政府只能依靠总供给曲线 AS 的移动来解决问题。例如，在图 5.3 中，政府可以让总供给曲线 AS_1 右移至 AS_2，这样既能让产出水平回到均衡水平 Y^*，同时还能压低价格水平（新的价格水平低于 P_1），可谓一举两得。

问题在于，政府实施总供给政策的难度要显著高于需求管理政策。例如，总供给曲线右移，意味着在相同的产出水平上，要降低价格水平（工资水平）。这或者需要政府与工人或工会进行艰难的劳资谈判以压低工资水平，或者需要推动技术创新（即提高工人的劳动生产率，让工人在相同的工资水平上生产更多的产品），要做到这两点并不容易。我们可以把导致总供给曲线右移的政策称为供给侧结构性改革。正因为供给侧结构性改革的难度很大，所以政府在一般情况下总是更倾向于通过需求管理政策来调节经济波动。

3. IS-LM-BP 模型

IS–LM–BP 模型又称为蒙代尔·弗莱明模型（Mundell Fleming Model，MF Model），它刻画了产品市场、货币市场与跨境资本流动的联立均衡。该模型的核心方程如公式 5.1、公式 5.2 与公式 5.5 所示。

$$Y=C（Y）+I（Y,i）+G \tag{5.1}$$

$$M_s=M_d(Y,i) \tag{5.2}$$

$$i=i^* \tag{5.5}$$

不难看出，IS–LM–BP 模型无非是在 IS–LM 模型的基础上增加了一个新维度。公式 5.5 中的 i 表示本国利率，i^* 表示国际利率。这个模型的基准假定是一国资本账户完全开放，只有当本国利率等于外国利率时，国际资本流动才会停止（返回均衡状态）。因此，公式 5.5 被称为国际收支平衡曲线（即 BP 曲线）。

如图 5.4 所示，在横轴为 Y、纵轴为 i 的坐标系中，IS 曲线向右下方倾斜，LM 曲线向右上方倾斜。BP 曲线是一条水平线，代表本国利率持续等于外国利率 i^*。

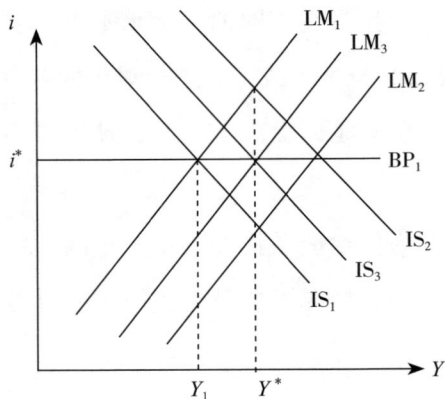

资料来源：笔者绘制。

图5.4　IS–LM–BP模型

IS–LM–BP 模型的用途是可以在开放条件下讨论财政政策与货币政策的有效性。如图 5.4 所示，IS_1 与 LM_1 的交点对应的产出为 Y_1，低于长期均衡产出 Y^*，即存在负向产出缺口。那么应该如何让产出恢复到均衡水平呢？在 IS–LM 模型中，扩张性财政政策（将 IS_1 右移至 IS_2）或者扩张性货币政策（将 LM_1 右移至 LM_2）都可以做到这一点。

在开放条件下，上述政策的效果会被放大或者缩小。现在让我们假定这个国家实施固定汇率制。要维持固定汇率，在资本账户完全开放的条件下，本国利率必须等于外国利率 i^*。如果政府采用扩张性货币政策（将 LM_1 右移至 LM_2），就会导致本国利率水平的下降，而本国利率低于外国利率，则会导致本国发生资本外流，资本外流又会导致本国利率上升，直至本国利率回升至 i^* 为止。换言之，本国的资本外流将会导致 LM_2 重新左移至 LM_1。这就意味着，跨境资本流动会导致固定汇率制下的货币政策完全失效。

相反，如果政府采用扩张性财政政策（将 IS_1 右移至 IS_3，请注意，这次财政政策的力度小于 IS_2），就会导致本国利率水平上升。本国利率水平高于外国利率，则会导致外国资本流入。由此造成的国内货币的增加又会导致 LM_1 右移至 LM_3，直至本国利率重新等于外国利率为止。IS_3 与 LM_3 的交点对应的恰好是 Y^*。这就意味着，跨境资本流动会导致固定汇率制下财政政策的效果被放大。

综上所述，IS–LM–BP 模型的核心结论是，在资本自由流动的前提下，固定汇率制下货币政策无效、财政政策效果显著；浮动汇率制下财政政策无效、货币政策效果显著。[①] 这一结论也被称为蒙代尔政策指派法则。值得一提的是，IS–LM–BP 模型的上述结论中也隐含了国际金融学中著名的三元悖论（The Impossible Trinity），即一个经济体无法同时实现资本自由流动、固定汇率与货币政策独立性这三个目标（我们之前论证了，在资本自由流动的前提下，对实施固定汇率制的国家而言，货币政策是无效的）。

| 小 结 |

本章简要概览了进行经济波动分析时使用的思想工具。经济波动分析最重要的三个目标是经济增长、通货膨胀与失业。通货膨胀与失业负相关（菲利普斯曲线），经济增长也与失业负相关（奥肯定律）。宏观经济思想演变可以概括为古典主义、凯恩斯主义、货币主义、新古典主义、新凯恩斯主义与新–新古典综合主义。其中，古典主义、货币主义与新古典主义认为市场持续有效，否定宏观政策的有效性；凯恩斯主义与新凯恩斯主义认为市场有时会失灵，因此宏观政策是有

---

① 为节省篇幅，笔者省去了浮动汇率制下财政政策与货币政策效果的论证过程。在任何一本中级国际金融学的教材中，读者们都能找到该论证过程。

效且必要的；新－新古典综合主义则是两派观点的最新折中。宏观政策分析中最常用的三个模型是 IS–LM 模型、AD–AS 模型及 IS–LM–BP 模型。这些模型的用途都是在讨论不同条件下具体宏观政策的有效性。

在随后三章中，我们将以中国经济为例，来展示如何进行短期经济波动分析。在第六章中，我们将对中国经济进行定位，并剖析导致增长与通胀偏离均衡水平的原因。在第七章中，我们将分析中国政府如何使用具体的宏观政策工具。在第八章中，我们将讨论开放视角下的中国经济。

第 六 章

如何分析中国经济的短期波动？

在本章中，我们将介绍进行中国经济短期波动的方法，即从 GDP 核算的支出法出发，从"三驾马车"（消费、固定资产投资、进出口）构成的需求端来分析 GDP 增速变动的原因，并探究导致"三驾马车"各自增速变化的更深层次原因。本章的分析是为中国政府通过宏观政策来"熨平"经济波动提供基本面分析支持。

如图 6.1 所示，自 1978—2019 年，中国 GDP 年均增速高达 9.4%。尽

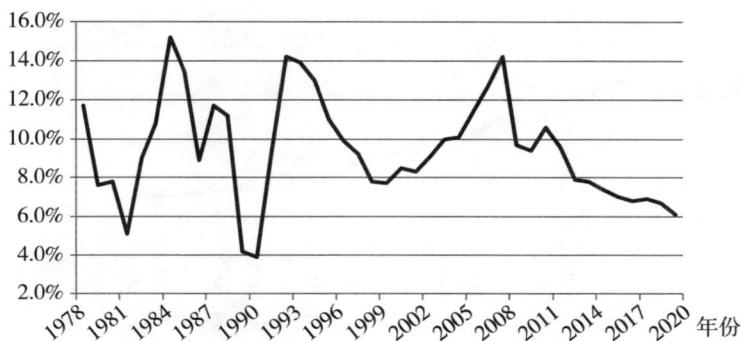

资料来源：Wind。

图6.1 改革开放以来的中国GDP增速

管如此，GDP 增速的波动还是挺大的。总体来看，改革开放以来的 GDP 增速经历了"四落三起"。最近这次增速下滑从 2008 年持续至 2019 年，是改革开放以来四次增速下滑中持续时间最长的，目前来看，下行似乎仍未结束。在本书上篇中，我们从长期增长视角出发，分析了中国经济增速自 2008 年以来持续下滑的原因。在本章中，我们将从短期波动视角出发来探寻经济增速持续下滑的原因。

一、GDP 的三种统计方法及结构分析

GDP 有三种统计方法：生产法、收入法与支出法。

生产法是中国国家统计局进行国民收入核算的最重要方法。简而言之，生产法是分别衡量第一、二、三产业各自的最终产出，三者相加等于 GDP。如图 6.2 所示，自改革开放以来，第一产业产出占 GDP 比重持续下降，由 1982 年 32.8% 的峰值下降至 2020 年的 7.1%；第三产业产出占 GDP 的比重持续上升，由 1980 年的 22.3% 的低点上升至 2019 年的 53.9%；第二产

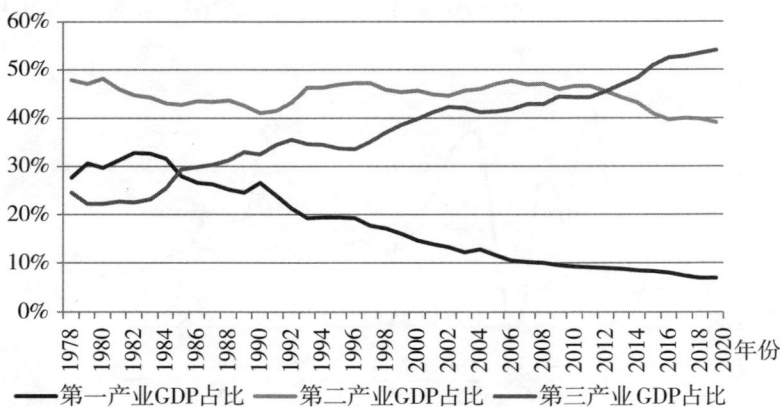

资料来源：Wind。

图6.2　GDP统计的生产法

业占 GDP 的比重长期以来一直在 40%~50% 的区间内波动，但在 2007 年至 2019 年持续下行，2019 年仅为 39.0%。值得注意的是，从 2012 年起，第三产业超过第二产业，成为对中国经济增长最大的产业。

GDP 核算的收入法把 GDP 分解为居民部门初次收入（劳动者报酬）、政府部门初次收入（生产税净额）与企业部门初次收入（营业盈余和固定资产折旧）。如图 6.3 所示，在 2016 年，劳动者报酬、生产税净额、营业盈余和固定资产折旧占 GDP 的比重分别为 52.0%、11.6% 和 36.4%。值得注意的是，从 2011 年至 2016 年，劳动者报酬占 GDP 比重由 47.0% 持续上升至 52.0%，上升了 5 个百分点；而同期内，营业盈余和固定资产折旧占 GDP 的比重则由 39.8% 持续下降至 36.4%。国民收入初次分配中居民收入占比的上升与企业收入占比的下降，很可能源自我们在上篇中提及的人口红利 I 的衰减（该红利的拐点在 2010 年）。

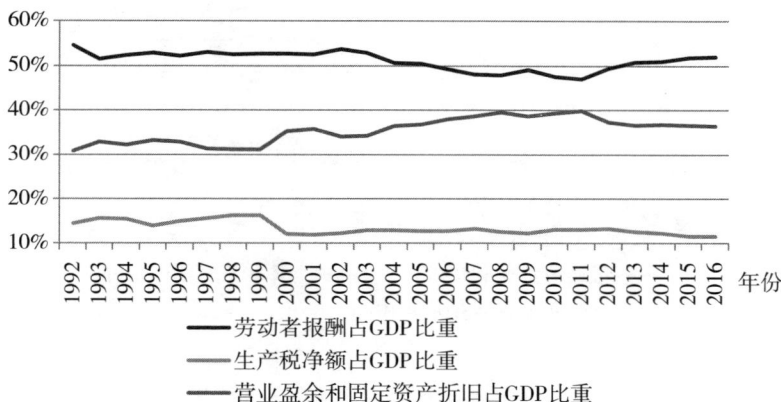

资料来源：Wind。

图6.3　GDP统计的收入法

GDP 核算的支出法把 GDP 分解为三项最终支出，也即最终消费支出（包

括居民消费与政府消费）、资本形成总额（包括固定资产投资与存货投资）
及货物和服务净出口。如图 6.4 所示，改革开放以来，最终消费支出 GDP
占比的最高值是 1983 年的 66.8%，最低值是 2010 年的 48.5%。2010—2018
年，该比率由 48.5% 持续上升至 54.3%；资本形成总额 GDP 占比的最高值
是 2011 年的 48.0%，最低值是 1982 年与 1983 年的 32.4%。2011—2018 年，
该比率由 48.0% 回落至 44.8%；货物和服务贸易净出口占 GDP 比率的最高
值是 2007 年的 8.6%，最低值是 1985 年的 -4.0%。2007—2019 年，该比率
由 2007 年的 8.6% 逐渐回落至 2018 年的 0.8%。综上所述，2008 年全球金融
危机至今，最终消费支出的 GDP 占比总体持续上升，而资本形成总额与货
物和服务净出口的 GDP 占比总体持续下降。换言之，消费作为 GDP 增长引
擎的作用，在 2008 年之后变得更加显著。

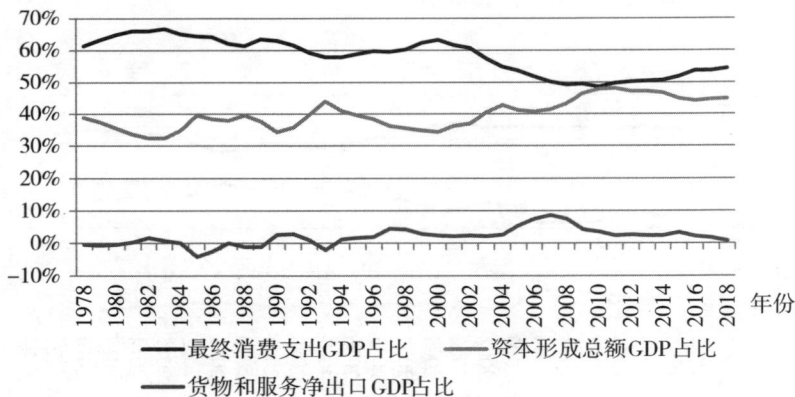

资料来源：Wind。

图6.4　GDP统计的支出法

二、从支出法"三驾马车"角度展开分析

在短期经济波动分析时，我们习惯于从需求侧角度来分析 GDP 组成部

分的变动，即从 GDP 支出法视角出发展开分析，分析"三驾马车"（消费、固定资产投资、进出口）各自变动所导致的 GDP 波动，并探究导致"三驾马车"各自增速发生变动的深层次原因。

1. "三驾马车"对 GDP 的拉动分析

图 6.5 展示了在每个年份，消费、投资与净出口分别对当年 GDP 增长的拉动作用。例如在 2000—2007 年，中国 GDP 增速总体上处于上行趋势，这段时间内，消费、投资与净出口对 GDP 增长的年均贡献分别为 5.2、5.0 与 0.4 个百分点。而在 2008—2019 年，中国 GDP 增速总体上处于下行趋势，这段时间内，消费、投资与净出口对 GDP 增长的年均贡献分别为 4.4、4.0 与 –0.5 个百分点。不难看出，与 2008 年全球金融危机爆发前相比，危机后"三驾马车"对中国 GDP 增长的贡献均在下降。从降幅来看，投资（1.0 个百分点）大于净出口（0.9 个百分点），而净出口大于消费（0.8 个百分点）。在 2019 年，消费、投资与净出口对 GDP 增长的贡献分别为

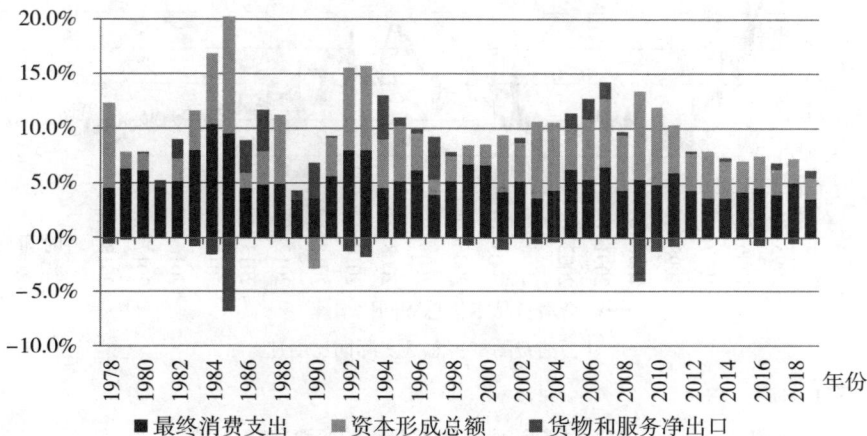

资料来源：Wind。

图6.5 "三驾马车"对每年GDP增速的拉动

3.5、1.9 与 0.7 个百分点，这说明当年投资贡献的萎缩最为显著。

2. 消费

在消费方面，社会消费品零售总额同比增速是最常用的月度指标。这是指企业通过交易直接销售给个人和社会集团的、非生产、非经营的实物用品金额及提供餐饮服务所得金额，主要用于反映全社会中实物商品在非生产方面的消费。如图 6.6 所示，社会消费品零售总额同比增速在 1999 年至 2008 年总体上处于上升态势，并在 2008 年 7 月达到 23.3% 的高点。随后，该指标在 2008 年下半年至 2019 年期间总体上不断下滑。2019 年，社会消费品零售总额同比增速仅为 8% 左右。

一般而言，影响消费增速的主要因素包括居民收入增速、消费者信心、居民财富水平、资产价格变动造成的财富效应等，其中最重要的因素是收

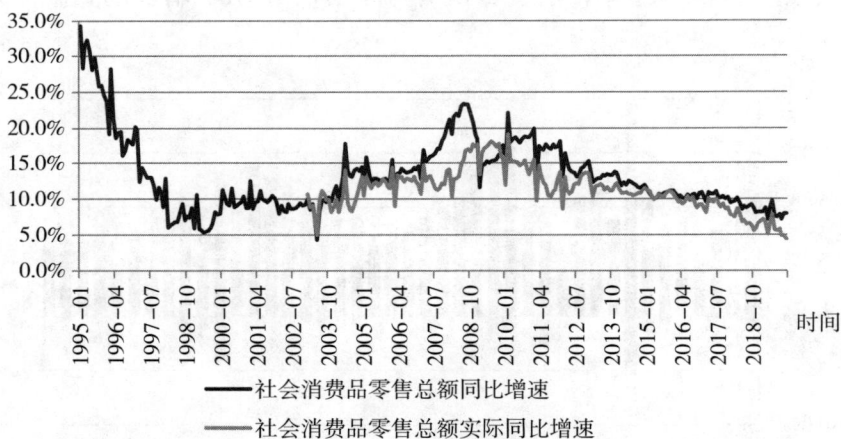

资料来源：Wind。

图6.6 消费月度增速的变动

入增速。[①]

如图 6.7 所示，中国城镇居民可支配收入增速在 1988—2002 年期间总体上不断上升，而在 2007—2018 年总体上不断下降。后者可以在一定程度上解释同期内社会消费品零售总额同比增速的持续下降。

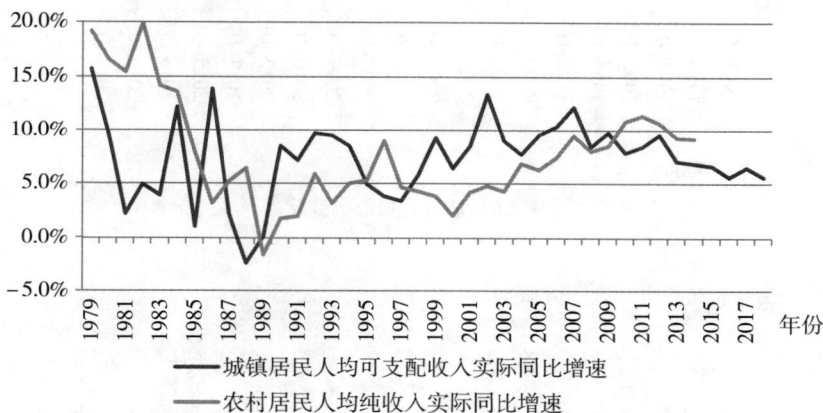

资料来源：Wind。

图6.7　城乡居民可支配收入的变化

如图 6.8 所示，中国消费者信心指数在 2007 年下半年至 2016 年上半年总体上处于震荡盘整、中枢水平略微下降的态势。然而，2016 年下半年至 2019 年年底，消费者信心指数呈现显著上升态势，这与同期内社会消费品零售总额同比增速的持续下滑相背离。这意味着，消费者信心的变化不

---

① 凯恩斯绝对收入理论认为，消费取决于居民的绝对收入水平。杜森贝里相对收入理论认为，消费取决于人们在收入分配中的相对地位及历史上曾有过的最高收入水平。弗里德曼持久性收入理论认为，消费不取决于居民的当期收入，而取决于居民的长期平均收入水平。莫迪利亚尼生命周期理论认为，消费取决于居民的一生预期总收入、财产水平、社会保障水平等因素。

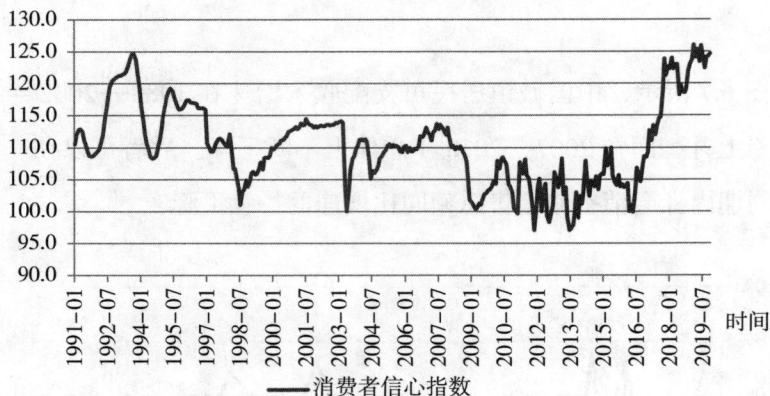

资料来源：Wind。

图6.8　消费者信心的变化

能很好地解释近年来的消费变动。

如图 6.9 所示，在中国商品房销售面积同比增速与社会消费品零售总额同比增速之间存在一定程度的正相关，且前者的变动领先于后者。虽然居民购买商品房不算消费算投资，但居民在购买商品房的同时，通常也会

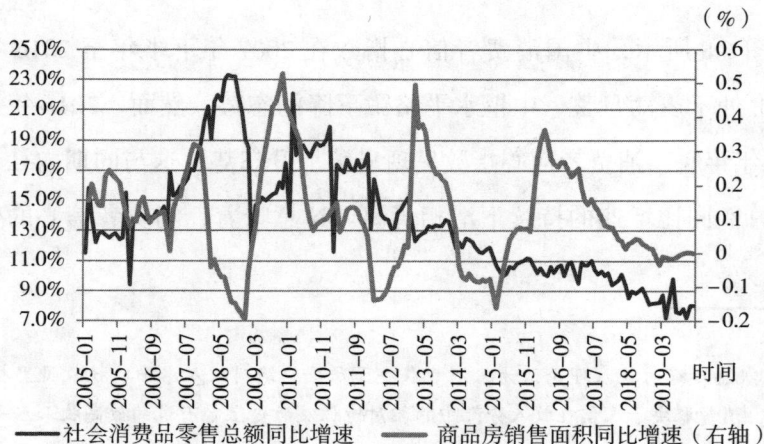

资料来源：Wind。

图6.9　消费增速与房地产销售面积增速的关系

购买家用电器、进行房屋装修、购买汽车等，而这些配套购买行为都算作消费。这正是房地产销售与居民消费正相关的原因之所在。此外，在房地产销售较为火爆的时期，通常房价涨幅也较高，这对有房者群体会造成正向的"财富效应"，从而推动该群体的消费增长。从图6.9中也可发现，从2016年下半年至今，商品房销售面积同比增速总体上持续下降，这在一定程度上可以解释同期内消费增速的下降。

3. 投资

投资的波动性远高于消费，因此投资波动往往是中国经济短期波动的主要原因。如图6.10所示，在中国的固定资产投资中，最重要的三类投资是制造业投资、基础设施投资与房地产投资。制造业投资额占中国固定资产投资总额的比重，一度由2000年的12.2%上升至2012年33.2%的峰值，到2017年下降至30.2%。房地产投资额占比在2013年曾经达到25.0%的峰值，到2017年下降至21.8%。基础设施投资额占比一直在20%~30%的

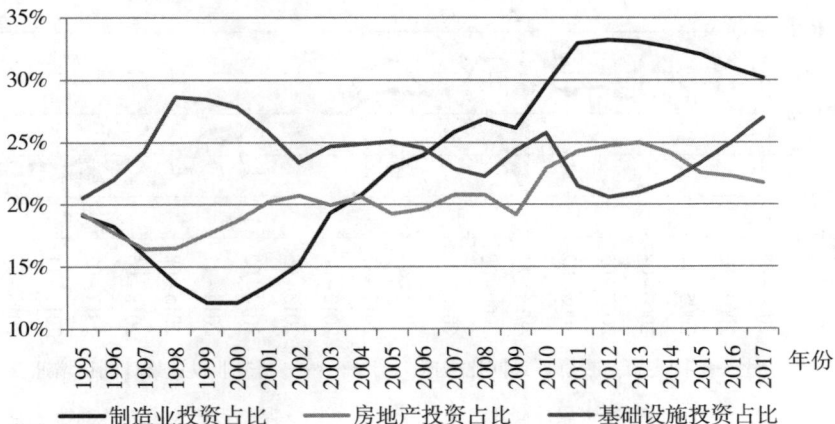

资料来源：Wind。

图6.10 三大投资占固定资产投资比重的变化

区间内波动，最高值是 1998 年的 28.7%，最低值是 2012 年的 20.6%，2017 年为 27.0%。在 2017 年，制造业、房地产与基础设施投资额占固定资产投资总额的比重合计达到 79.0%。因此，要分析中国固定资产投资增速的变化，就必须首先分析三大投资增速各自的变化。

图 6.11 显示了制造业、房地产与基础设施三大投资各自增速的变动。从中发现两个特点：第一，在 2010 年至 2019 年，三大投资增速均呈现出持续走低的特征。在 2017 年至 2019 年这三年间，制造业、房地产与基础设施投资月度累计同比增速的均值分别为 5.0%、7.9% 与 8.0%。相比之下，在 2005 年至 2007 年这三年间，上述指标分别高达 33.9%、27.4% 与 23.2%；第二，基础设施投资增速的变动与制造业、房地产投资增速的变动通常是负相关的。例如，在 2008 年、2009 年全球金融危机爆发期间，房地产投资增速一落千丈，制造业投资增速也在下滑，而基础设施投资增速则

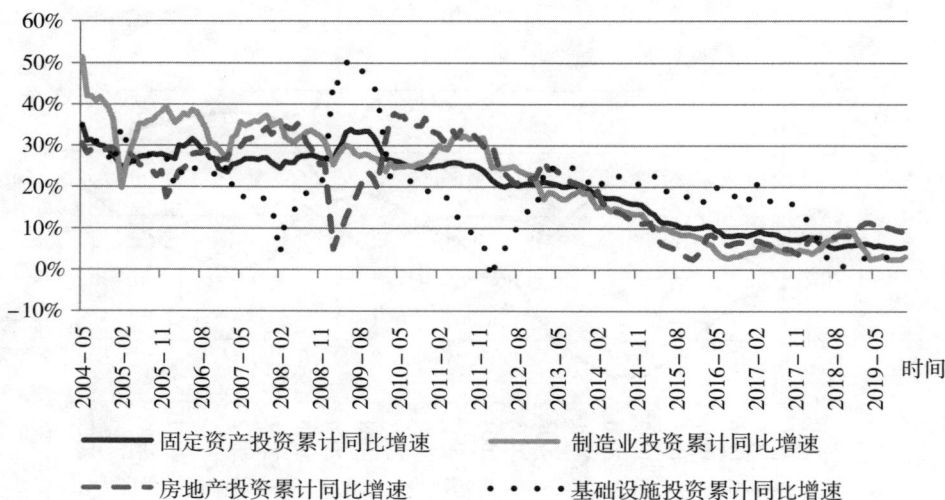

资料来源：Wind。

图6.11　三大投资的增速变动

一飞冲天。造成该现象的根本原因，是中国的基础设施投资是由政府主导的，而制造业与房地产投资是由市场主导的。中国政府通常把基础设施投资作为一种反周期的政策工具。换言之，在市场化投资增速走低时，中国政府通常会增加基础设施投资，而当市场化投资增速走强时，中国政府通常会压缩基础设施投资。

然而，如图 6.11 所示，在 2018 年至 2019 年，虽然市场化投资增速总体下行，但与此同时基础设施投资增速也在下行。该现象之所以出现，是因为在这段时期内，中央政府高度重视地方政府债务攀升的风险，从而开始严格控制地方政府及其下属的融资平台举债。此举造成地方政府的基础设施投资资金来源不足，从而造成基础设施投资增速下降。

制造业投资决策是由市场化企业做出的。企业在进行有关决策时，通常会考虑市场环境变动、自身赢利水平变化及产成品库存水平等因素。采购人经理指数（purchasing manager's index，PMI）是针对采购经理的月度调查进行汇总得出的数据，能够反映市场环境的变动。制造业 PMI 被认为是制造业投资增速的重要先行指标。如图 6.12 所示，在 2008 年全球金融危机爆发前，中国制造业 PMI 的均值为 55，远高于 50 这一荣枯线。然而从 2012 年起至 2019 年，制造业 PMI 却始终在 50 上下波动。这意味着与全球金融危机爆发前相比，中国制造业面临的市场环境已经明显恶化，这是危机后中国制造业投资增速总体上持续下滑的重要原因。

规模以上工业企业增加值增速与工业企业利润增速这两个指标都可以反映中国工业企业的赢利状况。如图 6.13 所示，在 2008 年全球金融危机爆发前，规模以上工业企业增加值增速平均在 15% 以上，而在危机后，该指标逐渐滑落至 2019 年的 5% 上下。中国工业企业利润增速虽然波动较大，但在

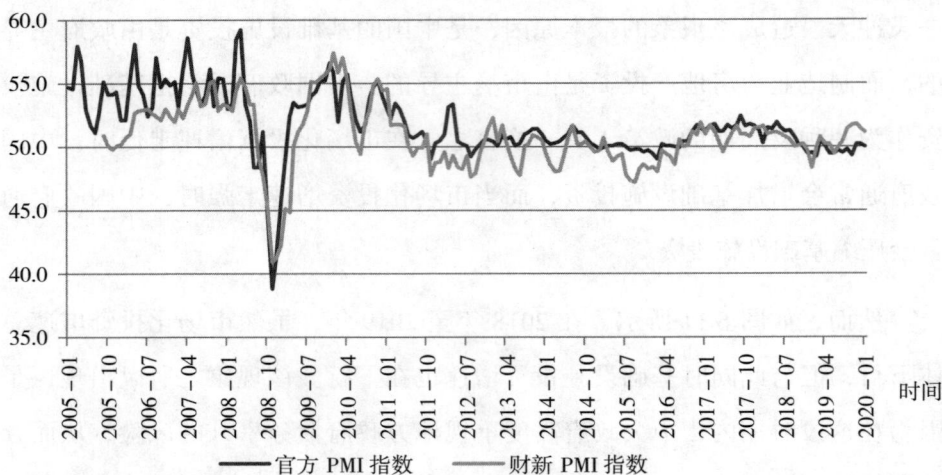

资料来源：Wind。

图6.12　中国制造业PMI指数的变化

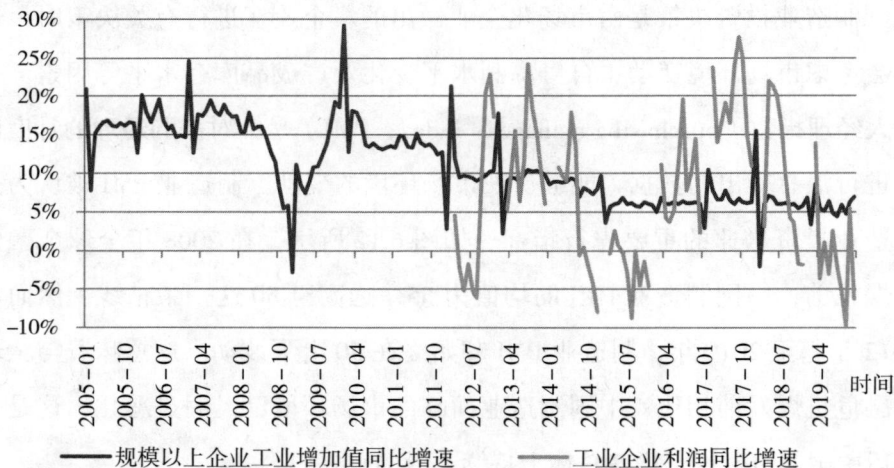

资料来源：Wind。

图6.13　工业增加值与工业企业利润的变化

2017—2019 年也出现了明显下滑。上述两个指标的变化，说明中国工业企业的赢利水平在危机爆发后总体上显著下行，这也可以部分解释同期内制造业投资增速的下滑。

工业企业产成品库存变动也会影响制造业投资增速。产成品库存高企通常意味着市场需求不足，这会压低制造业投资增速。产成品库存较低通常意味着市场需求强劲，这会提高制造业投资增速。如图 6.14 所示，中国工业企业存货波动并未对固定资产投资增速产生显著影响。原因可能是，自 2008 年全球金融危机爆发后中国制造业一直面临着产能过剩。即使库存水平显著下降，工业企业也会选择利用现有富余产能，而非通过固定资产投资去增加新产能。

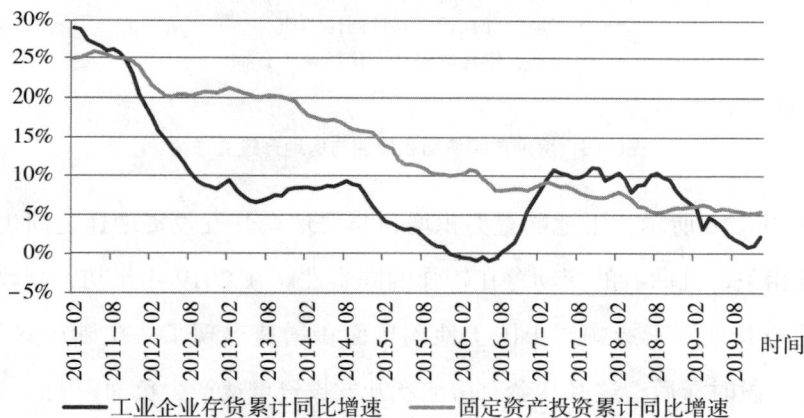

资料来源：Wind。

图6.14 工业企业存货增速与固定资产投资增速

房地产企业在进行投资决策时，通常会考虑销售、资金可获得性与资金成本、政府调控等因素。在中国，房地产销售面积增速与房地产企业土地购置面积增速是房地产投资增速的两个重要先行指标。如图 6.15 所示，从历史上来看，房地产销售额累计同比增速与房地产开发投资累计同比增速之间存在显著正相关，且前者的变动通常领先后者 1~2 个季度。从 2016 年下半年起至 2019 年，中国房地产销售额同比增速持续下降，这意味着房地产投资增速在未来一段时间难有大的起色。

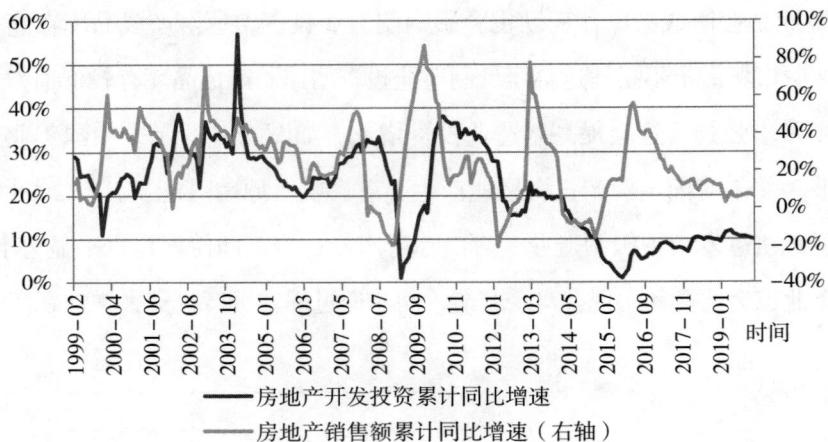

资料来源：Wind。

图6.15　房地产销售面积增速与房地产投资增速

如图 6.16 所示，土地购置面积增速与房地产开发投资增速之间也存在显著正相关，且两者的变动存在较强的同步性。在 2019 年年初，受政府宏观调控与其他因素影响，中国土地购置面积增速出现了一次断崖式下滑。在经历一段时滞后，这必然会对房地产开发投资增速产生负面影响。

资料来源：Wind。

图6.16　土地购置面积增速与房地产投资增速

4. 进出口

如图 6.17 所示，从中国加入 WTO 的 2001 年至 2012 年（全球金融危机期间除外），中国出口增速与进口增速的均值高于 20%。从 2012 年起，进出口增速双双显著回落。2012—2019 年，出口与进口月度同比增速的均值分别仅为 4.1% 与 3.1%。导致进出口增速回落的原因包括内外需增速下降、人民币汇率变化、进出口商品价格变动等。

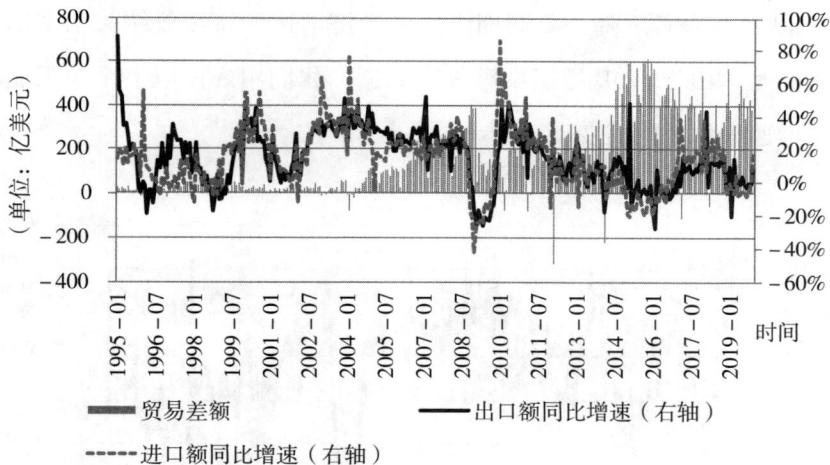

资料来源：Wind。

图6.17 进出口增速与贸易余额

一般而言，造成出口增速变动的因素有外部需求、汇率、本国商品国际竞争力（包括价格竞争力与品质竞争力）等。如图 6.18 所示，外部需求变动（用 OECD 综合领先指标① 来度量）与中国出口同比增速变动之间存在

① OECD 综合领先指标：包括美国、德国、法国和日本等 30 个发达国家成立的经济合作与发展组织（OECD），定期公布的经济、金融、教育和卫生等各项指标。

显著正相关。此外，我们也可以把PMI中的新订单指数[①]作为中国出口变动的先行指标。如图6.19所示，PMI新订单指数变动的确与中国出口同比增速变动之间存在显著正相关，且前者的变动要领先后者几个月。如图6.20所示，中国出口同比增速变动与人民币实际有效汇率变动之间存在显著负相关。事实上，自2012年以来中国出口增速的趋势性下降，也与同期内人民币实际有效汇率的快速升值密切相关。图6.21显示了中国进口增速变动与内需变动之间的关系，不难发现两者呈现显著正相关。中国进口增速自2012年以来的显著下降，与同期内国内经济增速的持续放缓关系密切。需要说明的是，由于GDP增速没有月度数据，我们用规模以上企业工业增加值同比增速来代替内需变动。

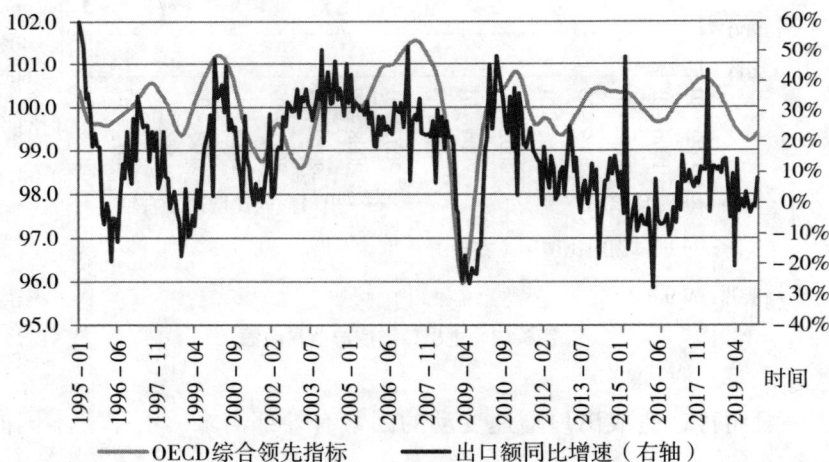

资料来源：Wind。

图6.18　出口增速变动与外部需求变动

---

①　新订单指数是采购经理人指数（PMI）中八个项目指标中的一个，另外还有生产、商品价格、存货、雇员、订单交货、新出口订单和进口七个指数。

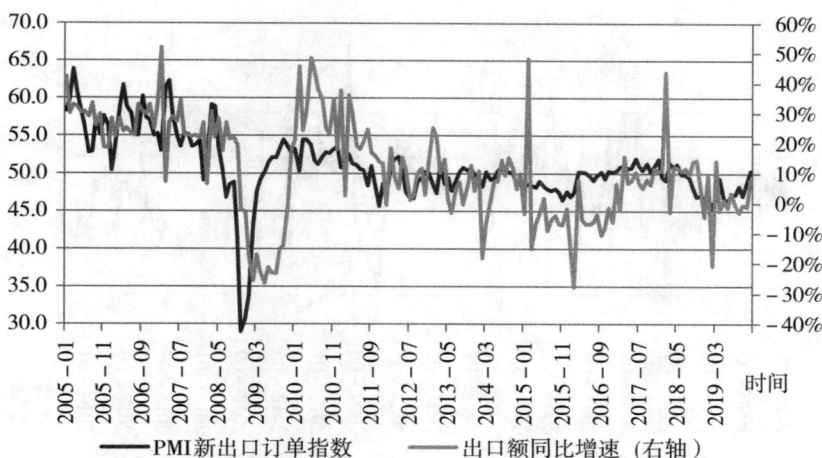

资料来源：Wind。

图6.19 出口增速变动与PMI新订单指数变动

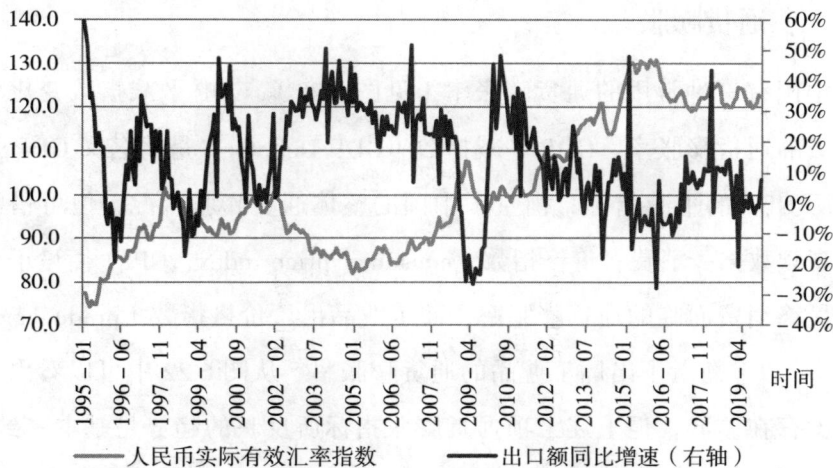

资料来源：Wind。

图6.20 出口增速变动与有效汇率变动

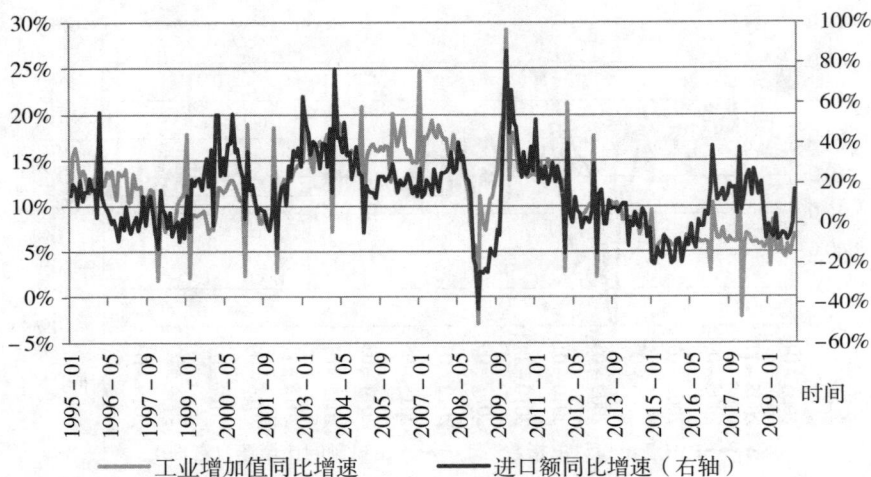

资料来源：Wind。

图6.21　进口增速变动与内需变动

三、通货膨胀

中国有三种常用的通货膨胀率（见图 6.22）。GDP 平减指数变化率是最广义的通货膨胀率。GDP 平减指数（GDP Deflator）是将名义 GDP 折算为实际 GDP 的平减指标，衡量了中国的整体通货膨胀状况，但可惜没有月度高频数据。消费者价格指数（consumer price index，CPI）衡量了居民部门最终消费面临的通货膨胀率，而工业品出厂价格指数（producer price index，PPI）衡量了出厂工业品的通货膨胀率。从图 6.22 中可以看出，尽管幅度存在差异，但上述三项通货膨胀指标所反映的趋势是基本一致的。改革开放以来，中国在 1985 年、1988—1989 年、1993—1995 年发生了三次较为严重的通货膨胀（GDP 缩减指数变化率均超过 10%）。而在 2000 年之后，中国通货膨胀率的变动幅度明显收窄，但同期内 PPI 增速发生了多次负增长（这意味着出现了工业品通货紧缩），这是 2000 年之前几乎没有发生过的情况。①

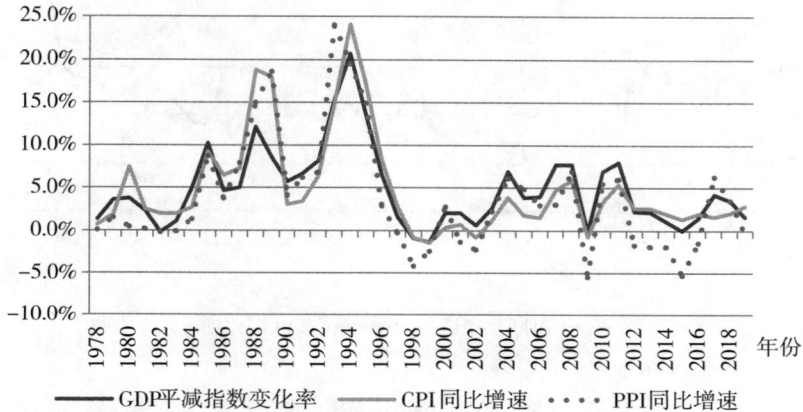

资料来源：Wind。

图6.22　三种口径的通货膨胀率

由于 CPI 统计的商品篮中包含食品与能源这两种价格波动非常大的商品，因此食品与能源价格的变动通常会导致 CPI 增速大起大落。为了控制这两种商品的影响，我们可以转为分析剔除了食品与能源价格的核心 CPI（Core CPI）。如图 6.23 所示，核心 CPI 增速的波动性的确远低于 CPI 增速，因此，前者成为很多国家中央银行在制定货币政策时重点参考的目标。例如，目前美联储与欧洲央行的最重要参考目标都是 2% 的核心通货膨胀率。在 2019 年下半年至 2020 年年初，中国 CPI 增速与核心 CPI 增速的差距变得史无前例地大，这是因为在此期间发生了猪肉价格大幅度飙升的现象。

---

① 这意味着在 2000 年之后，中国制造业开始面临周期性产能过剩的困扰。

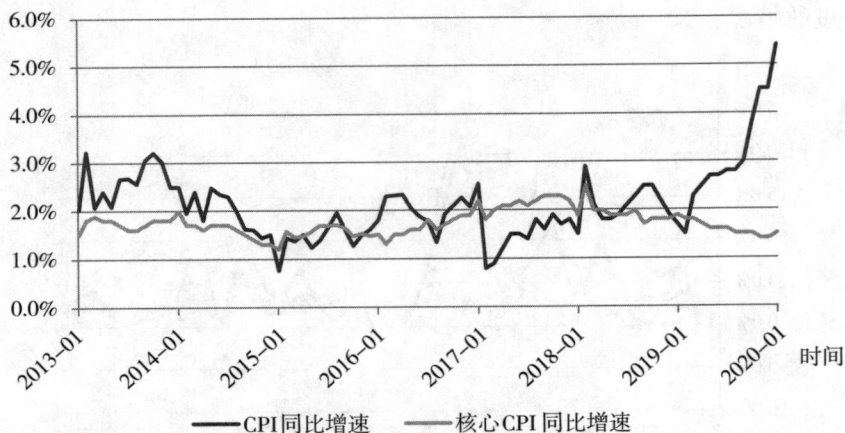

资料来源：Wind。

图6.23　CPI增速与核心CPI增速

笔者喜欢使用一个三因素框架来分析中国 CPI 增速的变动（见图 6.24）。该框架的主要内容如下：第一，中国 CPI 增速在很大程度上受到食品价格波动的影响，而食品价格又在很大程度上受到猪肉价格波动的影响（可称之为"猪肉的故事"）；第二，中国 CPI 增速在一定程度上受到 PPI 增速波动的影响，而 PPI 增速在一定程度上又受到进口价格波动的影响（可称之

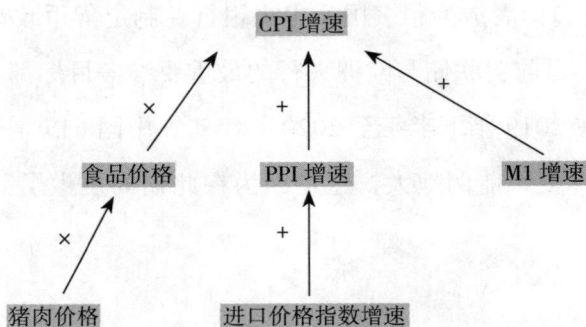

资料来源：笔者自行绘制。

注：图中的 + 号代表正相关。

图6.24　通货膨胀走势的分析框架

为"进口的故事"）；第三，中国 CPI 增速在一定程度上受到狭义货币 M1
增速波动的影响（可称之为"货币的故事"）（张明等，2017b）。

如图 6.25 所示，在 2005 年至 2019 年，CPI 同比增速、CPI 篮子中的
食品价格同比增速、CPI 篮子中的猪肉价格同比增速这三者之间呈现出鲜明
的正相关，且 CPI 增速的波幅通常显著低于食品价格增速波幅，而食品价
格增速的波幅通常又显著低于猪肉价格增速波幅。考虑到猪肉在 CPI 篮子
中的权重达到 3% 左右，是占比最高的单一商品，因此，中国的 CPI 增速波
动在一定程度上受到猪肉价格变化的驱动。

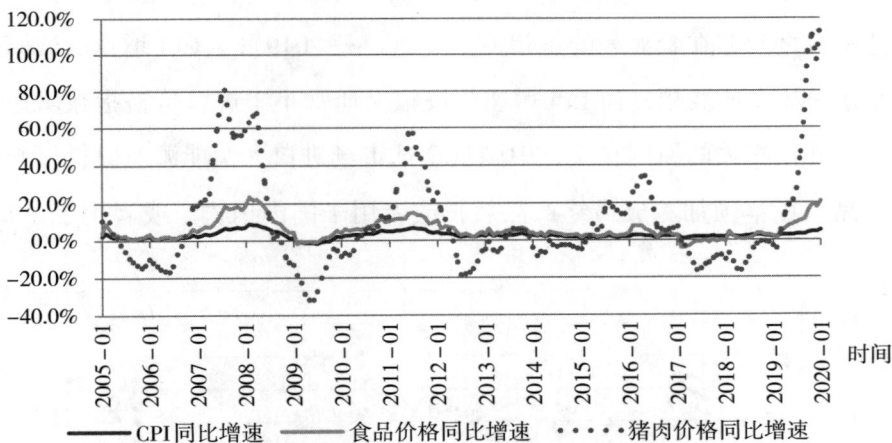

资料来源：Wind。

图6.25　CPI增速、食品价格增速与猪肉价格增速

自 2006 年至 2019 年，猪肉价格呈现出鲜明的周期性波动，迄今为止
出现了三轮半周期（这个周期被戏称为"猪周期"）。从波谷到波谷来计算，
第一个猪周期为 2006 年 6 月至 2009 年 6 月，第二个猪周期为 2009 年 6
月至 2012 年 7 月，第三个猪周期为 2012 年 7 月至 2017 年 6 月，第四个
猪周期为 2017 年 6 月至今。前两个猪周期的持续时间均为 3 年，而第三

个猪周期的持续时间延长至 5 年。前三次猪周期的最高值与最低值呈现出逐渐收敛的特征，但当前这个猪周期的最高值则创下了历史纪录。2020年 1 月 CPI 篮子中的猪肉价格同比增速高达 116.0%。本次猪肉价格涨幅如此惊人，一方面是因为 2019 年中国国内"非洲猪瘟"的暴发与扩散，另一方面则是因为有些地方政府实施了过度严格的环保政策（即为了控制相关污染，强行关闭了当地很多养猪场）（张明等，2019a）。随着猪肉价格同比增速在 2020 年的某个时点由升转降，食品价格增速与 CPI 增速也都有望相应下降。

如图 6.26 所示，在 CPI 同比增速、PPI 同比增速与进口价格指数同比增速三者之间存在着显著的正相关。自 2006—2019 年，CPI 增速的波幅通常小于 PPI 增速波幅，而 PPI 增速的波幅又通常小于进口价格指数增速波幅。这种正相关的原因在于，中国从全球市场进口大量能源、原材料与中间产品，在本国加工成最终产品后，或者用于国内销售、或者用于出口。

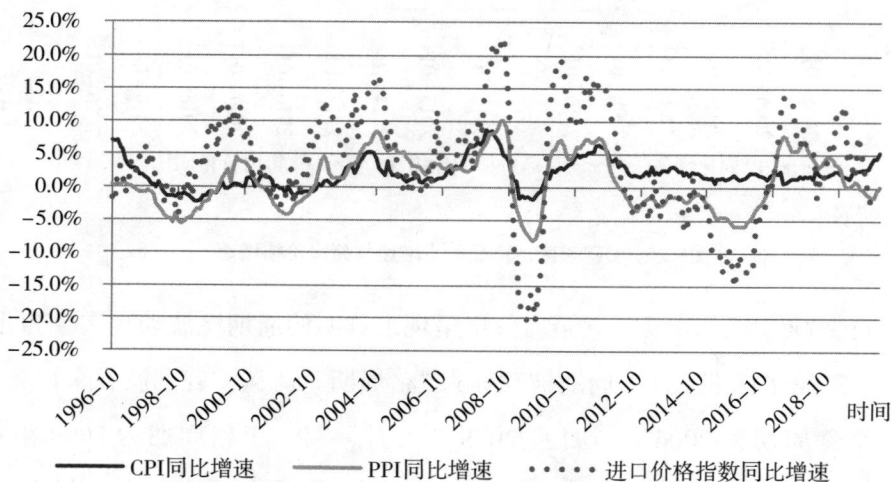

资料来源：Wind。

图6.26　CPI增速、PPI增速与进口价格指数增速

这就意味着，全球大宗商品与中间产品价格变动首先会影响中国进口价格、之后逐渐传递至 PPI 与 CPI。从图 6.25 中可以看出，在 2019 年下半年，进口价格指数同比增速与 PPI 同比增速已经双双转负，这意味着未来一段时间内，CPI 同比增速很可能将会由升转降。

美国著名经济学家弗里德曼有一句名言："通货膨胀在任何时间与任何地方均是一种货币现象。"这意味着通货膨胀通常与货币发行过多有关。如图 6.27 所示，中国 CPI 同比增速与狭义货币 M1 同比增速之间的确存在显著正相关，且后者变动要领先前者一段时间。2016 年下半年至 2019 年年底，中国 M1 同比增速由 25% 左右降至 5% 以下，这意味着未来一段时间内 CPI 增速将会面临下行压力。

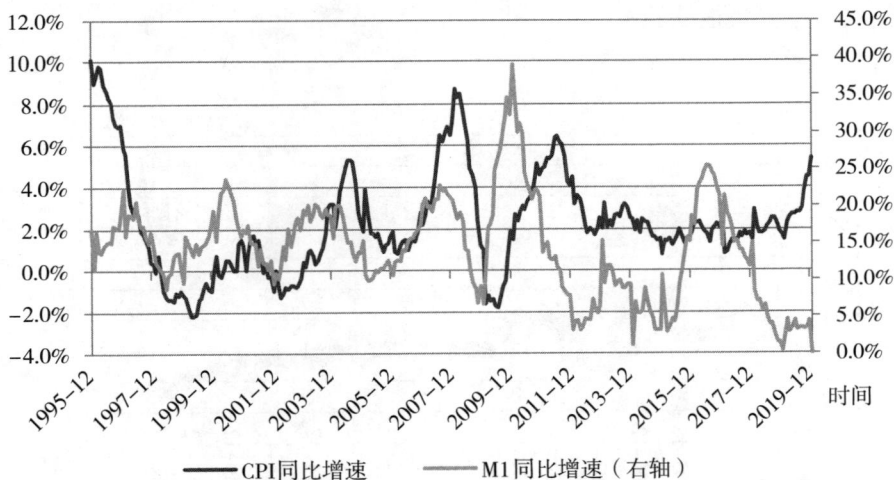

资料来源：Wind。

图6.27　CPI增速与M1增速

综上所述，无论从"猪肉的故事"、"进口的故事"还是"货币的故事"来看，2019 年下半年至 2020 年年初中国 CPI 同比增速的上升都很难持续，未来由升转降将是大概率事件。这也意味着在未来一段时间内，中国 CPI 增速与核心 CPI 增速之间的显著背离将会收窄。

四、失业

中国国家统计局当前发布两种口径的失业率指标（见图6.28）。一种失业率指标是城镇登记失业率。该指标长期以来一直稳定在 4% 上下，因此很难用于经济波动分析。该指标波动很小的原因，是当一个劳动力失业后，他（她）先要主动到户口所在地居委会登记为失业人员，之后才会被纳入有关统计体系中。另一种失业率指标是城镇调查失业率。这个指标的发布时间很短，但波动性明显高于城镇登记失业率。2019 年 12 月，中国的城镇登记失业率与城镇调查失业率分别为 3.6% 与 5.2%。无论从哪个指标来看，目前中国的失业率都是很低的。

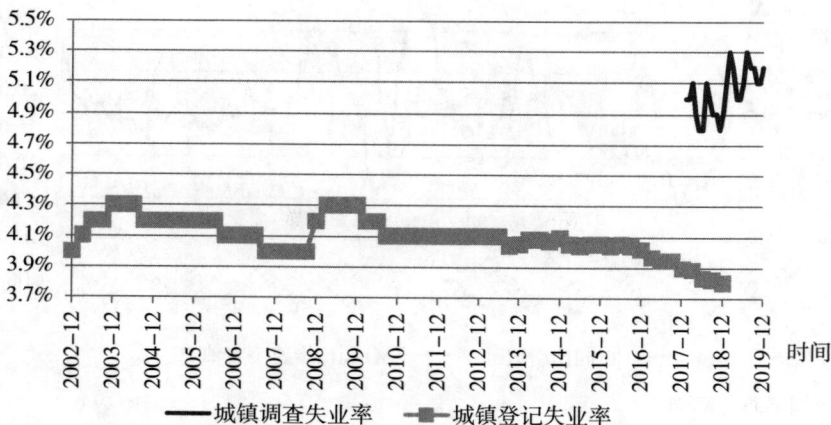

资料来源：Wind。

图6.28　两种口径的失业率

劳动力市场求人倍率从另一个角度反映了中国的就业市场状况。[①]如图6.29 所示，在 2010 年之前，中国劳动力市场求人倍率一直低于 1，说明劳动力市场总体供过于求。而从 2010 年第四季度起至今，中国劳动力市场求人倍率一直高于 1，且指标数值持续上升，说明同期内劳动力市场总体供不应求，且供求缺口还在不断加剧。我们曾在本书上篇提及，2010 年是中国人口红利 I 由升转降的拐点之年。劳动力市场供求格局的转变看来的确与人口红利 I 到达拐点密切相关。

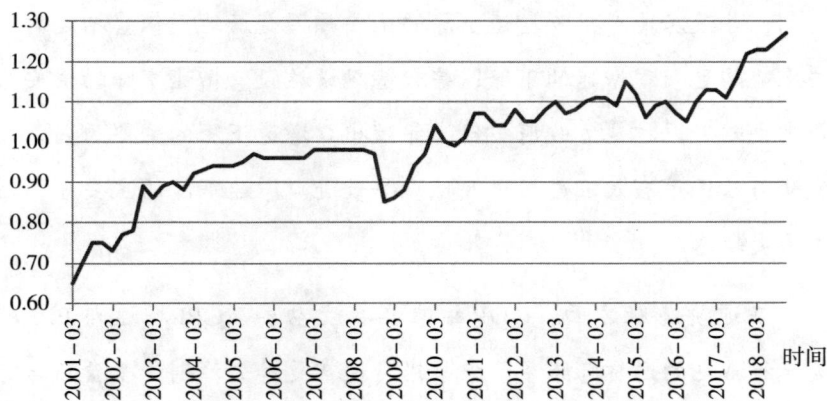

资料来源：Wind。

图6.29　劳动力市场求人倍率

---

① 劳动力市场求人倍率是指劳动力市场的需求与供给的比率。该比率大于 1，表示劳动力市场整体上供不应求；该倍率小于 1，表示劳动力市场整体上供过于求。

| 小 结 |

本章从经济增长、通货膨胀与失业三个层面，介绍了中国经济短期波动分析方法。

在经济增长方面，我们从 GDP 核算的支出法出发，分析了消费、投资与净出口变动对 GDP 增速的影响。近年来，导致消费增速下降的主要原因是居民收入增速下降与房地产销售增速下降；导致制造业投资增速下降的主要原因是市场环境恶化、工业企业利润下降与产能过剩；导致房地产投资增速下降的主要原因是房地产销售增速的下降与土地购置面积增速的下降；导致基础设施投资增速下降的主要原因是中央政府严控地方政府举债；导致出口增速下降的主要原因是外需疲软与人民币有效汇率显著升值，导致进口增速下降的主要原因则是内需疲软。

在通货膨胀方面，GDP 缩减指数变动率、CPI 增速与 PPI 增速是三种常见的通货膨胀率。中央银行通常更加关注剔除了食品与能源价格的核心 CPI 增速。我们可以从"猪肉的故事"、"进口的故事"与"货币的故事"组成的三因素框架来预测未来 CPI 增速的走势。基于上述分析框架，从 2020 年年初的情况来看，自 2019 年下半年起快速上升的 CPI 增速即将由升转降。

在失业率方面，城镇调查失业率是比城镇登记失业率更有用的宏观分析指标，但可惜前者的时间序列长度太短。无论是失业率数据，还是劳动力市场求人倍率，都说明当前中国劳动力市场不存在严重失业，这与人口红利 I 自 2010 年以来的衰减有关。

第 七 章

中国政府常用宏观政策工具概览

　　在本章中，笔者将介绍中国政府日常使用的宏观政策工具。作为一个处于市场经济转型阶段的发展中经济体，中国政府进行宏观调控的政策工具非常丰富。卢锋（2016）把中国政府的宏观经济调控工具分为四类：第一类为"总量参数型工具"，包括财政政策、货币政策与汇率调整；第二类为"准入数量型工具"，如政府对城市建设用地供地数量的管控、对特定行业投资进行准入限制等；第三类为"产业调控型工具"，如针对农产品价格与房地产价格过快上涨而采取的调控措施；第四类为行政干预型工具，如价格管制与查处违规建设项目等。其中，第一类工具比较符合市场经济一般原理，与国际经验也比较一致。后三类工具或者具有超常属性，或是中国独创做法，与中国的转型体制环境具有深刻内在联系。

　　表7.1列举了21世纪初中国政府曾实际使用的宏观调控工具。从中不难看出，不仅中国政府宏观调控的工具众多（表内就有32种），而且参与宏观调控的部门众多。虽然发改委、财政部与央行是最重要的宏观调控部门，但参与宏观调控的还有银监会、证监会、建设部、国土部、商务部、

环保部等部委，形成了"九龙治水"的宏观调控格局。这种宏观调控部门与工具"宽泛化"现象，固然体现了中国在体制转型期宏观经济管理重视国情的务实特点，但也是深层改革滞后与市场体制不完善的结果，甚至在一定程度上妨碍了改革的推进（卢锋，2016）。

表 7.1　21 世纪初中国主要宏观调控政策工具一览表

	工具名称	执行部门		工具名称	执行部门
1	存贷款利率	央行	17	母猪保险补贴	财政部等
2	法定存款准备金率	央行	18	地方债数量控制	发改委等
3	央行票据	央行	19	强化投资核准审批	发改委等
4	定向央行票据	央行	20	三年不上新项目	发改委等
5	汇率	央行	21	自有资本比例要求	发改委等
6	提高房贷首付利率	央行、银监会	22	米袋子菜篮子责任制	发改委等
7	房贷差异化安排	央行、银监会	23	严管炒作农产品	发改委等
8	银行资本金要求	银监会	24	暂时价格管制	发改委
9	银行资本次债比例	银监会	25	重大案件查处	发改委等
10	信贷总量控制	银监会等	26	治理产能过剩	发改委等
11	银行窗口指导	银监会等	27	限制开发商捂盘托市	建设部等
12	地方融资平台监管	银监会等	28	限制居民购房	建设部等
13	限制非居民购房	银监会等	29	收紧供地闸门	国土部等
14	重启与加快 IPO	证监会	30	暂停建设用地供地	国土部等
15	赤字发债	财政部	31	降低农产品流通成本	商务部等
16	出口退税	财政部	32	加大环保治理力度	环保部等

资料来源：卢锋（2016）。

由于篇幅所限，我们在本章中主要分析财政政策与货币政策这两种最常用的宏观政策工具。正如第五章所指出的，财政政策与货币政策均为需求管理工具，原因是这两种政策都可以导致总需求的变化（推动 AD-AS 模型中 AD 曲线的移动）。而在 IS–LM 框架下，财政政策将推动 IS 曲线的移动，货币政策将推动 LM 曲线的移动。在中国当前的政策制定框架下，财政政策由财政部制定，货币政策由中国人民银行制定，但这两个部门要接受党中央、国务院的领导。发改委在宏观经济政策制定过程中也扮演着非常重要的角色。

一、财政政策

财政政策是指政府变动税收和政府支出以便影响总需求，进而影响就业和国民收入的政策。政府支出有两种形式，一种是政府购买（即政府在商品和劳务方面的花费），另一种是转移支付（以提高特定群体的收入）。除了通过税收获取收入之外，政府也可以通过发行债券来为相关支出筹集资金。

2014 年新《预算法》的颁布标志着中国全口径预算制度的初步建立。《预算法》规定，中国财政收支目前包括四本账：一般公共预算、政府性基金预算、国有资本经营预算和社会保险基金预算。一般公共预算分为中央和地方两个部分，以税收收入为主，主要用于政府部门日常开支、维护国家安全和保障民生的预算。政府性基金预算是指国家通过向社会征收及出让土地、发行彩票等方式获得收入，专项用于支持特定基础设施建设和社会事业发展而发生的收支预算。国有资本经营预算是指使用和经营国有资产所发生的各项收支的预算。社会保险基金预算是指安排和管理社会保险的年度基金收支计划。值得一提的是，财政赤字不是全国一般公共预算收入简单减去一般公共预算支出的差额，还要考虑使用预算稳定调节基金、从政府基金预算和国有资本经营预算调入资金、动用结转结余资金等因素。

如图 7.1 所示，中国财政收入增速与财政支出增速之间具有很强的正相关。1978—2007 年这 30 年间，财政收入与财政支出的年均增速分别为 14.8% 与 14.9%，显著高于 10% 的 GDP 增速。然而在 2009—2019 年，财政收入与财政支出增速双双显著下降，其均值分别为 11.4% 与 13.8%。财政收支之间的增速差距开始拉大，意味着财政赤字规模有所放大。2019 年，财政收入与财政支出增速分别为 3.8% 与 8.1%，而同年 GDP 增速为 6.1%。

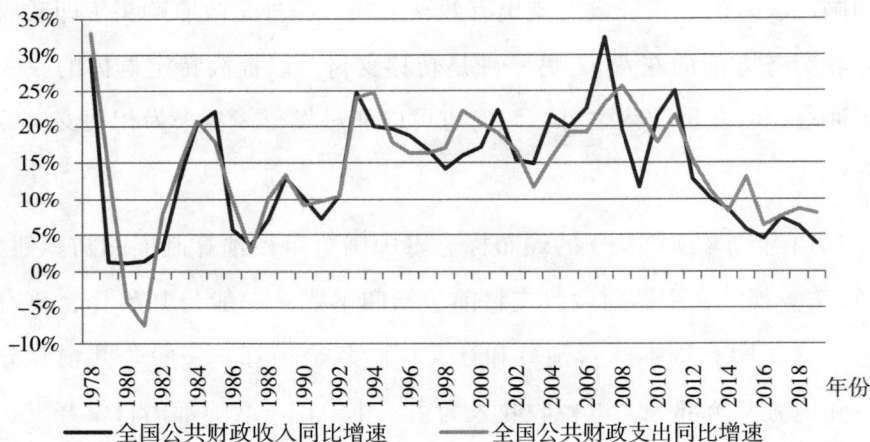

资料来源：Wind。

图7.1 全国财政收入与财政支出同比增速的变化

图 7.2 展示了中国财政收入与财政支出占 GDP 比重的变化。在 1978 年至 2015 年，财政收入与财政支出的 GDP 占比均呈现出典型的 U 形运动轨迹。1978 年，财政收入与财政支出的 GDP 占比均超过 30%。在 1978—1996 年，两个比率持续下降。财政收入 GDP 占比的最低点是 1995 年的 10.2%，财政支出 GDP 占比的最低点是 1996 年的 11.1%。而在 1995 年至

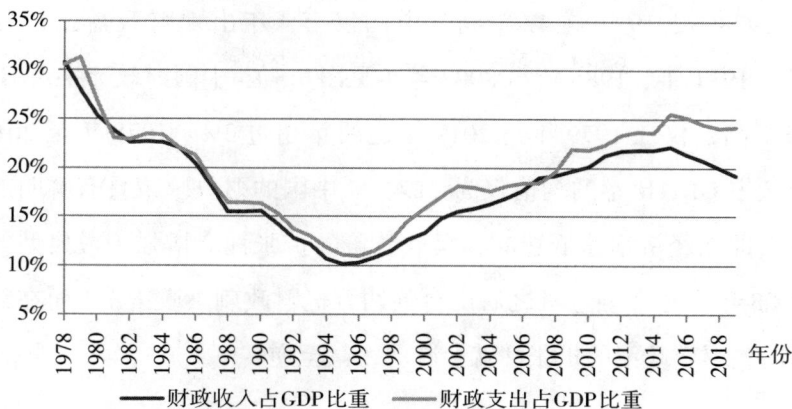

资料来源：Wind。

图 7.2　财政收入与支出占 GDP 比率的变化

2015 年，两个比率均呈现持续上升态势。2015 年，财政收入与财政支出的 GDP 占比分别达到 22.1% 与 25.5%。而在 2015 年至 2019 年，两个比率再度由升转降。而财政赤字占 GDP 的比率及其与 GDP 增速的关系如图 7.3 所示。

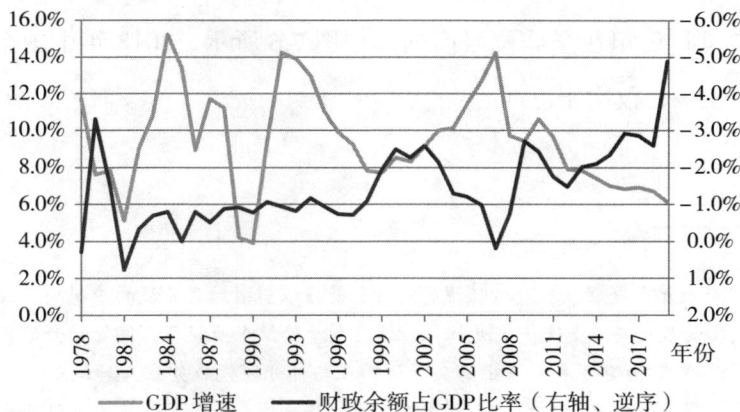

资料来源：Wind。

图7.3　财政赤字占GDP比率与GDP增速的关系

在 1978—2019 年这 42 年间，中国仅有 4 年出现财政盈余，分别为 1978 年、1981 年、1985 年与 2007 年（见图 7.3）。中国财政赤字占 GDP 比率历来不高，仅在 1979 年与 2019 年这两年超过 3%。1978 年至 2019 年，财政余额占 GDP 比率的均值仅为 –1.4%。中国的财政政策具有鲜明的反周期特点，即在经济增速低迷时，财政政策的扩张性会增强（最典型的例子就是 2008 年全球金融危机之后出台的四万亿财政刺激政策）；而在经济增长强劲时，财政政策的扩张性就会减弱，甚至逆转。

税收一直是中国财政收入的最重要来源，但其重要性随着时间的推移而有所下降。如图 7.4 所示，税收收入占中国财政收入的比重由 1994 年的 98.3% 持续下降至 2016 年的 81.7%，到 2019 年略微反弹至 83.0%。在各税种中，增值税一直是税收收入最重要的来源。在 2015 年至 2017 年的"营改增"[①]之后，增值税收入占中国税收总收入的比重上升至 40% 左右（见图 7.5）。在 2019 年，企业所得税收入接近中国税收总收入的四分之一，而消费税、个人所得税与关税收入的占比分别为 8.0%、6.6% 与 1.8%。中国的企业除了缴纳各种税收之外，还要缴纳很多不同种类的费，以至于中国企业的真实税收负担在全球位居前列。如图 7.6 所示，2018 年中国企业的总税率高达 65%，仅次于巴西。

---

① "营改增"是营业税改增值税的简称，是指以前缴纳营业税的应税项目改为缴纳增值税。营改增的最大特点是减少重复征税，这有利于降低企业税负，促使社会形成更好的良性循环。营改增自 2012 年年初在上海交通运输业与部分现代服务业开始试点。自 2016 年 5 月 1 日起，中国全面推开营改增试点，将建筑业、房地产业、金融业、生活服务业全部纳入试点范围。至此，营业税退出历史舞台，增值税制度也变得更加规范。"营改增"是 1994 年分税制改革以来中国财税体制的又一次深刻变革。

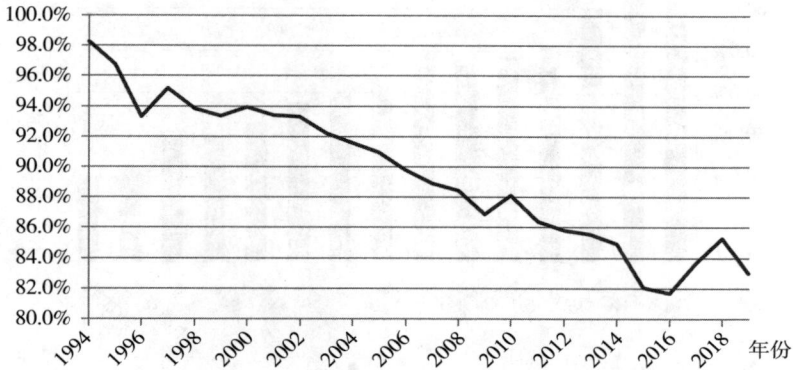

资料来源：Wind。

图7.4　税收占财政收入比重的变化

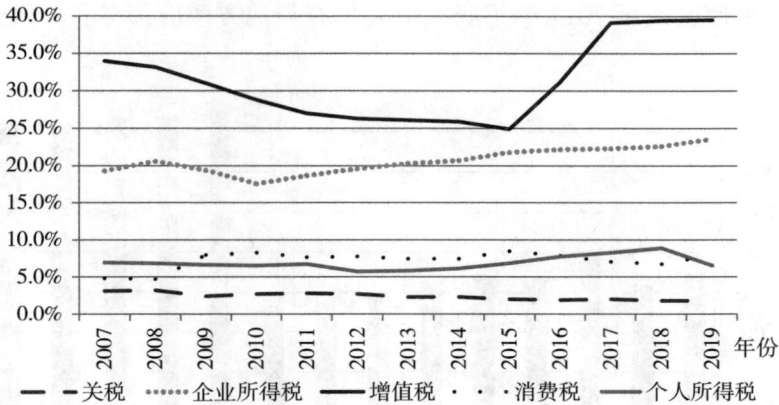

资料来源：Wind。

图7.5　主要税种收入占税收收入比重的变化

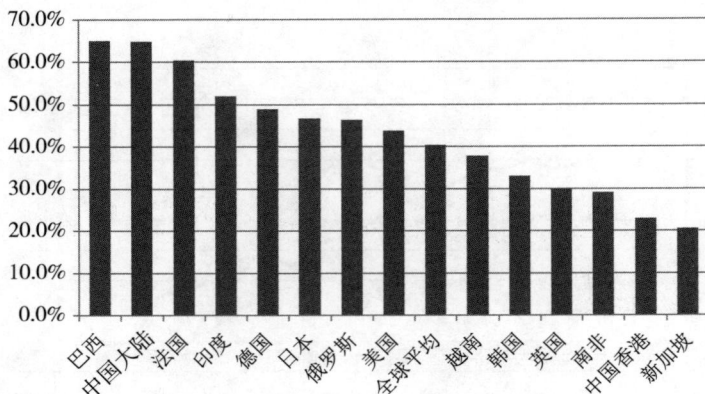

资料来源：世界银行。

注释：企业总税率是指企业总体税负占企业当期利润的比率。

图7.6　2018年主要国家和地区企业总税率的比较

图 7.7 显示了中国政府债务水平的变化。2005—2018 年，中央政府债务占 GDP 比率一直在 15% 上下波动。从 2014 年起，中国政府开始允许地方政府举债。截至 2017 年年底，中央政府与地方政府债务占 GDP 比重分

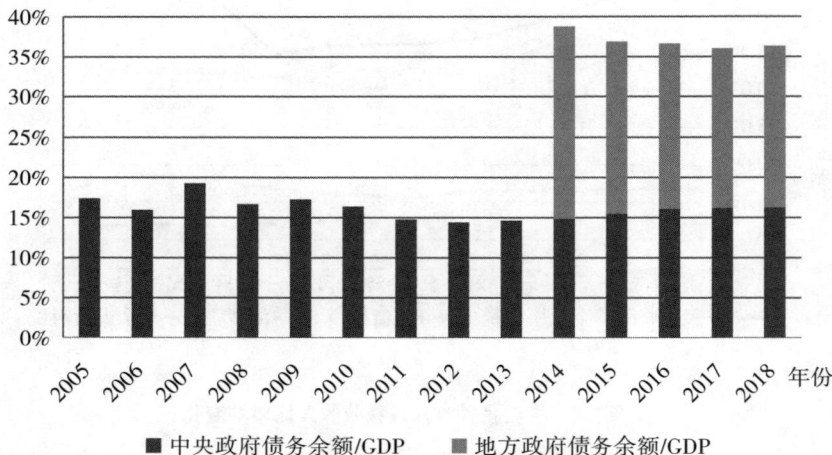

■ 中央政府债务余额/GDP　　■ 地方政府债务余额/GDP

资料来源：Wind。

图7.7　政府债务水平的变化

别为16.2%与19.8%，合计为36.0%。然而，官方的地方政府债务数据可能存在明显低估：一方面，地方政府有很大一部分债务是通过地方融资平台举借的（地方政府为此提供了显性或隐性担保），这在统计中被计为企业部门债务而非地方政府债务；另一方面，近年来地方政府参与了大量的政府与社会资本合作项目（public-private partnership，PPP），这些项目中很多最终向银行举借的债务也含有政府担保，从而在事实上构成了地方政府的隐性债务。

这里我们引用两种估算结果。第一，根据平安证券的估算，截至2017年年底，地方融资平台债务的存在使得大约占GDP30%左右的债务应该从企业部门划归地方政府。此外，地方政府通过PPP的新增隐性债务可能达到GDP的15%。这就意味着，真实的地方政府债务占GDP的比率实际上达到了65%，而真实的全口径政府债务占GDP比率将由36%上升至81%（张明等，2018a）。第二，根据太平洋证券的估算，截至2017年年底，全国地方政府隐性债务的规模约在38万亿元，占到当年GDP的46%。这意味着，2017年年底中国政府部门杠杆率约为82%，其中地方政府杠杆率约为66%（魏涛等，2018）。尽管以上两种估算的方法迥异，但最终结果是相当接近的。

更重要的是，中国地方政府债务的分布并不均匀。总体而言，东部地区政府债务压力较低，而西部地区政府债务压力较高。例如，根据太平洋证券的估算，从包含了隐性债务的负债率（债务／各地GDP）来看，截至2017年年底，东部地区地方政府债务率平均为45.9%，风险整体可控；中部地区地方政府债务率平均为68.2%，略高于全国水平；西部地区地方政府债务率高达110.4%，需要重点关注。西藏债务率高达218.3%，位居全国之首，而青海、内蒙古、甘肃、贵州与宁夏的债务率也超过了120%（魏涛等，2018）。规模巨大且分布不均的地方政府债务，被视为中国系统性金融风险的最重要来源之一（魏伟等，2018）。[1][2]

1994年分税制改革是重新划分中央政府与地方政府财税关系的划时代事件。如图7.8与图7.9所示，在1994年分税制改革前夕，中央财政收入占全国财政收入的比重约为30%，中央财政支出占全国财政支出的

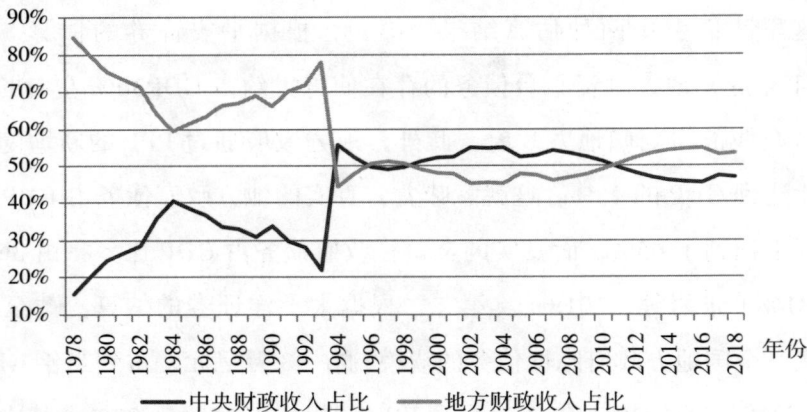

资料来源：Wind。

图7.8　中央政府与地方政府财权的划分

---

① 刘海影（2014）进一步指出，地方政府债务高企本身就是巨大的经济风险，除此之外，它还会带来负面的衍生后果。其中最重要的是，地方政府债务隐含的政府担保性质扰乱了金融市场对风险的定价，使得中国货币政策陷入两难：无论从紧还是从松，都不能满足经济体的需求，也不能阻止金融风险的累积。

② 傅勇（2016）指出，要化解地方政府债务这一潜在金融风险，就必须大力推进市政债，把过去"土地财政＋平台融资"的模式转变为"财产权＋市政债"的模式。发行市政债将会强化市场对地方政府的监督，使得融资过程阳光化，而且有助于提高治理能力与培育民主政治。

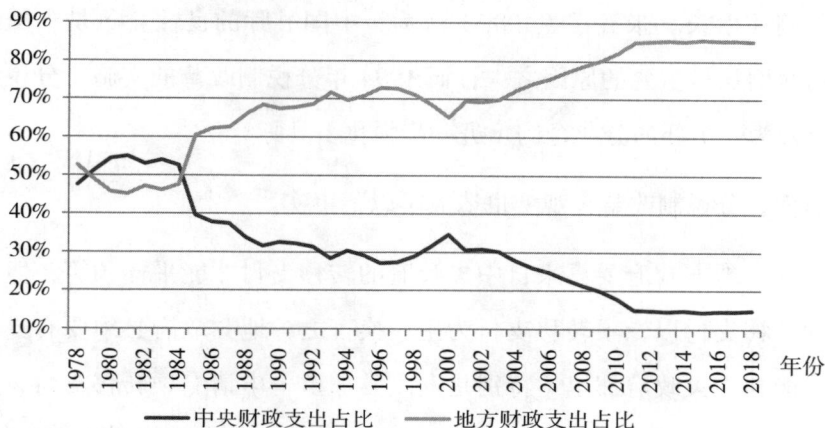

资料来源：Wind。

图7.9 中央政府与地方政府事权的划分

比重也约为 30%。换言之，当时中央政府与地方政府的"财权"（即财政收入）和"事权"（即财政支出）划分是大致均衡的。而在 1994 年分税制改革之后，中央财政收入占全国财政收入的比重提高至 50% 以上，同时中央财政支出占全国财政支出的比重却逐渐下滑至 15% 左右。这就意味着，在 1994 年分税制改革后，中央政府的"财权"明显大于"事权"，而地方政府的"财权"明显小于"事权"。

分税制改革增强了地方政府对中央政府的依赖，从而加强了中央政府在经济工作方面对地方政府的领导。此外，分税制改革还提升了中国财政制度的汲取能力，增强了中国政府调节地区差异和促进基本公共服务均等化的能力，为宏观经济调控和各项目标的实现奠定了坚实的财力基础（楼继伟，2019）。张军（2013）也指出，1994 年的分税制改革改变了地方政府的约束和激励机制，使得地方政府的恶性竞争逐渐演变成为实现经济增长而展开的良性竞争，导致中国工业化和资本积累的加速，最终造就了中国经济的高速增长。张五常（2009）认为，中国县际的良性竞争是中国经济持续高速增长最重要的原因之一，而1994年分税制改革的实施（分税制改革可以视为一个新的分成合约）进一步强化了县际竞争。①

然而，分税制改革客观上也造成了以下事实。

第一，地方政府要靠来自中央政府的转移支付才能平衡预算，但中央政府的转移支付以专项转移支付为主。换言之，地方政府必须要有具体项目，才能到中央政府那里（特别是发改委那里）申请专项转移支付，这就产生了所谓"跑部钱进"的现象，进一步造成了各地对大项目的白热化争夺，加剧了重复建设与产能过剩的局面。

第二，地方政府自然会积极寻求各种预算外收入。在2000年之后，土地出让金逐渐成为地方政府最重要的预算外收入来源。地方政府官员可谓"微观经济学"专家。他们清楚地知道，土地是一种需求价格弹性较低的商品。要最大化土地出让金收入，就应该降低土地供应量，由此带来的土地价格上升将会导致土地出让金收入最大化。因此，无论中央政府出台何种房地产宏观调控政策，地方政府都会控制土地出让的规模，土地出让价格都会"岿然不动"，这自然会阻碍中央政府房地产调控目标的实现。

---

① 虽然大多数主流研究都在强调财权分权的重要性，但傅勇（2016）却认为，金融分权才是解释中国经济周期的更重要原因。这是因为，中央政府对地方政府投资冲动的控制主要依赖金融调控，而非财政制度。在1979年至1993年，地方政府获得了广泛干预金融资源分配的权力，导致出现了20世纪80年代后期的经济过热和通货膨胀。在1994年至2008年，中央逐渐收回了地方的金融资源分配权。2008年至2012年，全球金融危机的爆发使得中央政府放松了对地方政府融资的约束，出现了中国式的"金融大爆炸"，从2013年起，中央政府开始重新收紧金融资源配置权。

二、货币政策

货币政策是指中央银行为实现特定经济目标而采取的各种控制和调节货币供应量和信用量的方针、政策和措施的总称。货币政策常用工具包括基准利率、法定存款准备金率、公开市场操作、再贴现与再贷款等。

有必要区分一下货币政策的最终目标与中间目标。对中国央行而言，货币政策的最终目标包括物价稳定、经济增长、充分就业与国际收支平衡。货币政策中间目标则是位于货币政策操作工具与最终目标之间的、央行在一定时期内和特定经济状况下能够用一定精度实现的目标。货币政策中间目标的选取应该具有可测性、可控性、与最终目标良好的相关性及抗干扰性等特征。中国央行过去常用的货币政策目标是货币供应量（广义货币 M2 增速），而目前正在过渡至市场基准利率（张明等，2020）。中国的货币政策操作框架正在从以数量调控为主转变为以价格调控为主，但转变过程并非一帆风顺，也很难一蹴而就。例如，伍戈与李斌（2016）指出，中国特色的投融资体制、结构扭曲下的产业空心化、政府行为对经济周期的影响等因素，均构成了对中国货币政策由数量型调控转变为价格型调控的掣肘因素。

作为货币政策分析的起点，我们不妨来看看中国央行的资产负债表。各种货币政策工具的变动都可能导致央行资产负债表具体项目的变动。如表 7.2 所示，截至 2019 年年底，中国央行的总资产与总负债均为 37.11 万亿元。在资产方，国外资产是大头，占到总资产的 59%，其中绝大部分是外汇储备，这是中国央行因在外汇市场上购买外汇而形成的资产。对其他存款性公司债权和对其他金融性公司债权则是中国央行通过再贷款再贴现操作而形成的资产。在负债方，储备货币是大头，占到总资产的 87%，其中占主体的是其他存款性公司存款，这是商业银行缴存的法定存款准备金与差额存款准备金。债券发行是指中央银行发行的央行票据余额。政府存款则是中国政府存在中央银行的财政存款。

可以举例说明货币政策操作将会如何造成央行资产负债表的变动。例如，如果中国央行向商业银行提供再贷款，那么资产方"对其他存款性公司债权"将会增加，负债方"其他存款性公司存款"也会相应增加，这意味着基础货币发行规模将会上升。又如，如果中国央行降低商业银行的法定存款准备金率，那么法定存款准备金的下降将导致超额存款准备金的相应增加，央行资产负债表总体规模不变。再如，如果央行发行央行票据，那么负债方"债券发行"将会增加，同时负债方"其他存款性公司存款"将会相应减少，央行资产负债表总体规模不变。

表 7.2　中国央行的资产负债表（截至 2019 年年底，单位：亿元人民币）

资产方		负债方	
国外资产	218 639	储备货币	324 175
外汇	212 317	货币发行	82 859
黄金	2856	非金融机构存款	15 292
其他国外资产	3466	其他存款性公司存款	226 024
对政府债权	15 250	不计入储备货币的金融性公司存款	4574
对其他存款性公司债权	117 749	债券发行	1020
对其他金融性公司债权	4623	国外负债	842
其他资产	14 869	政府存款	32 415
		自有资金	220
		其他负债	7884
总资产	371 130	总负债	371 130

资料来源：Wind。

　　中国的货币统计有三种口径。M0 是指流通中现金，M1 是指流通中现金加上企业活期存款，M2 是指流通中现金加上所有银行存款。图 7.10 展示了这三种口径货币余额与 GDP 比率的变化。不难看出，在 1978—2019 年，M0 与 M1 的余额与 GDP 的比率均保持基本稳定，但 M2 与 GDP 的比率却随着时间推移而显著上升。截至 2019 年年底，M0、M1 与 M2 的余额与 GDP 的比率分别为 7.8%、58.1% 与 200.5%。不少学者将高达 200% 的 M2/GDP 视为中国货币超发的标志，认为这是造成流动性泛滥与资产价格泡沫的根本原因。然而事实上，中国的高储蓄才是 M2/GDP 高居不下的根本原因。[①②] 而随着国民储蓄率的下降，中国的 M2/GDP 已经由 2016 年年底的 207.7% 的历史性高点下降至 2019 年年底的 200.5%。

----

　　① 余永定（2002）的推导指出，较低的通货膨胀率和较高的储蓄率必然导致较高的 M2/GDP。此外，在不考虑其他因素的条件下，较高的 M2/GDP 并不一定意味着存在通货膨胀进一步恶化的可能性。

　　② 韦森（2017）对中国的超高 M2/GDP 提出了一种解释。他认为如此之多的广义货币是在中国经济和投资扩张时期"内生"出来的。其逻辑是，巨量的固定资产投资引发了巨量的银行贷款，而贷款到了卖方（企业和个人）在商业银行的账户中就变成了广义货币。因此经济运行的现实逻辑是，控制不了投资，就控制不了贷款；在经济增长时期，也就控制不了广义货币的增长。换言之，按照他的逻辑，随着中国经济增速的放缓，M2/GDP 自然会随之下降。刘海影（2014）的看法与韦森类似，他认为庞大的固定资产投资对信贷提出了巨大需求，基础货币之上的信贷派生巨大而顺畅。他进一步指出，地方政府投资在 M2/GDP 上升上扮演了重要角色。张弛与张曙光（2018）也认为，政府的增长偏好和政府间的投资竞争引起了旺盛的投资需求，由于资金主要来自银行贷款，政府的投资扩张就成为商业银行贷款创造的杠杆，放大了注入银行体系和经济流通的货币流量。换言之，超量货币创造源于银行无风险套利和地方倒逼的结合，而不断攀升的 M2/GDP 则是这一货币创造机制运行结果的外在表现。

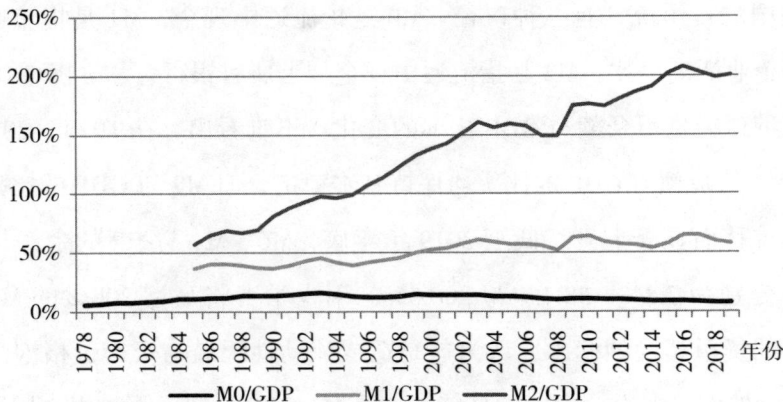

资料来源：Wind。

图7.10 三种口径货币余额与GDP比率的变动

图 7.11 展示了 M1 与 M2 同比增速的变动趋势。在 2008 年全球金融危机爆发后，中国 M1 与 M2 增速的中枢水平明显下降。1996 年至 2007 年，中国 M1 与 M2 月度同比增速的均值分别为 15.9% 与 17.4%。而在 2008—2019 年，上述指标分别下降至 12.6% 与 14.2%。到 2019 年，上述

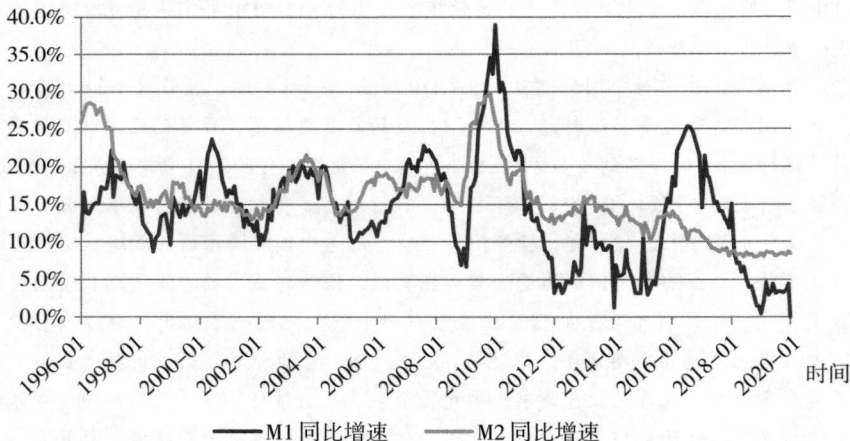

资料来源：Wind。

图7.11 M1与M2增速的变动

指标更是分别降至 3.2% 与 8.4%。与 M2 相比，M1 的"活性"更强，即更容易随着经济周期的波动而波动。因此，分析师们通常很关注 M1 与 M2 增速之间的"剪刀差"。如果 M1 增速高于 M2 增速（即出现正向剪刀差），这通常意味着经济增长较为强劲。如果 M1 增速低于 M2 增速（即出现负向剪刀差），这通常意味着经济增长较为低迷（杨璇等，2019）。例如，2018 年 2 月至 2020 年 1 月出现了持续的负向剪刀差，意味着经济增长状况较为低迷。

图 7.12 显示了 2002—2019 年间中国社会融资规模存量占 GDP 比率的变动。在 2008 年全球金融危机爆发后，中国社会融资规模存量的 GDP 占比显著增长，由 2008 年年底的 119.0% 攀升至 2019 年年底的 253.6%。该比率也可被视为中国的宏观杠杆率，即除金融部门之外的国民总负债与 GDP 的比率。2009 年以来中国宏观杠杆率的攀升，一方面意味着资金驱动增长的能力下降（新增一单位融资能够带来的经济增长越来越低），另一方面意味着系统性金融风险的上升。

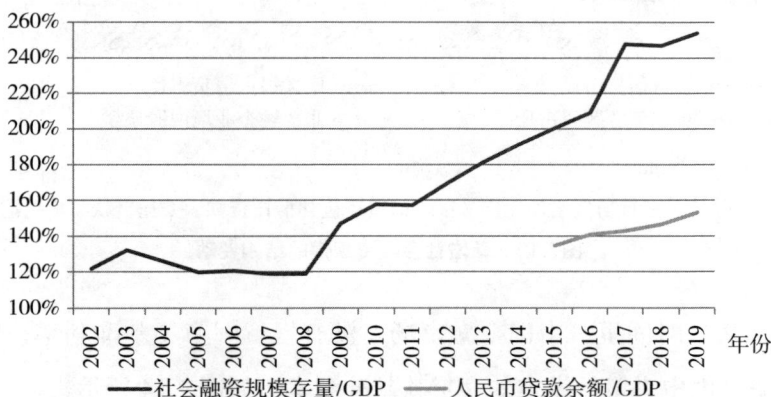

资料来源：Wind。

图7.12 中国社会融资规模存量与GDP比率的变动

迄今为止，中国金融市场始终由商业银行间接融资主导。如图 7.13 所示，虽然在 2002—2019 年，银行信贷占新增社会融资规模的比重总体上持续下降。但截至 2019 年，该比率依然高达 65.5%。相比之下，2019 年非金融企业国内股票融资占新增社会融资规模的比重仅为 1.4%。与低迷的股票市场相比，中国的企业债市场发展得更快一些。2019 年，企业债券融资占新增社会融资规模的比重达到 12.7%。由于银行融资依然占据主导地位，因此自 2009 年以来的中国宏观杠杆率的快速攀升，也意味着中国商业银行总体资产质量的持续下降。未来中国商业银行体系爆发新一轮不良资产浪潮将是大概率事件。

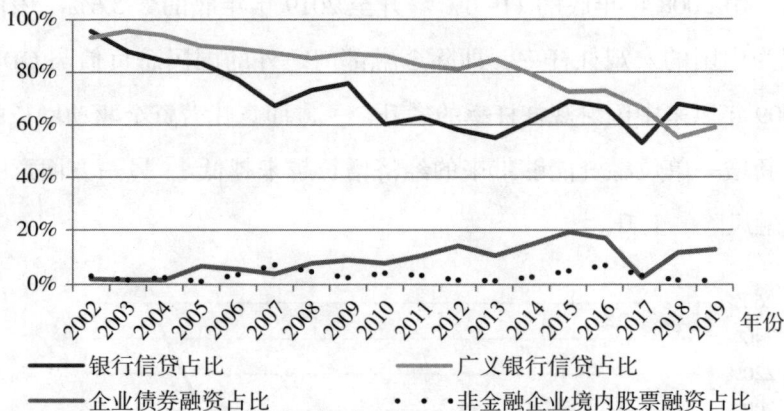

资料来源：Wind。

注释：除传统银行信贷之外，广义银行信贷还包含信托贷款、委托贷款与承兑汇票。

图7.13　新增社会融资规模的结构变动

在相当长时间里，中国金融市场上没有银行间市场基准利率，中国式基准利率是由中央银行设定的存贷款基准利率。如图 7.14 所示，在 2016 年之前的相当长时间里，调整存贷款基准利率都是中国央行进行货币政策调控的重要手段。存贷款基准利率之间的宽阔利差构成了中国商业银行巨额

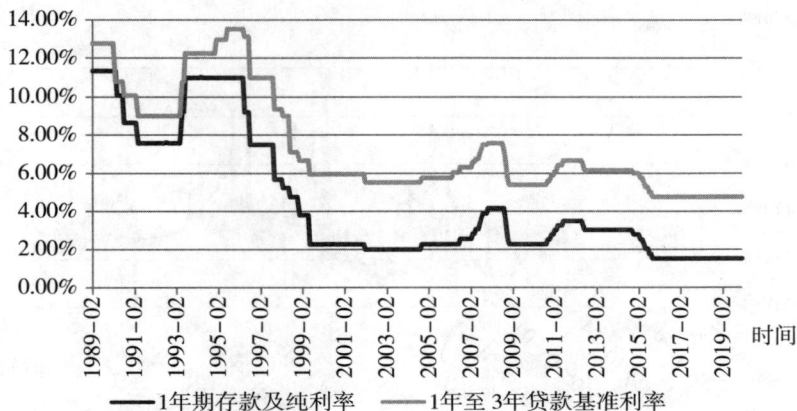

资料来源：Wind。

图7.14 存贷款基准利率的变动

利润的主要来源。中国央行在绝大多数情形下都对存贷款基准利率实施对称式调节，因为这样做可以保持商业银行存贷款利差的稳定。

中国的利率市场化改革从 1996 年 6 月中国央行放开银行间同业拆借利率开始，到 2015 年放开存款利率浮动上限时基本完成，历时约 20 年。利率市场化改革遵循"先外币，后本币；先贷款，后存款；先长期，后短期；先大额，后小额"的总体思路向前推进，大致经历了渐进的贷款利率市场化（1996—1999）、贷款利率完全放开后渐进的存款利率市场化（1999—2013）、存款利率完全放开（2014—2015）三个阶段。

随着利率市场化的推进，中国逐渐形成了一套银行间市场利率。如图 7.15 所示，上海银行间同业拆放利率（Shanghai interbank offered rate，SHIBOR）与银行间回购利率（repurchase agreement，Repo）逐渐成为中国金融市场上最常用的两种银行间短期利率，其变动反映了各类金融机构在银行间市场上融资成本的变化。例如，在 2013 年 6 月，7 天银行间国债回

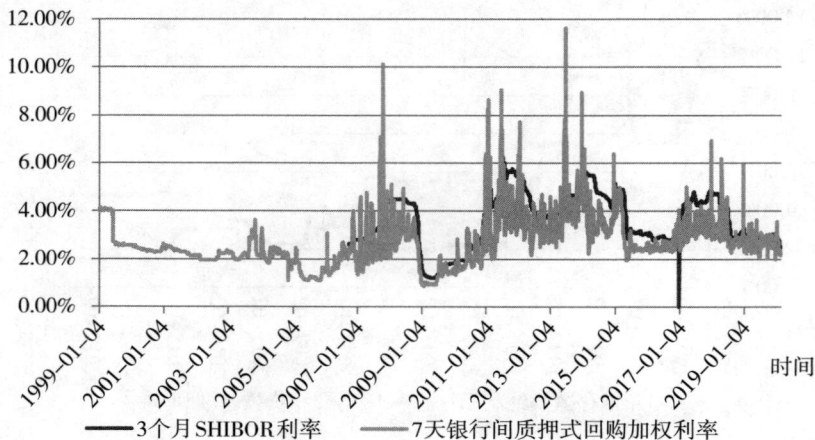

资料来源：Wind。

图7.15 银行间市场利率的变动

购利率一度飙升至 10% 以上，这就是著名的"钱荒"。在银行间回购利率方面，R007 是全市场金融机构的 7 天加权平均回购利率，不限定交易机构与标的资产；DR007 是存款类机构质押式回购加权 7 天利率，交易机构限定为存款类金融机构，质押品限定为国债、央行票据、政策性金融债等无风险或低风险利率债。与 R007 相比，DR007 可以降低交易对手信用风险和抵押品质量对利率定价的扰动，更好地反映银行体系流动性松紧状况。而 R007 与 DR007 之间的息差也可以用来衡量非存款类金融机构面临的流动性压力（张明等，2019b）。

在远期利率方面，国债收益率日益成为各类金融机构进行中长期融资的定价参考。图 7.16 显示了中国 10 年期国债收益率的变动。在 2018 年年初至 2020 年年初，10 年期国债收益率整体上处于震荡回落态势，由 4.0% 左右下降至 2.8% 上下，降低了大约 120 个基点。国债收益率下行反映了经济增长疲弱及机构投资者对未来的悲观预期。

资料来源：Wind。

图7.16　10年期国债收益率的变动

迄今为止，中国的利率市场化进程尚未结束。一个突出问题是在商业银行贷款方面存在贷款利率与银行间市场利率脱节的"双轨制"现象。换言之，商业银行在发放贷款时还是主要参照央行设定的贷款基准利率定价，而较少使用更为市场化的 LPR 利率[①]定价。2019 年中国央行推出了贷款利率"双轨并一轨"的改革。这次改革的核心内容有二：一是对 LPR 的报价机制进行改革，由过去的参考贷款基准利率报价改为参考央行公开市场操作利率（MLF 利率）报价；二是将商业银行是否在贷款定价时参考 LPR 纳入宏观审慎评估考核，借此来督促商业银行使用 LPR 进行定价。如果这一改革能够顺利推进，那么未来中国商业银行在提供贷款时就能够根据银行间市场的利率变化（从 MLF 到 LPR）来相应调整贷款利率。如图 7.17 所示，

[①]　LPR 利率（loan prime rate，LPR），是中国央行在 2013 年 10 月创设的，金融机构对其最优质客户提供的贷款利率。

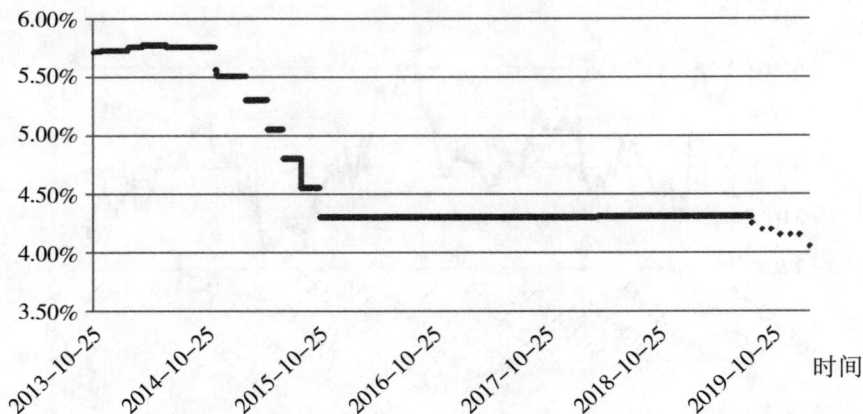

资料来源：Wind。

图7.17　LPR利率的变动

在 2019 年改革以后，LPR 利率改变了过去基本上保持水平的特点，已经发生了较为显著的下降。

法定存款准备金率（required reserve ratio，RRR）的变化能够显著影响货币乘数，进而造成银行体系流动性的放松或收紧，且实施后短期内通常不会逆转方向。因此，法定存款准备金率调整被视为货币政策的"重器"。如图 7.18 所示，在相当长时间内，法定存款准备金也一直是中国央行经常使用的货币政策工具。不过，法定存款准备金率调整不一定意味着货币政策扩张或收缩。例如，如图 7.18 所示，在 2006 年至 2008 年上半年，中国央行曾经频繁上调法定存款准备金率（由 7% 左右上调至 17% 上下）。之所以进行如此频繁的上调，主要目的是冲销中国央行在外汇市场上大量购买外汇而被动投放的基础货币，避免央行购买外汇的操作加剧国内流动性过剩。换言之，在这段时间内，法定存款准备金率是与央行票据类似的冲销政策（sterilization policy）工具。在 2008 年全球金融危机爆发后，中国央

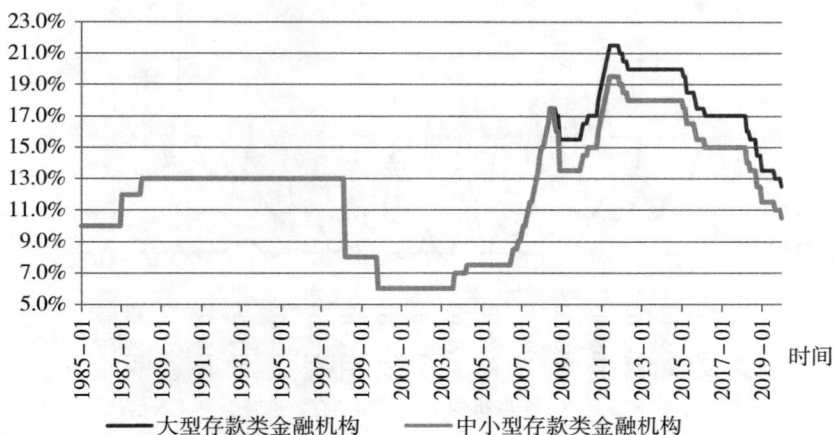

资料来源：Wind。

图7.18 法定存款准备金率的变动

行开始实施差别化存款准备金率的政策，对大型和中小型存款类金融机构开始实施不同的准备金率政策，这被市场解读为中国央行结构化货币政策的滥觞。2015年年初至2020年年初，中国央行连续多次下调法定存款准备金率。这一做法其实也包含两重政策含义，一是放松货币政策以提振经济，二是在短期资本持续外流的背景下向中国金融体系提供基础货币。

商业银行除了向中央银行缴存法定存款准备金外，为了支付清算的便利，他们通常还会缴存更多的资金给央行，这就是所谓的超额准备金。如图7.19所示，在2001—2008年，金融机构的超额存款准备金率由6%~8%下降至2%左右。2008—2019年，金融机构超额存款准备金率一直在2%上下波动。比较而言，农信社的超额存款准备金率显著高于金融机构平均水平，且从2014年起呈现逐渐上升态势。这意味着农信社闲置的富余资金较多（很可能是缺乏投资机会的结果），因此农信社通常成为其他金融机构拆借资金的

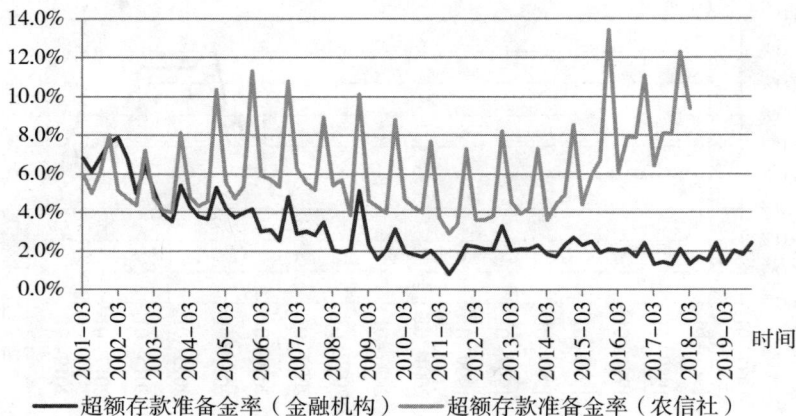

资料来源：Wind。

图7.19　超额存款准备金率的变动

对象。[①]

　　公开市场操作（open market operation，OMO）是指中央银行通过买入或卖出有价证券来吞吐基础货币、调节货币供应量的活动。与其他货币政策工具相比，公开市场操作具有主动性、灵活性（可以进行微调）、时效性等特点。中国央行的公开市场操作包括回购与逆回购[②]、现券交易与央行票据等种类。如图 7.20 所示，从 2017 年起，中国央行的公开市场操作更为频繁，吞吐货币的规模也明显放大。相比于法定存款准备金率调整，公开市场操作更为灵活、调节方向也更容易转向。

_____

　　① 　徐高（2019）指出，在 2010—2011 年，在商业银行贷款额度明显收缩的背景下，商业银行通过农信社"倒票"的方式规避了贷款额度控制，继续把信贷资金投放到实体经济中。之所以选择通过农信社倒票，是因为农信社的会计制度没有商业银行那么严格，因此通过这种腾挪，票据融资就绕开了中央银行贷款额度的管控。

　　② 　正回购是央行从公开市场回笼资金的操作，而逆回购是央行向公开市场注入资金的操作。回购到期后，操作逆转。

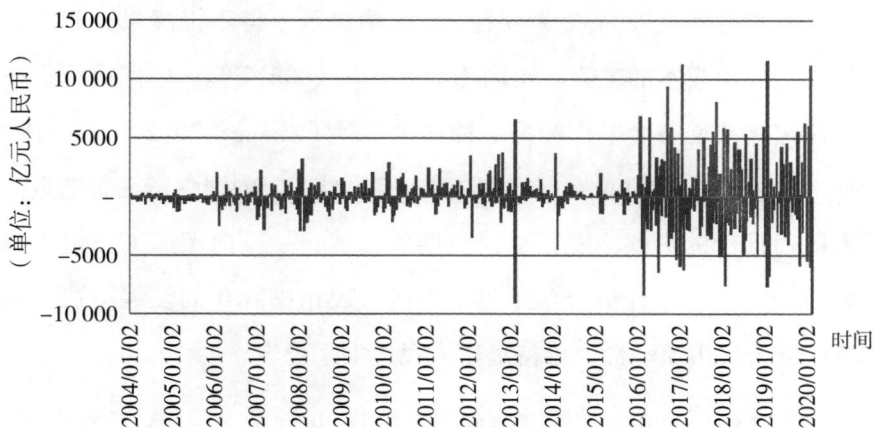

资料来源：Wind。

图7.20 央行的公开市场操作

在 2002 年至 2013 年，中国央行曾经较为频繁地使用了央行票据
（central bank bills）这一工具（见图 7.21）。当时中国央行发布央行票据的
主要目的，是冲销央行因在外汇市场购买外汇而被动释放的基础货币。然

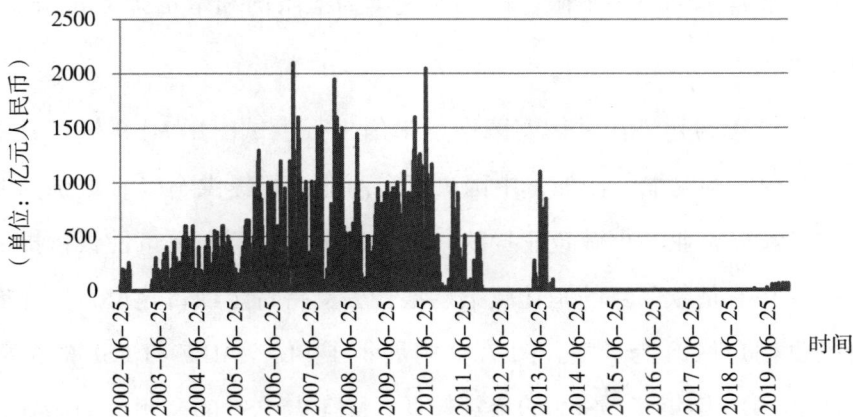

资料来源：Wind。

图7.21 央票的发行规模

而，随着央行票据发行规模的上升，中国央行不得不提高央票利率，这会导致央行冲销成本的上升。正因为如此，从 2006 年起，中国央行也开始把提高法定存款准备金率作为另一种冲销工具（Zhang，2012）。在 2014 年至 2018 年，央票一度停止发行。在 2019 年下半年，中国央行在香港数次发行了人民币计价的央票。发行离岸央票的目的，一是向离岸人民币市场提供更多类型的人民币计价金融工具，促进人民币国际化的发展；二是从离岸市场回笼人民币流动性，维持离岸人民币汇率稳定。

在 2013 年、2014 年与 2015 年，中国央行分别引入了常备借贷便利（standing lending facility，SLF）、中期借贷便利（medium-term lending facility，MLF）与补充抵押贷款（pledged supplementary lending，PSL）这三种面向金融机构的抵押贷款新工具。SLF 的期限通常为 1~3 个月，MLF 的期限有 3 个月、6 个月与 1 年期，PSL 的期限一般为 3~5 年。这组不同期限的抵押贷款新工具既可以作为基础货币投放的新渠道，也可以引导短期与中期的市场利率变动。事实上，在推出 SLF 之后，中国已经形成了以超额存款准备金利率为下限，以 SLF 利率为上限的利率走廊（interest rate corridor）。

值得注意的是，在具体实践中，中国央行也试图用 MLF 与 PSL 去实现"调结构"的功能。例如，中国央行向商业银行提供 MLF，鼓励商业银行向"三农"企业与小微企业贷款。又如，中央银行向政策性银行提供成本较低的 PSL 贷款，目的是让政策性银行去支持特定项目建设，如向地方政府提供棚户区改造贷款。图 7.22 中展示了 SLF、MLF 与 PSL 的余额变动。截至 2019 年年底，SLF 的余额较低，MLF 与 PSL 的余额分别达到 3.99 万亿元与 3.56 万亿元。

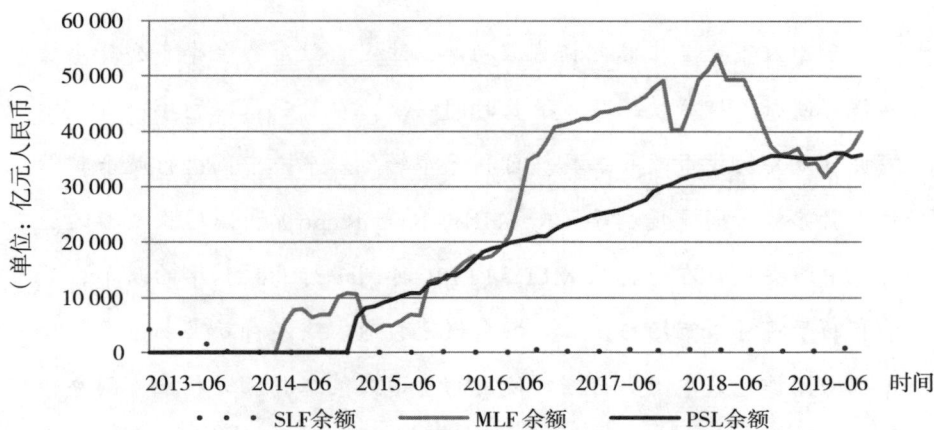

资料来源：Wind。

图7.22　央行各种创新抵押贷款的余额变动

|小 结

　　财政政策与货币政策是中国政府最常用的两种需求管理工具，其实施可以导致总需求的扩张或收缩。

　　财政政策主要工具包括税收与财政支出，财政支出又可分为政府购买与转移支付。除当期收入外，政府也可以通过举债为支出提供融资。改革开放以来，大多数年份中国都存在小幅财政赤字。中国财政政策具有较强的反周期特征。目前中国地方政府债务水平远高于官方数据，且中西部省份的债务负担尤为沉重。1994年分税制改革使得中央政府与地方政府的财权与事权分布不再均衡。地方政府财权显著低于事权，强化了其对中央政府的依赖性，也促使地方政府热衷于到中央政府处竞争项目，同时热衷于最大化土地出让金这一预算外收入。

　　货币政策主要工具包括基准利率、法定存款准备金率、公开市场操作与创新抵押贷款工具。很长时间以来，存贷款基准利率一直是中国央行重要的货币政策工具。自利率市场化以来，中国央行越来越倾向于引导银行间市场利率（如 SHIBOR 与 Repo）和国债收益率的变动。中国央行正在进行从 MLF 到 LPR 再到银行贷款利率的改革，此举有助于将货币市场与信贷市场更好地打通。法定存款准备金率与公开市场操作也是中国央行经常使用的货币政策工具。近年来中国央行新创了 SLF、MLF、PSL 等新的抵押贷款工具，这些工具既有助于为市场提供新的流动性，也能够发挥引导市场利率变动与促进经济结构调整的功能。

第 八 章

中国的国际收支与国际投资头寸

本章将转为分析全球视野下的中国经济。正如要充分了解一个企业，可以看该企业的利润表与资产负债表一样，一个国家也有两张类似的报表。类似于企业损益表的报表是国际收支平衡表（balance of payments，BOP），而类似于企业资产负债表的报表是国际投资头寸表（international investment position，IIP）。我们在本章中对开放视角下中国经济的分析，主要围绕 BOP 与 IIP 两张报表进行。

一、中国的国际收支（BOP 分析）

国际收支平衡表反映了一段时期内特定国家与其他国家之间的全部经济往来的收支流量。它是对该国与其他国家在经济交流过程中发生的贸易、服务、资本往来、储备资产等的实际动态所进行的系统记录，可以综合反映一国的国际收支状况与结构变化。

国际收支平衡表分为经常账户（current account，CA）与资本和金融账户（capital and financial account）两大部分。其中，资本和金融账户又可以分为资本账户、非储备性质金融账户和储备资产三个项目。由于国际收支平衡表是按照"有借必有贷、借贷必相等"的复式记账原则来系统记录每笔国际经济交易的,因此,在国际收支平衡表中设有误差与遗漏项(error and omission)来平衡统计过程中由于误差与遗漏等因素而造成的不平衡。

中国年度国际收支平衡表的总体结构如图 8.1 所示。不难看出,在每个年份,国际收支表都是平衡的(即所有项目余额之和为零)。

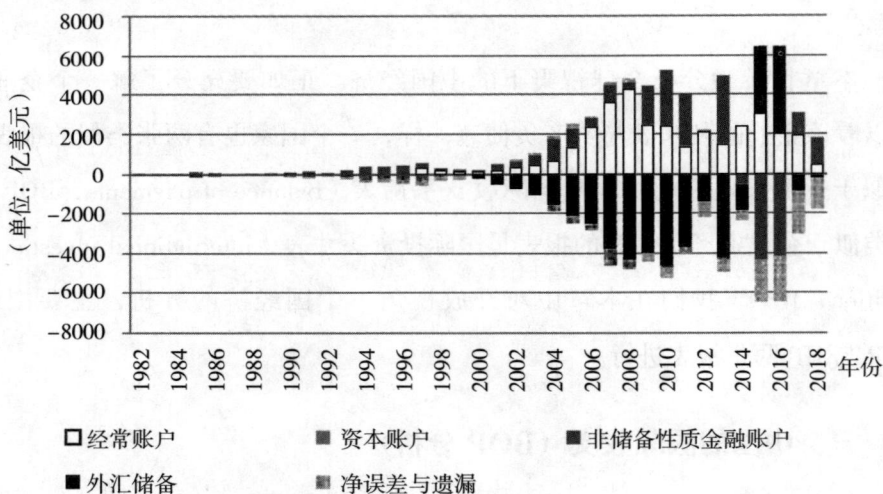

资料来源:Wind。

图8.1 中国的年度国际收支

首先,中国经常账户余额一直较为稳定。在 1982 年至 2018 年这 37 年间,中国只在 1985 年、1986 年、1988 年、1989 年与 1993 年这 5 年内出现过经常账户逆差,其他年份均为经常账户顺差。经常账户顺差的绝对规模在 2008 年达到 4206 亿美元的峰值。2018 年中国经常账户顺差下降较快,由 2017 年的 1951 亿美元锐减至 491 亿美元。

其次，中国非储备性质金融账户余额的规模比较大，且近年来在方向上呈现出变动不居的特点。例如，在 2008 年全球金融危机后，中国非储备性质金融账户在 2012 年、2014 年、2015 年、2016 年面临逆差，2015 年与 2016 年的逆差规模分别达到 4345 亿美元与 4161 亿美元，均超过同年中国经常账户顺差的规模。

再次，在绝大多数年份中，中国国际储备规模均在上升（请注意，按照国际收支平衡表的统计规则，当国际储备指标为负时，表示国际储备流量在上升）。尤其是 2007—2010 年这四年内，每年中国国际储备规模增长都超过 4000 亿美元。在 2015 年与 2016 年，中国国际储备分别下降了 3429 亿美元与 4437 亿美元，这与 2015 年"811"汇改后中国央行稳定人民币汇率的努力有关。

最后，正常情况下，误差与遗漏项应该围绕零水平呈现上下波动，但中国的误差与遗漏项余额非常奇怪。在 2009—2018 年这 10 年内，中国的误差与遗漏项面临持续的净流出。尤其是在 2015—2018 年这 4 年间，每年误差与遗漏项的净流出都超过 1600 亿美元，4 年内累计净流出高达 8157 亿美元。这背后的原因是，中国政府迄今为止仍在实施资本流动管制，所以大量规避管制的地下资本外流就会体现在误差与遗漏项中。把非储备性质金融账户逆差和误差与遗漏项净流出加在一起，我们发现 2015 年与 2016 年中国的真实资本净流出规模是非常大的，在这两年里，每年资本净流出规模都超过 6000 亿美元。

在 1999 年至 2011 年这 13 年间，中国一直面临经常账户顺差与非储备性质金融账户顺差的组合，这一现象被称为国际收支双顺差（twin surpluses）。[①]
这段时间也是中国国际储备增长最快的时期，13 年内国际储备累计增长了
31 736 亿美元。不过，国际收支持续双顺差的格局在 2012 年之后被打破。在
2012 年、2014 年、2015 年、2016 年这 4 年，中国国际收支面临经常账户顺
差与非储备性质金融账户逆差的新组合。

图 8.2 展示了中国年度经常账户顺差与 GDP 比率的变动。该比率在
2007 年达到 10.0% 的历史性峰值。在 2008 年全球金融危机前后，国际社
会一度流行关于全球经常账户失衡（global imbalance）的讨论，中国则被认
为是导致全球经常账户失衡的"罪魁祸首"。[②] 在讨论中美国政府提出的标
准是，如果一国经常账户余额占 GDP 的比率超过 3%，那么该国就面临较
为严重的经常账户失衡。在 2004—2010 年间，中国的经常账户顺差占 GDP
的比率的确超过 3%。然而从 2011—2018 年，中国的该比率已经连续八年
低于 3%。即使按照美国的标准来看，中国的经常账户失衡也已经不复存
在。2018 年中国的经常账户顺差占 GDP 的比率仅为 0.4%。

从国民收入核算的恒等式中可以推出，一国的净出口等于该国储蓄与

---

① 余永定（2016）认为，中国的国际收支双顺差说明，中国不但是把钱借给外国的净
资本输出国（经常账户顺差），而且还以高代价引入外国资金（非储备性质金融账户顺差），
转手又以低代价把借来的外国资金借回给外国。这种穷国经常账户顺差、富国经常账户逆差
的格局是一种发展中国家应该努力打破的坏平衡。

② 李扬与张晓晶（2013）提出了区分好失衡与坏失衡的标准。好的经常账户失衡的标
准有三：一是对外失衡状况及其增减动态恰好与本国经济发展阶段的周期性变化相一致；二
是本国经济结构基础良好，企业充满活力，宏观经济具有明朗的发展前景；三是吸收外资的
期限结构和区域结构良好。坏的经常账户失衡的标准也有三：一是国内经济结构失衡；二是
国内金融结构不完善；三是资本频繁流动导致外部风险上升。不难看出，这种区分好坏经常
账户失衡的标准，主要是从失衡国视角出发的。

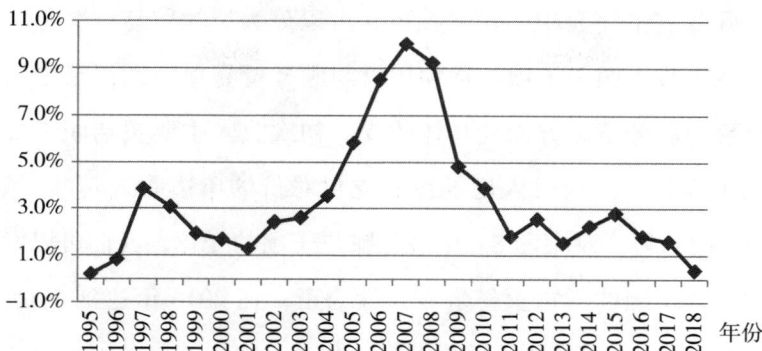

资料来源：Wind。

图8.2　中国经常账户余额占GDP比重的变化

投资的差额。因此，中国经常账户余额占 GDP 规模的变化，在很大程度上反映了中国储蓄投资缺口的变化。如图 8.3 所示，中国储蓄投资缺口的变动与图 8.2 中中国经常账户余额占 GDP 比率的变动几乎完全一致。两者均在 2007 年达到峰值，随后也都呈现出持续下降的趋势。

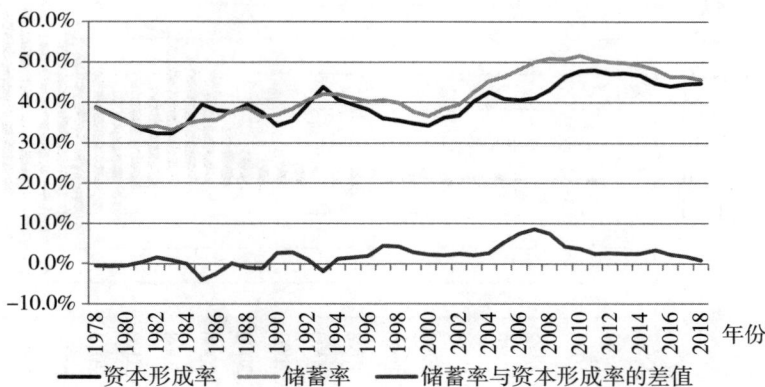

资料来源：Wind。

注释：储蓄率为1减去最终消费支出与GDP的比率，资本形成率为资本形成总额与GDP的比率。

图8.3　中国储蓄投资缺口的变化

在国际收支平衡表中，经常账户又可以分为货物贸易、服务贸易、初次收入、二次收入四个子项。货物贸易与服务贸易项分别记录中国与全球在货物贸易与服务贸易方面的具体收支。初次收入主要包括职工报酬和投资收益两个项目。二次收入记录没有支付对价的单边收入转移，如捐款、援助、战争赔款等。观察图 8.4 中经常账户子项的变化，我们可以发现以下特点。其一，中国的货物贸易余额持续为正，在 2015 年达到 5762 亿美元的峰值，但在 2016—2018 年持续下降。其二，中国的服务贸易余额持续为负，且近年来不断扩大。2018 年中国的服务贸易逆差达到 2922 亿美元。其三，中国的初次收入余额在多数年份为负。例如，在 2015—2018 年 4 年间，中国的初次收入余额持续为负，逆差年均达到 366 亿美元。其四，中国的二次收入余额在 2013 年之前全部为正，但在 2013—2018 年 6 年间有 5 年为负。这说明随着人均收入的上升，中国已经从接受援助的国家转变为提供援助的国家。

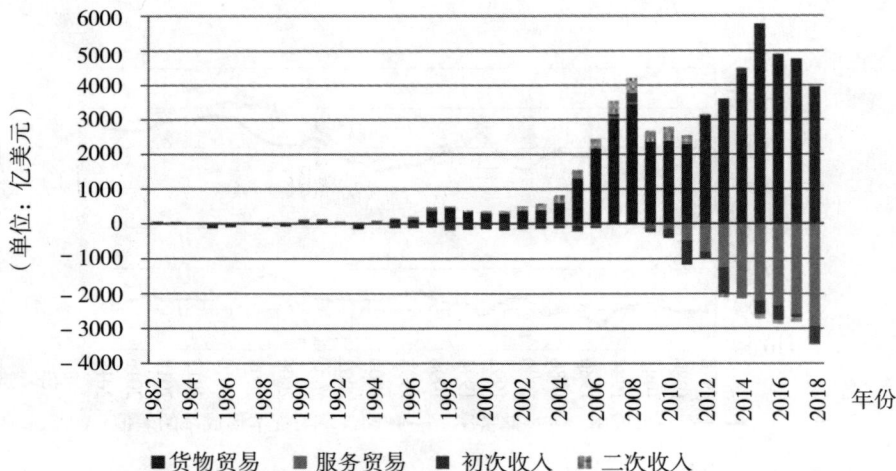

资料来源：Wind。

图8.4　中国经常账户的结构变化

在国际收支平衡表中，非储备性质金融账户又可以分为直接投资、证券投资、其他投资三个子项。其他投资主要记录跨境借贷与存款的变动。观察图 8.5 中非储备性质金融账户子项的变化，我们可以发现以下特点。其一，除 2016 年外，中国的直接投资余额持续为正，这说明中国总体上是一个直接投资净流入国，即中国对外直接投资（overseas direct investment，ODI）的规模持续低于外商直接投资（foreign direct investment，FDI）。不过，直接投资项顺差在 2012—2018 年持续下降，这体现了中国政府在 2008 年全球金融危机之后推动中国企业到海外投资的努力。其二，中国的证券投资余额总体上呈现出方向变动不居的特点，2018 年中国证券投资顺差首次超过 1000 亿美元。其三，其他投资的波动性远超过直接投资与证券投资。尤其是在 2012 年、2014 年、2015 年、2016 年这四年间，每年其他投资都发生了超过 2600 亿美元的逆差，这也是同期内中国出现非储备性质金融账户逆差的主要原因。2015 年其他投资逆差更是达到了 4340 亿美元的历史性峰值。

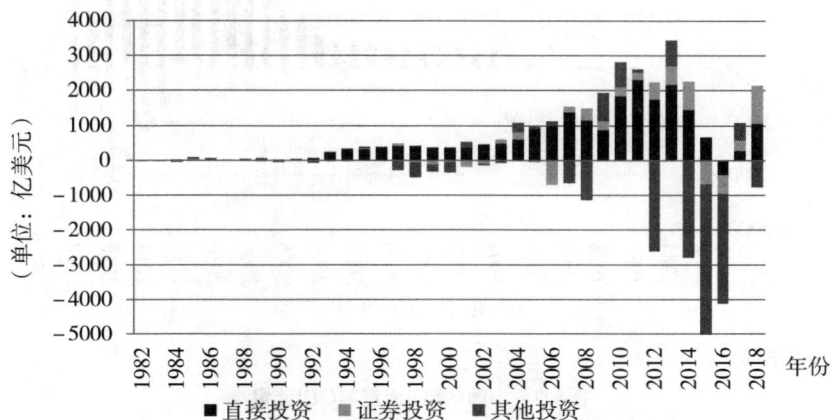

资料来源：Wind。

图8.5 中国非储备性质金融账户的结构

  如图 8.6 所示，从改革开放之初到 2013 年，中国吸引的 FDI 流量总体上不断扩大，2013 年达到 2909 亿美元的峰值。之后，由于中国在发展劳动密集型产业方面比较优势的下滑，针对外商投资企业的各种优惠的弱化甚至取消，中国国内各种要素价格上升等，FDI 流入中国的规模逐渐下降。自 2008 年全球金融危机爆发后，中国企业的 ODI 规模开始快速增长，尤其是在 2014—2016 年这三年间。2016 年中国的 ODI 规模达到 2164 亿美元的峰值，超过了同年的 FDI 流量。这也意味着中国在 2016 年首次成为直接投资的净输出国。然而，在这一波对外 ODI 的扩张浪潮中，出现了中国国企在海外竞相提高并购价格，中国企业在海外大举购买房地产、娱乐业、足球俱乐部等非主业资产，中国企业在国内进行大规模杠杆融资以开展海外并购等乱象。从 2017 年起，中国政府加大了对 ODI 的监管力度，这造成了 2017 年、2018 年中国 ODI 流量的显著下降。

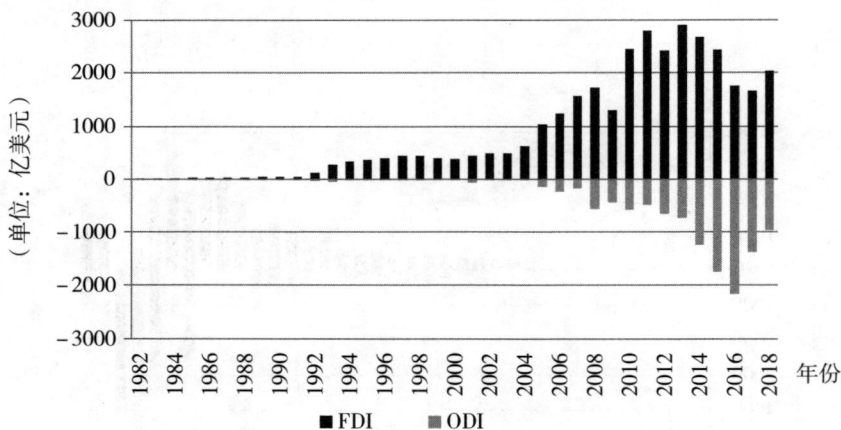

资料来源：Wind。

图8.6　中国的FDI流量与ODI流量

截至 2020 年 3 月，中国政府尚未完全放开跨境证券投资。外国机构投资者可以在合格境外机构投资者（qualified foreign institutional investor，QFII）框架下投资中国金融资产，中国机构投资者可以在合格境内机构投资者（qualified domestic institutional investor，QDII）框架下投资外国金融资产。如图 8.7 所示，证券投资项下资本流动的波动性较强。最近几年来，随着中国金融市场对外国机构投资者的开放提速，外国投资者在中国的金融投资规模迅速增长。例如，在 2017 年与 2018 年，外国投资者对中国的证券投资规模分别达到 1243 亿美元与 1602 亿美元，且股权投资与债券投资规模均呈现较快增长。

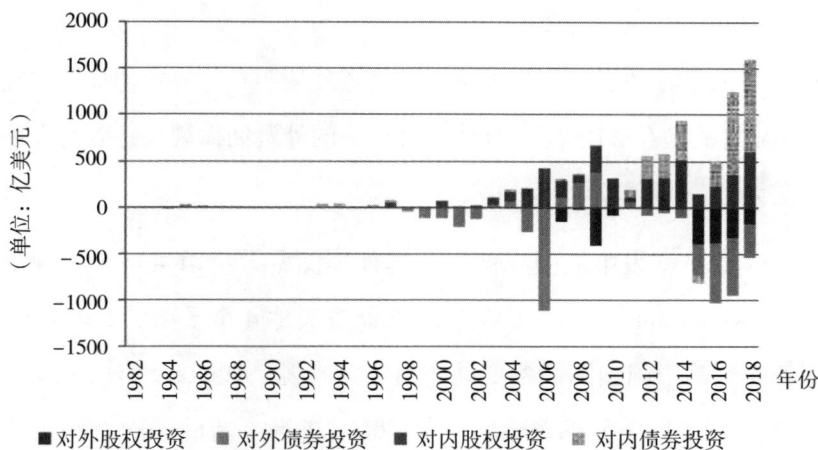

资料来源：Wind。

图8.7 证券投资项明细

其他投资项一直是中国非储备性质金融账户的主要波动来源。如图 8.8 所示，在某些年份中国其他投资项的逆差能够如此之大，是因为在这些年份中中国的其他投资项呈现出国内资本与外国资本双双流出的特征。例如，在 2008 年美国次贷危机爆发期间、2012 年欧债危机爆发期间，以及 2015 年中

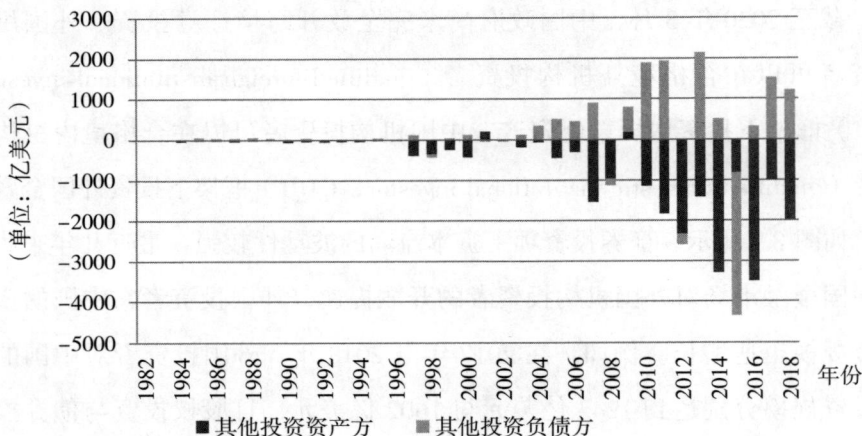

资料来源：Wind。

图8.8　其他投资明细

国股灾与"811"汇改期间，均发生了"内资外流"与"外资回撤"并存的局面。尤其显著的是在 2015 年，其他投资项下的外资回撤规模达到史无前例的 3515 亿美元。[①]

国际收支平衡表中的国际储备包括外汇储备、货币黄金、特别提款权（special drawing rights, SDR）及在 IMF 的储备头寸 4 个子项。如表 8.1 所示，外汇储备变动是中国国际储备变动的最主要来源。在 2009 年，中国从外国购入了价值 48.8 亿美元的黄金。同年，IMF 进行了新的一次特别提款权分配，中国获得了价值 111 亿美元的 SDR。

---

① 国内资本与外国资本在市场动荡时期双双外流这一现象，是值得国际资本流动领域的学者深入研究的重要问题。

表 8.1　储备资产明细变动

年份	外汇储备（亿美元）	货币黄金	特别提款权	在 IMF 的储备头寸
1982	42.8	–	–0.6	–
1983	19.2	–	1.2	1.8
1984	–6.8	–	0.7	0.8
1985	–55.8	–	0.8	0.8
1986	–11.7	–	0.9	0.4
1987	14.5	–	0.7	0.6
1988	4.5	–	–0.5	–0.2
1989	21.8	–	–0.5	–0.1
1990	55.4	–	0.2	0.3
1991	106.2	–	0.2	0.0
1992	–22.7	–	–1.6	3.3
1993	17.6	–	0.7	–0.5
1994	304.2	–	0.6	0.5
1995	219.6	–	0.4	4.6
1996	314.5	–	0.3	1.8
1997	348.6	–	–0.1	8.7
1998	50.7	–	0.7	12.8
1999	97.2	–	0.4	–12.5
2000	109.0	–	0.6	–4.1
2001	465.9	–	0.5	6.8
2002	742.4	–	1.4	11.2
2003	1059.7	–	0.9	0.9
2004	1903.8	–	1.6	–4.8
2005	2525.7	–	0.1	–19.3
2006	2852.7	–	–1.8	–3.1
2007	4608.7	–	0.8	–2.4
2008	4783.4	–	0.1	11.9
2009	3820.5	48.8	110.9	23.2

年份	外汇储备（亿美元）	货币黄金	特别提款权	在 IMF 的储备头寸
2010	4695.6	–	1.1	20.8
2011	3848.2	–	−4.7	34.5
2012	986.7	–	−5.1	−16.2
2013	4327.0	–	−2.0	−11.1
2014	1188.2	–	−0.6	−9.8
2015	−3423.2	–	2.9	−9.1
2016	−4486.8	–	−3.3	53.4
2017	929.7	–	7.4	−21.9
2018	181.9	–	−0.3	7.3

资料来源：Wind。

二、中国的海外资产与负债（IIP 分析）

国际投资头寸表是反映特定时点上一个国家对世界其他国家金融资产与负债存量的统计报表。国际投资头寸表的变动是由特定时期内的交易、金融资产价格变化、汇率变化和其他调整引起的。国际投资头寸表在计价、记账单位、折算等核算原则上均与国际收支平衡表保持一致，因此与国际收支平衡表共同构成了一个国家的完整国际账户体系。

图 8.9 展示了中国海外资产、负债与净资产的变动，三者均呈现出随着时间推移而不断上升的趋势。截至 2018 年年底，中国海外资产、负债与净资产的规模分别为 7.32 万亿美元、5.19 万亿美元与 2.13 万亿美元。值得一提的是，在中国的海外资产中，国际储备资产占了大头（2018 年国际储备资产占到中国海外总资产的 43.3%），而国际储备资产是由中国政府拥有的。如果剔除国际储备资产，中国的海外净资产将转变为净负债。如图 8.10 所示，如果剔除国际储备资产，那么 2018 年年底中国 2.13 万亿美元的海外净

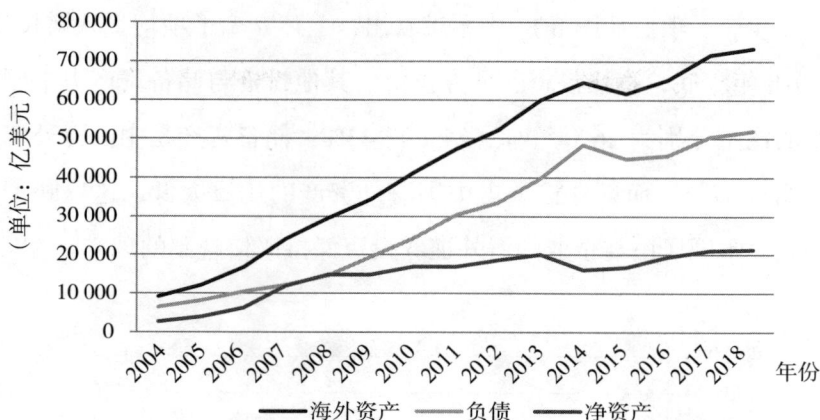

资料来源：Wind。

图8.9 中国的国际投资头寸

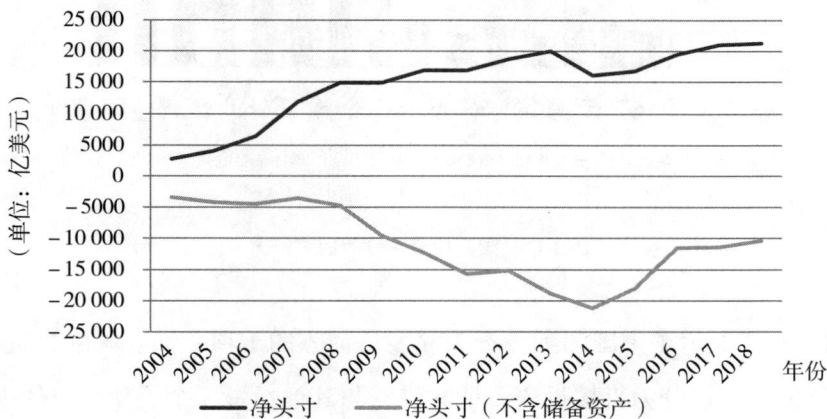

资料来源：Wind。

图8.10 两种口径的国际投资净头寸

资产将转变为 1.04 万亿美元的海外净负债。这说明中国政府是不折不扣的全球净债权人，但中国非政府部门（包括居民与企业）却是全球净债务人。

国际投资头寸表的资产方可以分为直接投资、证券投资、其他投资与储备资产4个子项。从图8.11中不难看出，上述4个子项均呈现增长趋势。截至2018年年底，直接投资、证券投资、其他投资与储备资产占中国海外总资产的比重分别为26%、7%、24%与43%。储备资产是中国海外资产的最重要组成部分，而证券投资占中国海外资产的比重太低，这反映了中国政府一直对本国居民与企业的海外证券投资保持严格管制的现实。

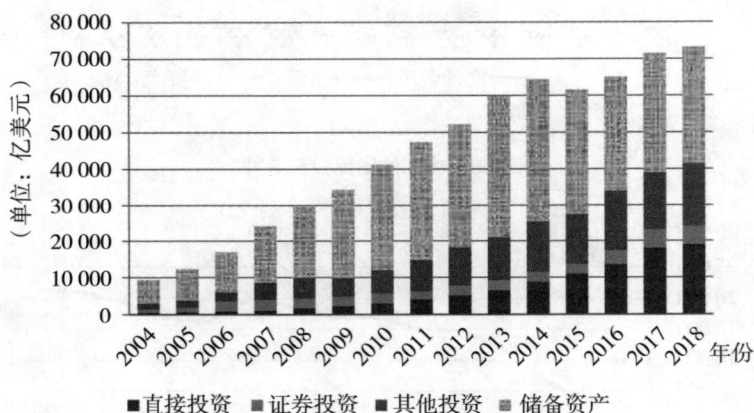

资料来源：Wind。

图8.11　国际投资头寸表的资产方

图8.12展示了中国国际投资头寸表负债方的子项变动。国际投资头寸表的负债方可以分为直接投资、证券投资与其他投资3个子项。总体来看，直接投资与证券投资余额均随着时间推移而不断上升。而其他投资余额在2014年年底达到1.44万亿美元的峰值后，在2015年年底猛烈缩水至0.96万亿美元（这与本章第一节中提到的中国国际收支表其他投资项在2015年发生猛烈的外资回撤相对应）。尽管此后几年有所恢复，但在2018年年底也仅为1.33万亿美元。截至2018年年底，直接投资、证券投资与其他投资占中国海外总负债的比重分别为53%、21%与26%。FDI是中国海外负

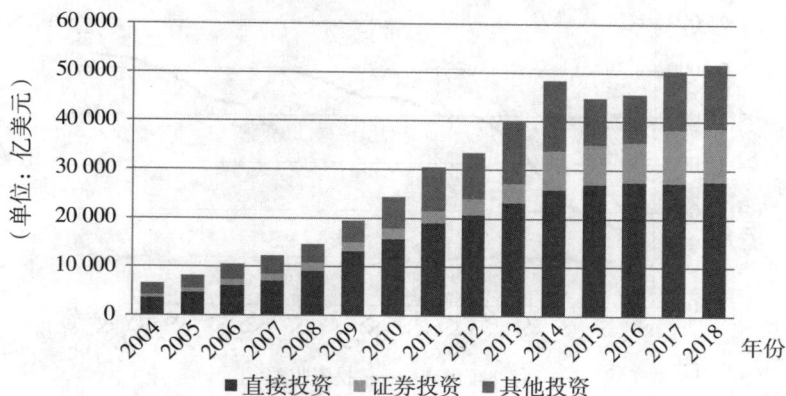

资料来源：Wind。

图8.12 国际投资头寸表的负债方

债的最重要组成部分。尽管中国政府对外国投资者投资中国金融市场仍然保持一定限制，但证券投资占中国海外负债的比重近年来呈现快速上升态势，由 2004 年的 9% 上升至 2018 年的 21%。

三、将 BOP 与 IIP 相结合的福利分析

把国际投资头寸表（IIP）与国际收支平衡表（BOP）结合起来分析，我们就能发现以下两个令人尴尬的事实。

事实一，虽然中国有着庞大的海外净资产，但海外投资收益却持续为负。这好比我们不断借钱给其他国家，同时还在向其他国家支付利息。如图 8.13 所示，虽然中国有着庞大的海外净资产且规模不断上升，但在 2004 年至 2018 年这 15 年间，中国的海外投资收益有 13 年为负。2009 年至 2018 年，中国的海外投资收益更是连续 10 年为负。

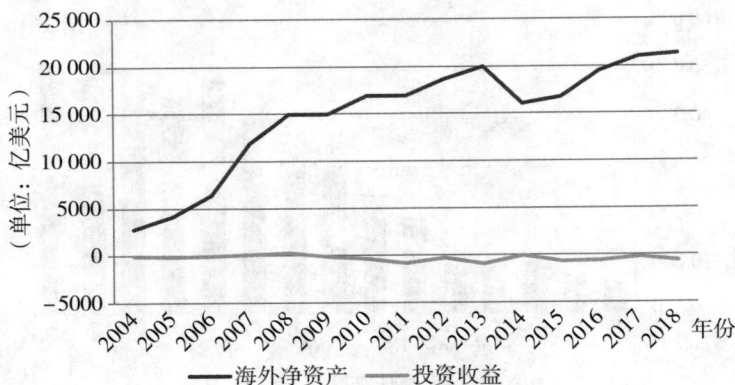

资料来源：Wind。

图8.13　海外净资产与投资负收益并存

　　造成这一尴尬事实的最重要原因是，中国的海外资产与海外负债结构存在重大差异（张明，2013a）。一方面，如图 8.11 所示，中国海外资产中将近一半是储备资产（以外汇储备为主），这类资产主要投资于收益率很低的发达国家国债。例如，在 2020 年 3 月初，美国 10 年期国债收益率已经下跌至不足 1%。另一方面，如图 8.12 所示，中国海外负债中超过一半是外商直接投资，而这类投资的收益率通常是很高的。在 2005—2018 年，中国海外资产的年均收益率仅为 3.3%，而中国海外负债的年均收益率达到 6.3%（见图 8.14）。庞大的海外净资产与持续为负的海外投资收益并存，意味着中国面临着巨大的福利损失（余永定，2010）。

　　事实二，中国海外净资产的实际规模显著低于理论规模。从理论上来讲，一国海外净资产规模应该等于该国经常账户顺差累计之和。然而如图8.15 所示，中国海外净资产的实际规模显著低于通过经常账户顺差累计出来的理论规模。截至 2018 年年底，两者的差距高达 1.25 万亿美元之巨。如此之大的差距如何解释呢？余永定与肖立晟（2017）认为，这一资金缺口

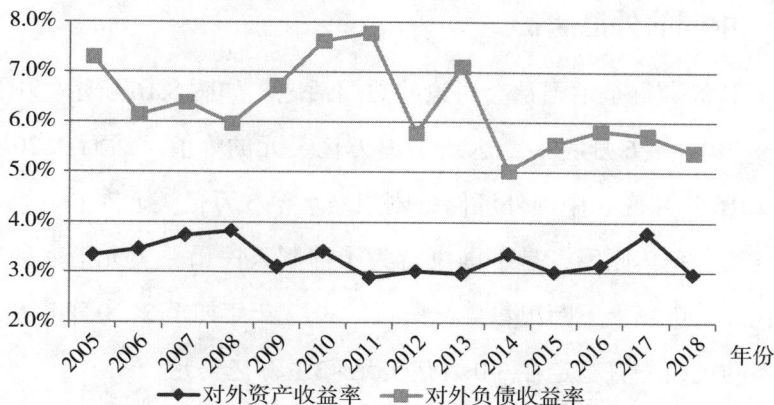

资料来源：Wind。

图8.14 对外资产与负债的收益率对比

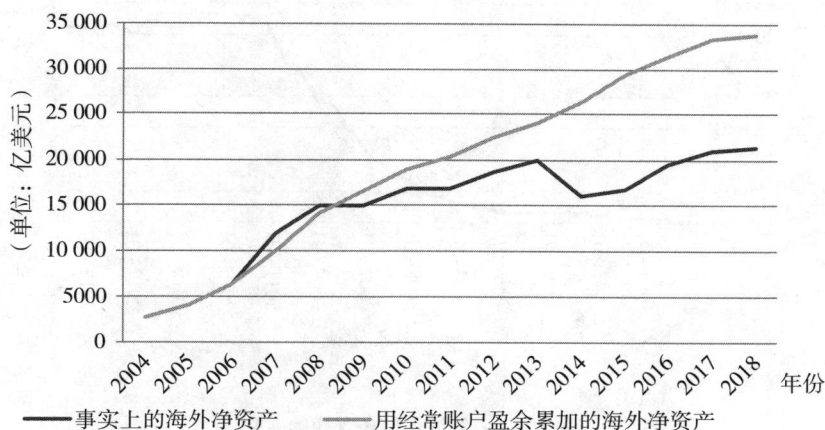

资料来源：Wind与笔者的计算。

注释：以 2004 年为基期，2005 年的海外净资产等于 2004 年的海外净资产加上 2005 年的经常账户盈余，以此类推，即可得到用经常账户盈余累加的海外净资产。

图8.15 中国的海外净资产

背后反映了两种形式的资本外逃。其中一种资本外逃反映在国际收支平衡表中的误差与遗漏项中，而另一种资本外逃甚至根本就没有反映在国际收支平衡表中。这两种形式的资本外逃自然也意味着国民福利的损失。

四、中国的外汇储备

外汇储备一直是中国社会讨论的热门话题。如图 8.16 所示，中国的外汇储备在 2014 年 6 月底一度达到 3.99 万亿美元的峰值。然而从 2014 年下半年至 2016 年年底，中国外汇储备剧烈缩水至 3 万亿美元左右，降低了约 1 万亿美元。究其原因，是中国央行为了抑制人民币兑美元汇率的剧烈贬值，而在外汇市场上不断出售美元所致。2017 年年初至 2020 年年初，中国外汇储备的规模一直稳定在 3.0 万亿美元 ~3.1 万亿美元。

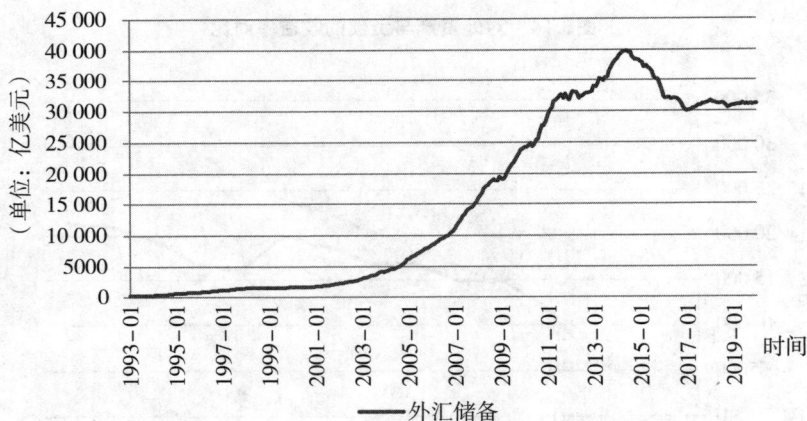

资料来源：Wind。

图8.16　中国外汇储备规模的变化

在外汇储备上升至 4 万亿美元之前的很长时间内，中国国内一直进行着外汇储备是否越多越好的争论。笔者在这个争论中站在反方，主要理由是，随着外汇储备的累积，有三个问题将变得越来越严重。第一，积累外汇储备面临显著的机会成本。中国一方面将外汇储备投资于美国国债等收益率极低的金融资产上，^①另一方面却又在持续引入收益率很高的外商直接投资。这种不对称的海外资产负债格局对中国而言意味着较大的福利损失（余永定，2010）。第二，随着中国央行持有的以美元计价的外汇储备资产的增加，一旦美元汇率显著贬值，中国外汇储备的市场价值就会显著缩水。第三，中国央行积累外汇储备的过程，就是在外汇市场上不断购入美元与被动释放基础货币的过程。为了避免外汇占款增加造成国内流动性过剩（后者会引发通货膨胀与资产价格泡沫），中国央行不得不进行持续冲销，而冲销成本随着冲销规模的增加将会不断上升。基于上述原因，中国的外汇储备应该保持适度规模为好。那么，多大规模的外汇储备对中国而言算适度呢？笔者估算，截至 2016 年年底，中国外汇储备的适度规模应在 2.8 万亿美元左右。^②

在 2014 年下半年至 2016 年年底，中国外汇储备缩水了大约 1 万亿美元。国内一度又出现了中国央行是否应该通过出售外汇储备来稳定人民币汇率的争论。正方认为，当年中国央行积累外汇储备的最重要原因，就是通过干预外汇市场来防止人民币汇率过快升值。因此，现在通过出售外汇储备来防止人民币汇率过快贬值，这无非是当年过程的逆转，正是外汇储备用途的题中之义。正方的另一观点是，央行将外汇储备出售给国内居民，

---

① 张斌等（2010）的估算表明，在 2002—2009 年，以美元计价的中国外汇储备名义收益率均值约为 8%，但在经过汇率、价格双重调整之后，同期内中国外汇储备真实有效收益率的均值仅为 3.4% 上下。张斌与王勋（2012）进一步指出，美国金融市场风险溢价是决定中国外汇储备名义收益率的最重要因素，而美元汇率和大宗商品价格变化是决定中国外汇储备真实收益率的最重要的两个因素。

② 在计算外汇储备适度规模时，根据 IMF 提出的矩阵方法，要考虑一国的短期外债余额、证券投资负债余额、广义货币余额、年出口额等因素，也要考虑该国实施的汇率制度是固定汇率制还是浮动汇率制。在其他条件不变时，固定汇率制要求的外汇储备适度规模要高于浮动汇率制。

正好实现了"藏汇于民"。

　　然而，笔者在此争论中依然站在反方。其一，外汇储备可以用于多种用途，如可以用来进口中国急需的机器设备、先进技术与管理经验等。在外汇市场上出售外汇储备以稳定汇率，这种用途相比于其他更好的用途而言是一种福利损失。换言之，在我们当年积累外汇储备时，我们已经遭受了一定的福利损失（持有外汇储备的机会成本），而在我们出售外汇储备去干预汇率时，我们遭受了另一轮福利损失。其二，央行在外汇市场上的很大一部分交易对手是国际投机者，而非国内普通居民与企业。这意味着"藏汇于民"的观点并不成立。

　　中国如此庞大的外汇储备是如何进行投资的呢？遗憾的是，迄今为止中国央行并未披露中国外汇储备的币种结构与资产结构。我们只能根据外部的特定数据对中国外汇储备投资情况进行推断。例如，如图 8.17 所示，有不少国家会向 IMF 披露本国外汇储备的币种结构（目前这些国家还不包

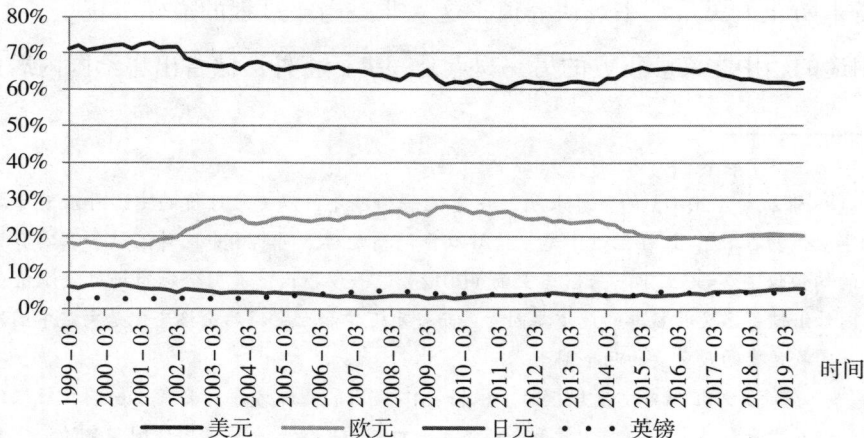

资料来源：Wind。

图8.17　IMF已分配外汇储备中主要币种资产份额

括中国）。从这些国家外汇储备的币种结构来看，目前美元资产占比依然在60% 以上，欧元资产占比在欧债危机后显著下降，目前约在 20%。英镑资产与日元资产占比合计为 10% 上下。笔者认为，中国外汇储备的币种结构应该相差不远。以外汇储备 3 万亿美元计算，这意味着中国仍有 1.8 万亿美元左右的外汇储备投资于美元资产。

美元资产中最重要的资产当属美国国债。美国财政部会定期披露外国投资者投资于美国国债的状况。如图 8.18 所示，中国投资者（这里包括但不仅限于中国央行）持有美国国债的规模最高一度达到 1.32 万亿美元（2013年 11 月），占到全部外国投资者持有美国国债比重的 23%。然而到 2019 年年底，中国投资者持有美国国债的规模已经下降至 1.07 万亿美元，上述占比也相应下降至 16%。有趣的是，美国国债市场规模最大的外国投资者身份一直在中国与日本之间反复切换。在 2019 年 6—12 月，中国投资者持有美国国债的规模已经再次被日本投资者超过。

图8.18　中日投资者持有美国国债规模的比较

资料来源：Wind。

|小 结|

一国的国际收支平衡表类似于企业的利润表，而国际投资头寸表类似于企业的资产负债表。前者反映一段时期内一个国家国际经济交易的流量，而后者反映特定时点上一个国家海外资产负债的存量。

中国的经常账户余额持续为顺差，近年来非储备性质金融账户余额呈现出变动不居的特点。持续的双顺差现象已经消失。在中国的经常账户中，只有货物贸易是持续顺差，服务贸易、初次收入与二次收入均为逆差。在非储备性质金融账户中，直接投资是持续顺差（除2016年外），其他投资则是非储备性质金融账户波动性的主要来源。近年来中国误差与遗漏项的持续逆差背后，反映了以规避监管为目的的地下资本外流。

中国是有着巨大海外净资产的净债权人。不过，中国海外资产将近一半是低收益率的储备资产，而海外负债中超过一半是高收益率的直接投资。这就是中国虽然有着巨额海外净资产，但海外投资收益却持续为负的根本原因。中国海外净资产规模低于经常账户的顺差累计规模，这背后反映了大规模的资本外逃。

中国的外汇储备规模最早曾达到 4 万亿美元上下，近年来下降至3 万亿美元左右。外汇储备规模不是越大越好，规模越大的外汇储备意味着更大的机会成本、汇率风险与冲销成本。央行在外汇市场大规模出售外汇储备以稳定本币汇率，这不是外汇储备的最优使用方向。中国外汇储备中的大约 60% 投资于美元资产，迄今为止中国与日本不断交替成为美国国债市场上规模最大的外国投资者。

下 篇

资产
配置

引言　资产配置的分析框架

本书下篇将介绍如何在宏观分析的基础上进行资产配置。在下篇引言中，笔者将介绍自己常用的一个大类资产配置框架。该框架分为两步，第一步，确定各类资产的风险属性（四分法）；第二步，运用美林时钟这一工具将宏观经济周期分析与大类资产配置方向结合起来。

一、资产分类

作为大类资产配置的第一步，我们需要把常见的各类资产按照风险属性进行分类。所谓风险资产（risky assets），是指未来收益不确定，且随着市场变化、价格波动通常很大的资产。风险资产通常在经济强劲时上涨很快，而在经济下跌时下跌很快，因此风险资产也被称为顺周期资产（pro-cyclical assets）。所谓避险资产（safe-haven assets），是指随着市场变化，价格不会波动太大的较为稳定的资产。在市场风险增加时，投资者会普遍加大购买避险资产的力度，正所谓"乱世买黄金"。避险资产的价格通常在经济不景气时上涨，而在经济增长强劲时回落，因此避险资产也被称为反周期资产（counter-cyclical assets）。

仅把各类资产区分为风险资产与避险资产，不免有些粗糙。为了利用美林时钟，把四阶段经济周期与大类资产配置结合起来，在此可以把风险资产进一步区分为强风险资产与弱风险资产，把避险资产进一步区分为强避险资产与弱避险资产。所谓强风险资产，就是随着经济周期波动，价格波幅更大的资产。所谓强避险资产，就是在市场风险增加时，投资者最热衷于追逐的避险资产。

诸如能源（石油、天然气等）与金属（铁矿石、有色金属等）之类的大宗商品，被认为是最典型的风险资产，我们将其划分为强风险资产。诸如农产品（粮食、棉花）之类的大宗商品，其风险属性没有能源与金属那么强，我们将其划分为弱风险资产。

股票通常被认为是风险资产，但股票有很多类型。与蓝筹股相比，小盘股的风险更高。与医药、零售等防御性股票相比，有色、钢铁、水泥等周期性股票的风险更高。因此，我们把小盘股、周期性股票划分为强风险资产，而将蓝筹股、防御性股票划分为弱风险资产。

黄金通常被认为是最典型的避险资产，我们将其划分为强避险资产。白银也算避险资产，但白银的工业用途很广，工业消费占比很高，我们将其划分为弱避险资产。

债券通常被认为是避险资产，但债券有很多类型。与发达国家国债相比，新兴市场国家国债的风险更高。因此，我们把发达国家国债视为强避险资产，将新兴市场国家国债（如中国国债）视为弱避险资产。至于某些收益率过高、违约风险很高的国债（如欧洲危机时期的希腊国债），甚至可以算作强风险资产。与高等级信用债相比，高收益债券的风险更高。因此我们将最高等级信用债视为强避险资产，将投资级别信用债视为弱避险资产，而将垃圾债券（高收益债券）视为风险资产，然后再按照违约概率高低将垃圾债券区分为强风险资产与弱风险资产。

在货币中，发达国家货币（美元、欧元、英镑、日元、瑞士法郎等）通常被认为是避险资产。其中，我们把美元、日元、瑞士法郎视为强避险资产，而将欧元与英镑视为弱避险资产。这是因为，近年来受欧债危机与英国脱欧的影响，欧元与英镑的汇率表现不太稳定。我们把人民币这种币值较为稳定的新兴市场货币视为弱避险资产，而将巴西雷亚尔、阿根廷比索、土耳其里拉、俄罗斯卢布、南非南特等汇率波动较大的新兴市场货币视为强风险资产。

保险通常被视为避险资产，但保险同样有很多类型。纯粹的寿险与重疾险是强避险资产，把重疾险与投资挂起钩来的所谓"两全险"可以被划分为弱避险资产，而前几年安邦等保险公司热销的"万能险"实际上是弱风险资产。

房地产究竟算风险资产还是避险资产，面临着一定争议。与三四线城市的房地产相比，一二线城市房地产的价格更加稳定。与大户型房地产相比，小户型房地产的价格更加稳定。与郊区房地产相比，城市核心区域房地产的价格更加稳定。因此，我们把三四线、大户型、城市郊区的房地产视为弱风险资产，而将一二线、小户型、城市核心区域的房地产视为弱避险资产。

艺术品究竟算风险资产还是避险资产呢？艺术品也有很多种类。我们把古典艺术品划分为弱避险资产，把当代艺术品划分为弱风险资产。

必须指出的是，我们只对基础资产进行分类，而对由基础资产衍生而成的产品不再分类。例如，我们没有对基金进行分类。货币市场基金与利率债基金自然算避险资产，但信用债基金和股票基金自然要算风险资产了。

综上所述，如表 P3.1 所示，我们把常见的基础资产类型，按照资产的风险属性分为四类。在表 P3.1 的最左端，资产的风险属性最强，而在表 P3.1 的最右端，资产的避险属性最强。

表 P3.1 按照风险属性对常见资产的分类

强风险资产	弱风险资产	弱避险资产	强避险资产
➢ 能源、金属 ➢ 周期性股票、小盘股 ➢ 欧债危机期间的希腊国债 ➢ 高风险垃圾债券 ➢ 巴西雷亚尔、土耳其里拉、俄罗斯卢布、阿根廷比索、南非南特	➢ 农产品 ➢ 防御性股票、蓝筹股 ➢ 较低风险垃圾债 ➢ 万能险 ➢ 三四线、大户型、郊区房地产 ➢ 当代艺术品	➢ 白银 ➢ 新兴市场国家国债 ➢ 投资级别信用债 ➢ 欧元、英镑、人民币 ➢ 两全险 ➢ 一二线、小户型、核心区域房地产 ➢ 古典艺术品	➢ 黄金 ➢ 发达国家国债 ➢ 最高等级信用债 ➢ 美元、日元、瑞士法郎 ➢ 纯粹的寿险与重疾险

二、美林时钟：资产配置的有效工具

美林投资时钟（简称"美林时钟"）是美国著名投资银行美林公司首创的一种分析方法，这种方法把资产价格轮动与经济周期有机结合起来，是非常实用的大类资产配置分析工具。

如图 P3.1 所示，美林时钟有两个圆圈。其中较小的圆圈是指经济周期的四个阶段，即复苏、繁荣、衰退、萧条，这四个阶段呈现出逆时针方向的旋转联动。较大的圆圈是重点资产配置的四个阶段，这个圆圈也沿着逆时针方向旋转联动。换言之，小圆圈的四个阶段就与大圆圈的四个阶段两两匹配在一起。在原始的美林时钟里，在复苏期应该重点配置股票，在繁荣期应该重点配置大宗商品，在衰退期应该重点配置现金，在萧条期应该重点配置债券。也就是说，美林时钟巧妙地把宏观经济周期的四个阶段与重点配置资产的四个方向"一对一"联系了起来。

笔者在日常分析中对美林时钟进行了一定的修正。结合笔者在表 P3.1

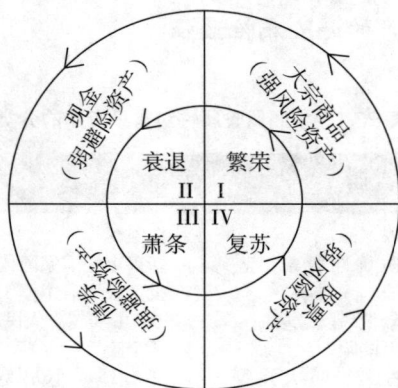

资料来源：美林公司（笔者进行了一定的修正）。

图P3.1　修正后的美林时钟

中所区分的四种资产类型，笔者认为，在经济繁荣期，应该重点配置强风险资产；在经济萧条期，应该重点配置强避险资产；在经济衰退期，应该重点配置弱避险资产；在经济复苏期，应该重点配置弱风险资产。

在实际操作中如何使用美林时钟呢？笔者认为，应该首先分析当前中国经济处于经济周期的何种阶段，然后再按照修正后的美林时钟，重点配置该阶段所对应的资产类别。换言之，我们采取的是从宏观经济分析到大类资产配置的方法论，而这也是目前资本市场上分析师的主流方法论。

不过，万一我们将经济阶段诊断错了呢？笔者认为，这意味着我们不能把百分之百的资产都押在一类资产上。例如，如果认为当前中国经济处于衰退期，那么我们可以考虑把50%的资产配置于弱避险资产，再按照20%、20%与10%的比例，将剩余资产分别配置于强避险资产、强风险资产与弱风险资产之上。这是因为，分析者一般不会把经济阶段完全搞反（如把繁荣期误解为萧条期，或者把复苏期误解为衰退期），而更可能把经济阶段提前或滞后了一个时期。考虑到上述逻辑，在进行资产配置时，除重点配置本期外，还应兼顾前后各一期，这样就能把误判成本降至合理范围内。

本篇的结构安排如下：

第九章提出汇率走势的分析框架；

第十章分别给出黄金价格与原油价格走势的分析框架；

第十一章分析中国房地产市场的现状与走势；

第十二章指出未来国内外宏观经济的十大趋势，并提出进行大类资产配置的十条建议。

第 九 章

如何分析汇率走势？

汇率是两种货币之间的兑换比率。本章将介绍汇率走势的分析框架。首先梳理人民币汇率的历史走势与人民币汇率形成机制的动态演进，其次分析人民币兑美元汇率走势，最后指出如何分析美元指数走势。

一、人民币汇率的历史走势与人民币汇率形成机制的动态演进

人民币兑美元汇率是人民币最重要的双边汇率。图 9.1 显示了 1985 年年底至 2020 年年初人民币兑美元汇率的历史运动轨迹。我们可以将其分为七个阶段：第一个阶段是 1985 年年底至 1994 年年初，人民币兑美元汇率呈现出波动中贬值的状态，由 1985 年 12 月的 2.94 左右贬至 1994 年 1 月的 8.70 上下；第二个阶段是 1994 年 1 月至 1997 年 6 月，人民币兑美元汇率呈现出渐进升值的状态，由 1994 年 1 月的 8.70 上升至 1997 年 6 月的 8.29；第三个阶段是 1997 年 6 月至 2005 年 6 月，人民币兑美元汇率一直稳定在 8.28~8.29 的水平上，这体现了在东南亚金融危机爆发后，中国央行稳定人民币汇率的努力；第四个阶段是 2005 年 7 月至 2008 年 8 月，人民币兑美元汇率再度呈现出渐进升值的状态，由 2005 年 6 月的 8.28 上升至 2008

年 8 月的 6.85；第五个阶段是 2008 年 9 月至 2010 年 5 月，人民币兑美元汇率一直稳定在 6.82~6.84 的水平上，这体现了在全球金融危机爆发后，中国央行稳定人民币汇率的努力；第六个阶段是 2010 年 6 月至 2015 年 7 月，人民币兑美元汇率再次呈现出渐进升值的状态，由 2010 年 6 月的 6.85 上升至 2015 年 7 月的 6.12；第七个阶段是 2015 年 8 月至今，人民币兑美元汇率呈现出波动中贬值的状态，由 2015 年 7 月的 6.12 下降至 2020 年 1 月的 6.92。

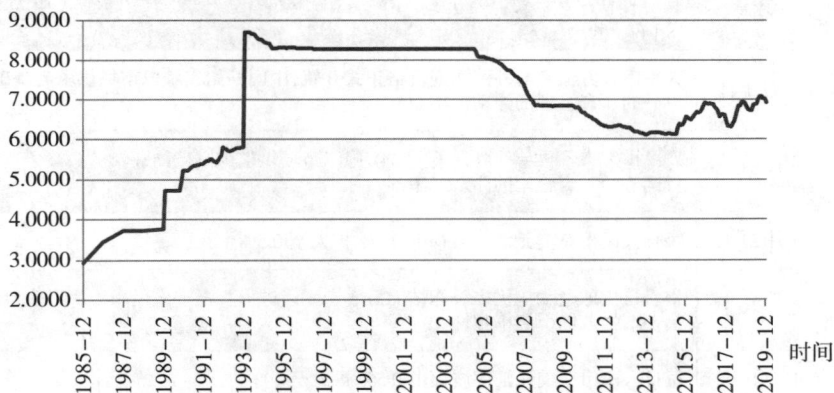

资料来源：Wind。

图9.1 人民币兑美元汇率的长期变动

不难看出，在上述七个阶段中，只有阶段一与阶段七是人民币兑美元汇率的贬值阶段，阶段二、四、六均是人民币兑美元汇率的升值阶段，而阶段三、五则是国际金融危机爆发后人民币汇率暂时盯住美元的权宜阶段。

事实上，导致人民币兑美元汇率走势出现上述阶段划分的原因，要么是国际金融危机的爆发，要么是人民币汇率形成机制改革（简称"汇改"）。

如表 9.1 所示，第二个阶段的起点是 1994 年 1 月 1 日的外汇市场并轨改革（此举造成人民币兑美元官方汇率在短期内大幅贬值）；第四个阶段的起点是 2005 年 7 月 21 日汇改；第六个阶段的起点是 2010 年 6 月 19 日汇改；第七个阶段的起点是 2015 年 8 月 11 日汇改（简称"'811'汇改"）。值得注意的是，上述四次汇改的基本方向是一脉相承的，都是要建立以市场供求为基础的、有管理的浮动汇率制度。

表 9.1　人民币汇率改革的关键步骤

时间	改革内容
1994 年 1 月 1 日	人民币官方汇率与外汇调剂价格正式并轨，中国开始实施以市场供求为基础的、单一的、有管理的浮动汇率制
2005 年 7 月 21 日	人民币汇率不再单一盯住美元，实施以市场供求为基础的、参考一篮子货币进行调节的、有管理的浮动汇率制
2007 年 5 月 21 日	每日人民币兑美元汇率波幅由 0.3% 扩大至 0.5%
2010 年 6 月 19 日	重启自全球金融危机之后冻结的汇率制度，进一步推进人民币汇率形成机制改革，增强人民币汇率弹性
2012 年 4 月 16 日	每日人民币兑美元汇率波幅由 0.5% 扩大至 1%
2014 年 3 月 17 日	每日人民币兑美元汇率波幅由 1% 扩大至 2%
2015 年 8 月 11 日	强化汇率中间价的市场化形成机制（中间价报价主要参考上一日收盘价），增强人民币汇率弹性

有效汇率（effective exchange rate）是指用双边贸易的权重将一个国家对各个国家货币的双边汇率加权形成的多边汇率。有效汇率的变动可以衡量一个国家货币对全球所有货币的整体升值或贬值状况。如图 9.2 所示，人民币的有效汇率在 1994—2019 年总体上呈现出显著升值的态势。1994 年 1 月至 2019 年 12 月，人民币名义有效汇率指数与实际有效汇率指数分别升

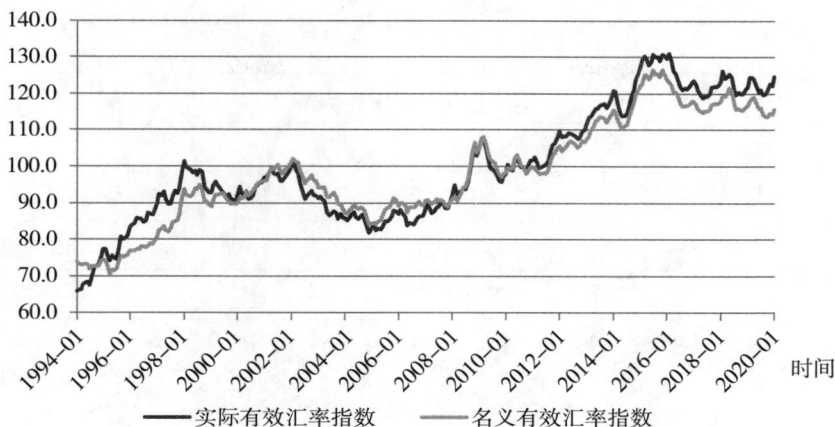

资料来源：Wind。

图9.2 人民币有效汇率的长期变动

值了 55% 与 86%。[①] 与双边汇率相比，有效汇率的变动对中国对外贸易的影响无疑更加显著。

我们重点介绍最近一次的人民币汇率形成机制改革，即 2015 年的 "811" 汇改。如图 9.3 所示，在 "811" 汇改之前的相当一段时间内，对汇率中间价（即每天汇率的开盘价）进行管理一直是中国央行用于维持汇率稳定的重要工具。例如，在 2014 年第二季度之前，市场上持续存在人民币兑美元升值压力，为了抑制人民币兑美元汇率的过快升值，中国央行采取了系统压低每日人民币兑美元汇率中间价的做法。如图 9.3 所示，在这

---

① 与名义有效汇率相比，实际有效汇率还反映了通货膨胀的变动。一国通货膨胀率相对于其他国家上升，会导致该国实际有效汇率升值。换言之，1994—2019 年，人民币实际有效汇率升值幅度远高于名义有效汇率，说明这段时期内中国通货膨胀率显著高于其他国家平均水平。

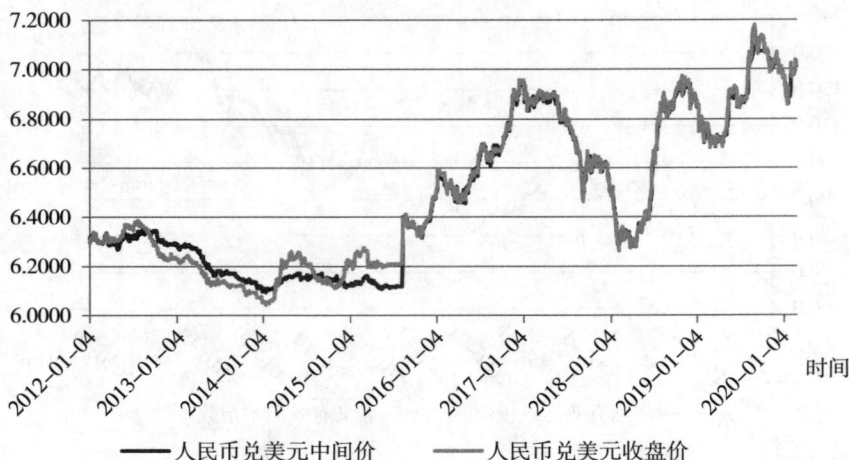

资料来源：Wind。

图9.3　2015年"811"汇改前后的汇率中间价与收盘价

段时期内，每日人民币兑美元汇率中间价持续低于前一日汇率收盘价。又如，在 2014 年第二季度至 2015 年"811"汇改之前，市场上持续存在人民币兑美元贬值压力。为了抑制人民币兑美元汇率的过快贬值，中国央行采取了系统抬高每日人民币兑美元汇率中间价的做法。如图 9.3 所示，在这段时期内，每日人民币兑美元汇率中间价持续高于前一日汇率收盘价。中国央行对汇率中间价进行管理的做法的确有助于维持人民币兑美元汇率稳定，但这意味着汇率中间价形成机制不够透明，也不够市场化。

为了推动人民币在 2015 年年底被纳入国际货币基金组织（IMF）的特别提款权（SDR）货币篮，中国央行在 2015 年 8 月 11 日进行了新一轮汇率形成机制改革。这次改革的核心就是降低央行对人民币兑美元汇率中间价的干预，让汇率中间价直接等于前一日收盘价。不过，由于汇改当时市场上存在显著的人民币兑美元贬值预期，以及中国股市正处于股灾后的大幅下跌阶段，因此在"811"汇改后的一段时间内人民币兑美元汇率大幅贬值（见图 9.3）。

中国央行采取了一系列措施来应对人民币兑美元汇率的快速贬值：第一，中国央行动用外汇储备干预外汇市场以稳定汇率，这样做的代价则是外汇储备规模的快速缩水；第二，中国央行加强了对各种类型资本流出的管制，管制对象从外币计价的资本外流逐渐扩展至所有货币计价的资本外流；第三，中国央行一度通过干预香港人民币离岸汇率的方式来降低在岸人民币汇率贬值预期；第四，从 2016 年起，中国央行多次修改人民币兑美元汇率中间价的形成机制（Zhang，2019）。

2016 年年初，中国央行宣布实施"收盘价 + 篮子汇率"的双目标定价机制；2017 年年初，中国央行调整了人民币篮子货币的数量和权重，并缩短了一篮子货币的参考时间；2017 年 5 月 26 日，中国央行宣布引入逆周期调节因子，由此将"收盘价 + 篮子汇率"的双目标定价机制转变为"收盘价 + 篮子汇率 + 逆周期因子"的三目标定价机制；2018 年 1 月，中国央行宣布暂停逆周期因子使用；2018 年 8 月 24 日，中国央行宣布重启逆周期因子。由于本文篇幅所限，这里不重点分析上述汇率中间价形成机制调整的具体内容。但中国央行之所以频繁调整人民币兑美元汇率中间价的定价机制，其目的依然是抑制市场上的人民币兑美元贬值预期，进而维持人民币兑美元汇率的大致稳定。频繁调整汇率中间价形成机制的做法的确有效抑制了人民币兑美元汇率的贬值幅度，但同时也使得人民币汇率形成机制重新变得不透明，市场化程度也有所下降（张明、陈胤默，2020）。

如图 9.4 所示，在 2015 年"811"汇改后，人民币兑美元汇率的走势可谓一波三折。2015 年"811"汇改至 2016 年年底，人民币兑美元汇率呈现出波动中贬值的趋势，由 6.1 左右贬值至 6.9 上下。2017 年年初至 2018 年第一季度，人民币兑美元汇率呈现出波动中升值的趋势，由 6.9 左

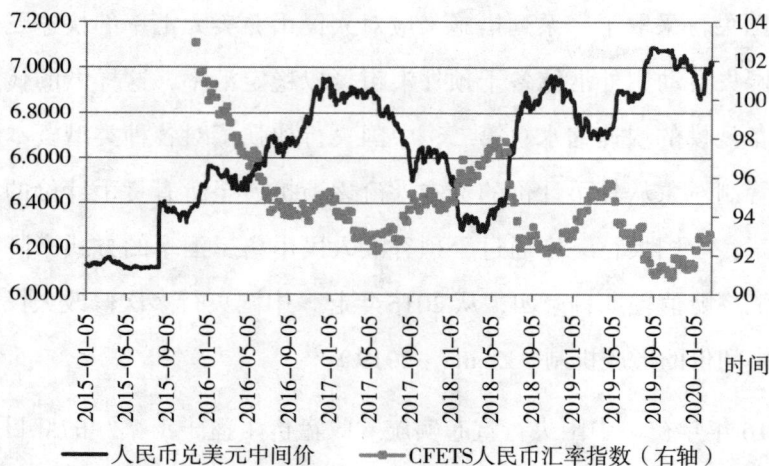

资料来源：Wind。

图9.4　人民币兑美元汇率中间价与人民币对CFETS货币篮汇率指数

右升值至 6.2 上下。2018 年第二季度至 2019 年年底，人民币兑美元汇率再度呈现出波动中贬值的趋势，由 6.2 左右贬值至 7.0 上下。此外，人民币兑 CFETS 货币篮 [①] 的有效汇率指数，虽然几经波折，但总体上从 2015 年年底的 102 左右贬值至 2019 年年底的 92 上下。

二、如何分析人民币兑美元汇率走势？

应该如何来分析人民币兑美元汇率的未来走势呢？笔者在此介绍一个自己长期用来分析双边汇率走势的框架，如图 9.5 所示。

---

① CFETS 是中国外汇交易系统（China Foreign Exchange Trade System）的简称。2015 年 12 月 11 日晚，中国外汇交易中心首次发布了 CFETS 人民币汇率制度。CFETS 货币篮目前由 24 种外国货币组成。其中美元、欧元与日元权重最高，分别占到 21.59%、17.40% 与 11.16%。

双边汇率

短期

中期

长期

竞争力
竞争力上升，货币升值

利差
利率上升，货币升值

通胀差
通胀率高，货币贬值

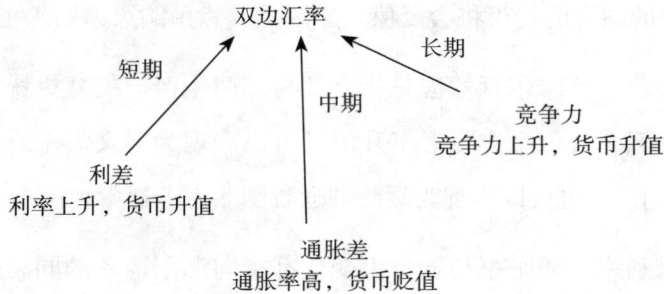

资料来源：作者自行绘制。

图9.5 双边汇率分析框架

这个框架可以概括为"短期看利率、中期看通胀、长期看竞争力"。具体而言：在短期内，本国利率相对上升的货币将会升值；在中期内，本国通胀率相对下降的货币将会升值；在长期内，本国竞争力相对上升的货币将会升值。

这三个标准背后，其实都隐藏着相关的汇率决定理论：分析利率与汇率关系的理论是利率平价（interest rate parity，IRP），分析通胀率与汇率关系的理论是购买力平价（purchasing power parity，PPP），分析竞争力与汇率关系的理论是巴拉萨 – 萨缪尔森效应（Balassa–Samuelson Effect）。

利率平价是指一种货币对另一种货币的升值（贬值）必将被利率差异的变动所抵消。如果本国利率高于外国利率，那么本币将在远期内贬值。如果本国利率低于外国利率，那么本币将在远期内升值。然而在现实市场中，一国利率上升在短期内将引发资本流入，从而推动该国货币汇率在短期内升值。

购买力平价是指，从理论上而言，在经过汇率折算后，一国货币在任何国家的购买力应该是相同的。而相对购买力平价理论则指出，通胀率上升得更快的国家的货币将会贬值，原因是其货币购买力缩水更快。

巴拉萨 – 萨缪尔森效应是指，贸易部门生产率提高更快的国家，将会出现实际汇率升值。实际汇率升值既可以表现为名义汇率升值（通常在浮动汇率制下），也可以表现为更高的通货膨胀率（通常在固定汇率制下）。

如果利率、通胀率与竞争力变化都指向汇率运动的同一个方向，那么进行汇率运动的预测就相对容易。如果利率、通胀率与竞争力变化指向的汇率运动方向不同，那么进行预测就变得更加困难，此时就必须运用经验去区分主要矛盾及矛盾的主要方面。

下面，笔者将运用上述分析框架，来预测未来一段时间人民币兑美元汇率的运动方向（本书的写作时间是 2020 年年初）。

图 9.6 展示了不同时段中国与美国 3 个月银行间市场利率的相对变化。

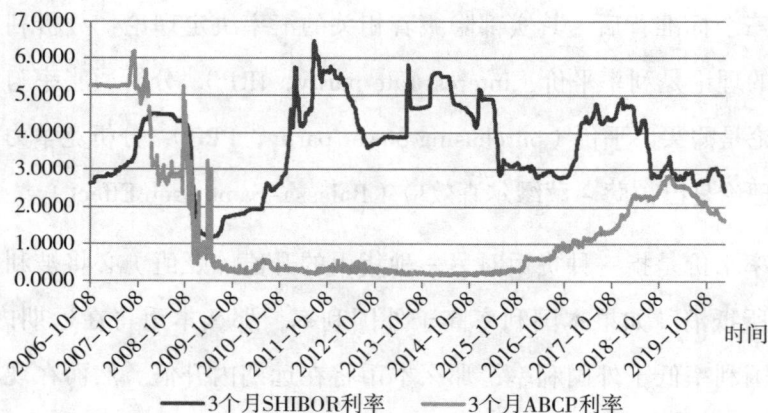

资料来源：Wind。

注：3 个月 SHIBOR（Shanghai interbank offered rate）利率为中国上海银行间市场 3 个月资金拆借利率，3 个月 ABCP（asset backed commercial paper）利率为美国 3 个月资产支持商业票据利率。

图9.6　中美短期利差变化

在 2008 年全球金融危机爆发后，由于美联储实施了零利率与量化宽松政策，美国短期利率降至零左右，并在此水平上保持了很长时间。而随着中国经济在次贷危机后的迅速反弹，中国短期利率快速上升。这就造成了2009 年至 2011 年中美短期利差迅速扩大的局面。庞大的利差驱使跨境套利资金源源不断地涌入中国，推动了人民币兑美元的持续快速升值。

从 2014 年起，随着国内经济增速下行，中国短期利率开始回落，而随着美联储在 2015 年年底开始加息，美国短期利率开始回升。这就造成2015—2016 年中美短期利差快速收窄的局面。利差的收窄使得跨境套利交易反转，造成了人民币兑美元汇率由升转贬。

在 2017 年，虽然美国短期利率仍在上升，但在中国一行三会①掀起的金融强监管、去杠杆、控风险行动导致中国短期利率上升得更快。中美利差被再度拉大，这是 2017 年人民币兑美元汇率重新升值的主要原因。

在 2018 年，美国短期利率仍在上升，中国短期利率由升转降，中美利差再度缩小，同期内人民币兑美元汇率也再度贬值。

那么，未来一段时间中美利差将何去何从呢？一方面，美联储在 2019 年再度转变货币政策，在 2019 年下半年进行了三次降息，这已经导致美国短期利率快速下行。在 2020 年 3 月初，受肺炎疫情冲击，美联储再度降息 50 个基点。另一方面，中国经济增速的持续下行意味着中国央行在 2020 年将会继续实施宽松货币政策（包括降准与降息），且 2020 年年初新冠肺炎疫情暴发将

---

① 一行三会，是指中国人民银行、中国银行监督管理委员会（银监会）、中国证券监督管理委员会（证监会）与中国保险监督管理委员会（保监会）。在 2018 年，随着银监会与保监会合并为银保监会。一行三会已经演变为一行两会。

会加剧中国经济下行趋势，从而导致中国央行实施更加宽松的货币政策。上述分析意味着，在未来一段时间内，中美短期利率均会下行，但利差是扩大还是缩小存在不确定性，这也使得人民币兑美元汇率的走势面临不确定性。

除了使用中美银行间短期利率进行分析外，我们也可以使用中美 10 年期国债收益率进行分析（见图 9.7）。由于两种分析得出的结论大致相同，这里就不再赘述。

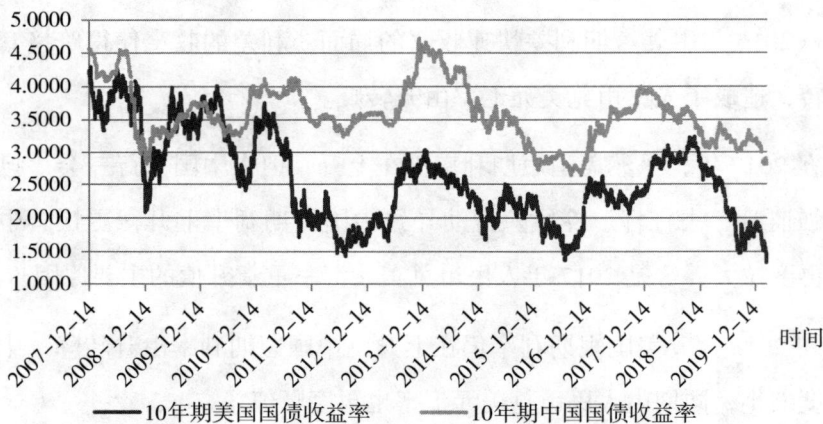

资料来源：Wind。

图9.7　中美长期利差变化

图 9.8 展示了中美通胀率的变动。必须指出的是，两国通胀率指标的差距要足够大，才能对汇率变化产生显著影响。而 2006 年至今中美通胀率差距最多也只有 4 个百分点左右，这基本上可以用中国经济增长比美国更快来解释。因此，通胀率相对变化对中美汇率变动没有发挥主导作用。尽管在 2020 年年初，受猪肉价格高企影响，中国的 CPI 增速一度超过 5%，但预计随着猪肉价格的下行，中国 CPI 增速将高位回落。因此在未来一段时间内，中美通货膨胀率相对变化也不会对人民币兑美元汇率产生显著影响。

资料来源：Wind。

图9.8 中美通胀率变化

我们使用两个层面的指标来反映中美竞争力的相对变化。指标之一是中美劳动生产率增速。如图 9.9 所示，自改革开放以来至今，在绝大多数年份，中国的劳动生产率增速都显著高于美国。然而自 2008 年全球金融危

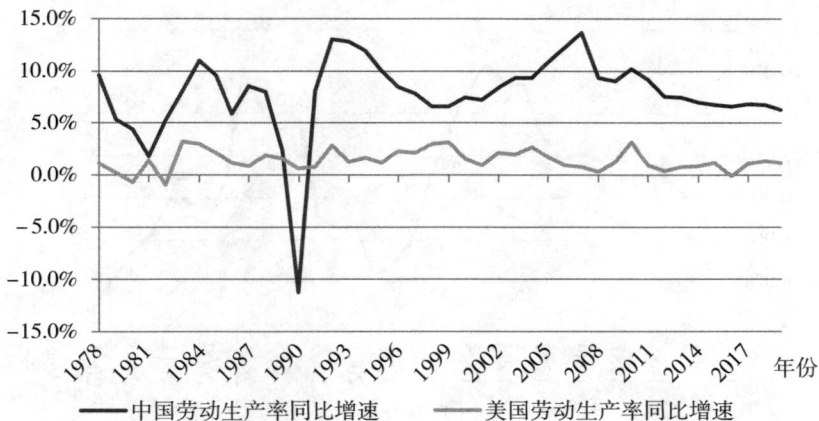

资料来源：Wind。

图9.9 中美劳动生产率增速变化

机爆发以来，中美劳动生产率增速之间的差距已经持续缩小。2007年，中美劳动生产率增速之差达到12.9%的峰值，但该差距在2019年已经缩小至5.1%。中美劳动生产率增速差距持续缩小这一事实，反映了中国相对于美国的竞争力优势正在不断削弱。

指标之二是中美上市企业的税后资本回报率。如图9.10所示，在2004—2010年，中国企业税后资本回报率持续高于美国。而从2011年至2016年，中国企业税后资本回报率不但持续低于美国，而且这一差距还在逐渐拉大。这意味着中国竞争力相对于美国的持续下降。

无论采用何种指标，中国竞争力相对于美国的下滑都是一致的。只不过税后资本回报率的故事相比于劳动生产率的故事而言更加悲观，也更加让我们警醒。中国竞争力相对于美国的下滑，意味着长期内人民币兑美元的升值基础正在逐渐削弱。而从税后资本回报率视角来看，自2013年以来，人民币兑美元汇率还面临长期贬值压力。展望2020年，中国竞争力相对于

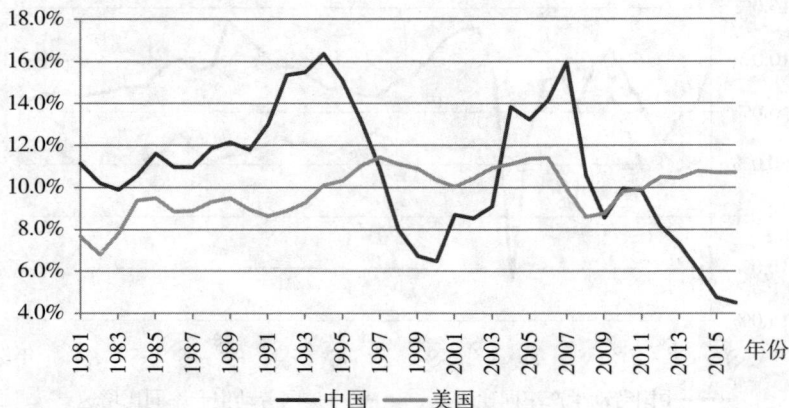

资料来源：刘海影（2014），该作者随后对时间序列进行了更新。

图9.10　中美税后投资回报率变化

美国下滑这一局面也难以发生方向性的变化。

综上所述，在短期利率视角、中期通胀视角、长期竞争力视角这三方面看来，在 2020 年，中美利差走向存在不确定性，中美通胀率差距保持在较低范围内，中国竞争力相对于美国来说仍将下降，这意味着人民币兑美元汇率短期内可能会面临盘整态势，但长期内仍然面临贬值压力。

除运用"短期看利率、中期看通胀、长期看竞争力"这一通用分析框架来分析人民币兑美元汇率走势之外，笔者还将从两个具有中国特色的特殊视角出发，来研判人民币兑美元汇率的运动方向。

特殊视角之一，是中国整体上正由金融抑制走向金融开放。在过去相当长时间里，中国政府对中国家庭到海外进行证券投资都实施了非常严格的限制。迄今为止，中国家庭只能通过 QDII 投资于全球资本市场。如表 9.2 所示，如果比较美国、日本与中国的海外资产结构，我们不难发现，中国与美国、日本相比，最大的不同在于对外证券投资占中国海外总资产的比重太低，同时储备资产占中国海外总资产的比重太高。在未来，随着中国政府逐渐放松本国居民投资于全球市场的限制，中国居民必将从央行处大举购买外汇并将其投资于全球资本市场。该趋势意味着在未来中国的海外总资产结构中，储备资产占比将会显著下降，而证券资产占比将会显著提升，这也正是"藏汇于民"的要义所在。然而，上述过程意味着，一旦中国政府显著放开本国居民的海外投资限制，中国私人部门将会发生规模庞大的资本净流出，而这自然会压低人民币兑美元汇率。换言之，中国政府消除金融抑制环境的努力，可能导致较大规模的资本外流，从而造成本币贬值压力。

表 9.2　美国、日本、中国海外净资产结构的比较（截至 2018 年年底）

国家	直接投资	证券投资	衍生品投资	其他投资	储备资产
美国	30%	46%	6%	17%	2%
日本	18%	44%	3%	21%	14%
中国	26%	7%	–	24%	43%

资料来源：CEIC，笔者的计算。

　　特殊视角之二，是中国的系统性金融风险仍在快速上升与显性化。如图 9.11 所示，当一个国家的私人部门信贷（即居民部门与非金融企业部门信贷之和）占 GDP 的比率达到高位后，通常会引爆一场金融危机。20 世纪 90 年代初期的日本、1995 年的墨西哥、1997 年的泰国、2008 年的美国、2010 年的西班牙均是如此。从 2016 年起，中国私人部门信贷占 GDP 的比率已经突破 200%，仅次于历史上的日本与西班牙。因此，在未来一段时间内，如何抑制系统性金融危机的爆发已是中国政府面临的严峻挑战。随着系统性风险的上升与显性化，中国居民与企业的避险意识将会加强，这会驱动更大规模的资本外流，进而造成人民币兑美元汇率的贬值压力。

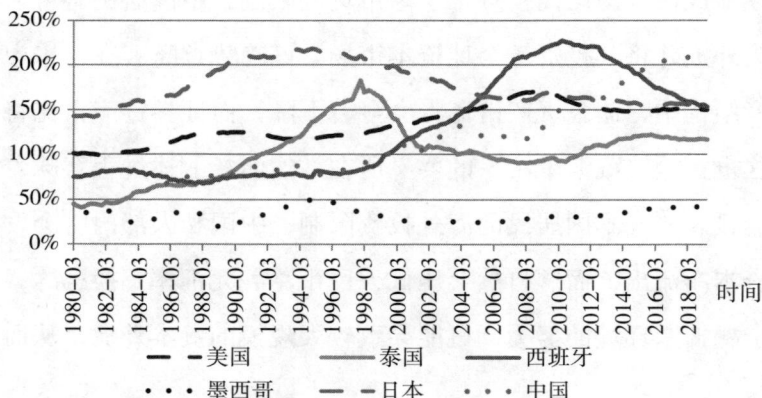

资料来源：CEIC。

图9.11　各国私人部门信贷占GDP比重的变化

中国系统性金融风险高企的一个典型例子是，中国一线城市的房地产
价格实在过于昂贵了。如图 9.12 所示，如果用房价收入比与房价房租比
两个指标来衡量全球大城市房价水平，我们不难发现，深圳的房价昂贵程
度可谓全球第一，上海、北京的房价昂贵程度可以与香港比肩，广州的房
价昂贵程度也与东京、伦敦处于同一水平线上。相对而言，美国大城市的
房价要比中国便宜得多。无论用何种理由来解释，中国一线城市的房价如
此之高，对中国这个人均 GDP 刚过 1 万美元的国家而言，都是不合理的。
试想，如果中国政府放开限制，允许中国居民任意到全球各地购买房地
产，中国一线城市的房价是否还能如此坚挺呢？值得一提的是，在图 9.10
中，历史上私人部门信贷占 GDP 的比率比当前中国还高的，只有 20 世纪
90 年代初期的日本与 2010 年左右的西班牙，而这两个国家都爆发了房地
产危机。当然，由于中国政府具有很强的调控能力，中国在未来未必会爆

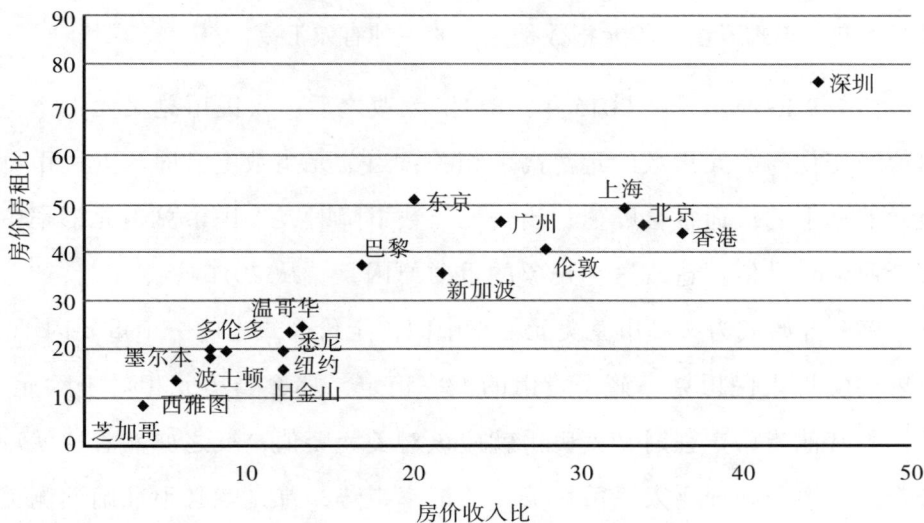

资料来源：平安证券。

图9.12　全球大城市房价昂贵程度的比较（截至2017年年底）

发显性的房地产危机。然而无论如何，过高的房地产价格除了可能加剧金融风险外，也会导致实体经济的竞争力下降，如房租成本提升压低企业利润。而如前所述，实体经济竞争力下降在长期内也会导致本国货币面临贬值压力。

综上所述，无论使用"短期看利率、中期看通胀、长期看竞争力"这一通用分析框架，还是使用具有中国特色的两个视角（金融抑制视角与系统性金融风险视角），笔者都认为，在中长期内，人民币兑美元汇率仍将面临一定程度的贬值压力。

三、如何分析美元指数走势？

所谓美元指数（US dollar index，USDX），是一个综合反映美元在国际外汇市场上汇率情况的指标，用来衡量美元对一篮子货币的汇率变化程度。它通过计算美元对一篮子选定货币汇率的综合变化率，来衡量美元的相对强弱程度。不难看出，美元指数是美元的一种有效汇率。

如图 9.13 所示，在 2015 年"811"汇改之后，人民币兑美元汇率中间价的变化与美元指数的走势高度相关：当美元指数上升时，人民币兑美元汇率中间价通常会贬值；当美元指数下降时，人民币兑美元汇率中间价通常会升值。造成这一现象的重要原因是，从 2016 年年初起，"篮子汇率"开始成为人民币兑美元汇率中间价定价公式中的一个重要因子。如果要实现人民币兑一篮子货币的汇率稳定，那么当美元相对于欧元、日元等其他货币走强时，人民币就应该对美元贬值；反之亦然。这就意味着，要想准确预测人民币兑美元的汇率走势，首先就必须准确预测美元指数走势。

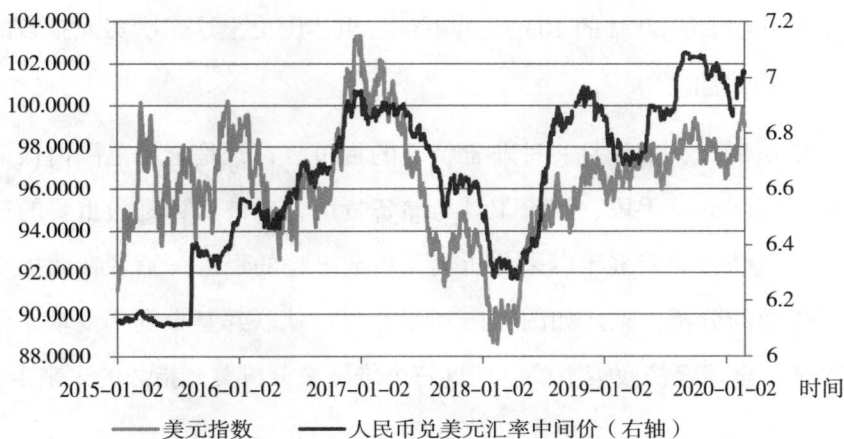

资料来源：Wind。

图9.13 人民币兑美元汇率走势与美元指数走势高度相关

图 9.14 展示了 1971 年美元与黄金脱钩以来美元指数的长时段走势。从中可以看出，1971 年年初至 2020 年年初，美元指数经历了"三落三起"。美元指数的第一次峰值是 1985 年 2 月 25 日的 164.7（这也是迄今为止美元指数的历史性峰值），第二次峰值是 2001 年 7 月 5 日的 120.9，第三次峰值

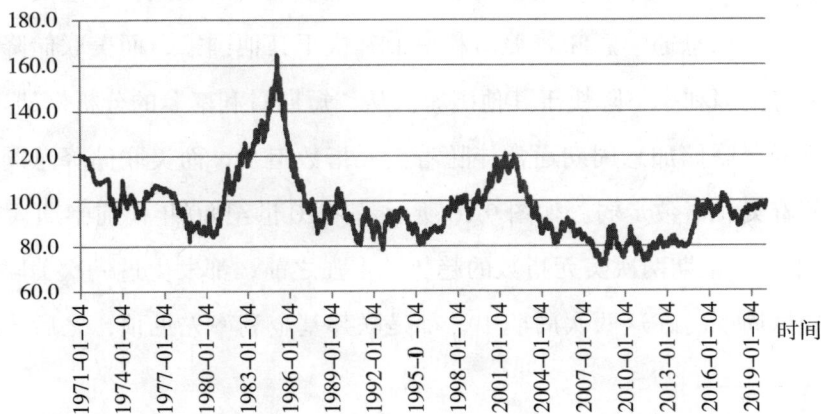

资料来源：Wind。

图9.14 美元指数走势

是 2016 年 12 月 30 日的 103.3。[①] 不难看出，历史上这三次美元指数的峰值水平是不断走低的。

众所周知，美元是一种非常特殊的货币，它既是全球范围内被最广泛使用的国际清算手段、计价工具与储备货币，也被认为是最重要的避险资产之一。结合笔者多年以来分析美元指数走势的经验，笔者在此提出一个美元指数的分析框架。如图 9.15 所示，可以从联邦基金利率变动、全球经济增速与全球经济政策不确定性这三个维度来分析美元指数的未来走势。

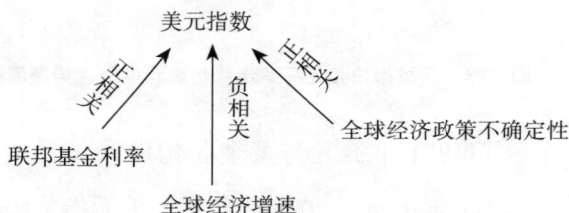

资料来源：笔者自行绘制。

图9.15　美元指数的分析框架

美联储货币政策变动通常是引发全球金融周期的最重要变量之一，因此，美联储加息通常意味着美国利率上升快于其他国家，而美联储降息通常意味着美国利率下降快于其他国家。从"短期看利率"的分析框架出发，这意味着美联储加息周期通常伴随着美元指数走强，而美联储降息周期通常伴随着美元指数走弱。如图 9.16 所示，在 20 世纪 80 年代前半期、20 世纪 90 年代后半期两次美元指数的趋势性走强之前，都发生过一次美联储的持续加息周期。在这两次周期中，都是联邦基金利率先见顶，之后才是美

---

① 在 2020 年 2 月底，美元指数一度重新逼近 100。不过，在美联储 2020 年 3 月初的降息后，美元指数已经回调至 96 上下，再度突破 103.3 的概率很低。

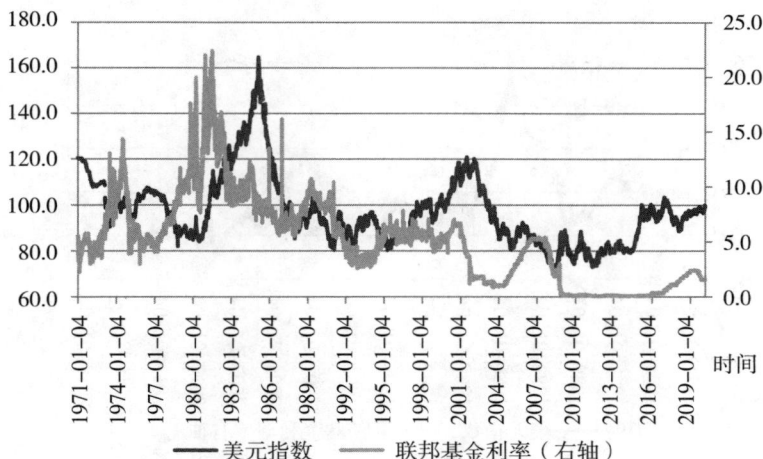

资料来源：Wind。

图9.16　美元指数与联邦基金利率

元指数见顶。然而，自 2010 年以来的这波美元指数走强，与欧债危机的爆发有很大关系，而非美联储加息的结果。不过，美联储在 2014 年退出量化宽松与 2015 年年底启动新一轮加息周期，对同期内美元指数的走强构成了新支撑。考虑到自 2015 年以来这一波美联储加息周期已经见顶（2019 年下半年美联储降息 3 次，2020 年 3 月初一次降息 50 个基点），笔者认为，自 2010 年以来这波持续了 10 年左右的美元强周期很可能已经见顶，未来美元指数有望转为下行。

美元通常被投资者视为一种反周期资产。如图 9.17 所示，第一次美元周期在 1985 年见顶，而在 1982 年至 1984 年，全球经济增速分别为 0.8%、2.8% 与 4.9%；第二次美元周期在 2001 年见顶，而在 1998 年至 2000 年，全球经济增速分别为 2.5%、3.6% 与 4.8%。这意味着，美元周期的由牛转熊通常发生在全球经济增速显著反弹之后。而在 2017 年与 2018 年，全球经济增速分别为 3.8% 与 3.6%，2019 年增速可能仅为 3.0% 上下，而考虑

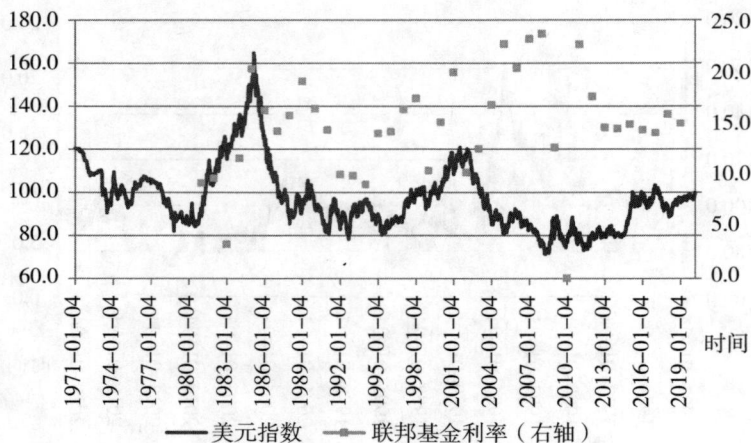

资料来源：Wind。

图9.17　美元指数与全球经济增速

到肺炎疫情的冲击，2020 年的全球经济增速肯定会低于 2019 年。换言之，由于当前全球经济尚未摆脱全球金融危机之后的"长期性停滞"（Secullar Stagnation）格局，美元指数的快速下跌难以发生，美元指数可能会继续围绕当前水平进行盘整。

美元被投资者视为典型的强避险资产。如图 9.18 所示，每当全球经济政策不确定性上升时，美元指数通常会走强，反之亦然。而从 2020 年年初来看，考虑到中美经贸摩擦依然面临不确定性、中东地缘政治冲突依然频发、美国将在 2020 年下半年迎来新一届总统选举、新冠肺炎疫情正在全球范围内扩散，未来一段时间内全球经济政策不确定性仍将处于高位。这就决定了投资者对美元依旧有旺盛需求。在此背景下，美元指数有望继续保持相对强势。

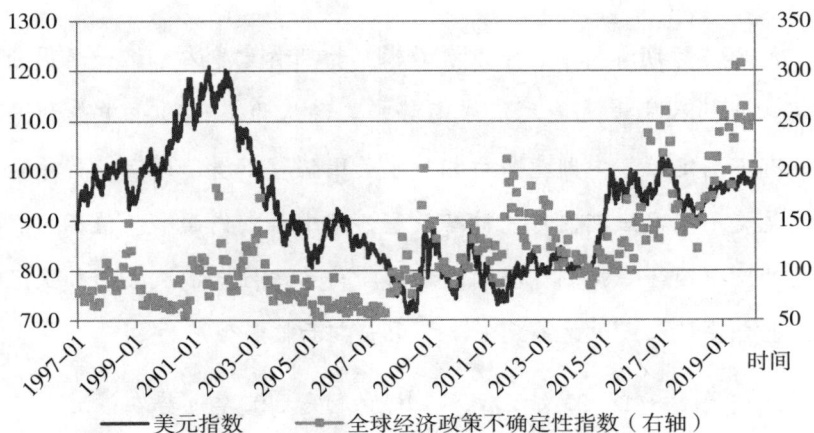

资料来源：Wind。

图9.18 美元指数与全球经济政策不确定性

综上所述，虽然美联储启动新一轮降息周期可能给美元指数造成一定的下行压力，但考虑到全球经济增速依然低迷、全球经济政策不确定性依然高企，2020年美元指数依然有望在高位盘整，例如在92~100的范围内反复震荡。

|小 结|

　　1994年年初至2020年年初，无论人民币兑美元汇率还是人民币有效汇率，总体上均处于升值态势。不过自2015年"811"汇改至今，人民币兑美元汇率及人民币篮子汇率指数在总体上均处于贬值状态。"811"汇改后中国央行反复修改汇率中间价定价机制的做法，固然有效抑制了人民币兑美元汇率的贬值幅度，但却使得汇率中间价机制重新变得不透明、市场化程度也有所下降。

　　使用"短期看利率、中期看通胀、长期看竞争力"这一通用分析框架来研判人民币兑美元汇率走势，笔者认为，2020年中美利差变动具有不确定性，中国竞争力相对于美国仍将下滑，这两点将导致人民币兑美元汇率短期内可能持续盘整，而中长期内面临贬值压力。除此之外，中国金融抑制环境的逐渐解除与系统性金融风险的加快显性化，也会导致人民币兑美元汇率在中长期面临贬值压力。

　　2015年"811"汇改之后，人民币兑美元汇率走势在很大程度上受到美元指数自身走势的影响。在未来一段时间内，尽管美联储步入降息周期可能使得美元指数面临一定的贬值压力，但全球经济增长的持续低迷与全球经济政策不确定性的高企，将会使得美元继续受到投资者的青睐。2020年美元指数有望在高位持续盘整。

第 十 章

如何分析黄金与原油价格走势？

本章将介绍分析黄金与原油价格走势的相关框架。黄金与原油历来是全球范围内备受关注的两种商品。黄金属于贵金属，被认为是典型的避险资产。原油属于大宗商品，被认为是典型的风险资产。两者看似截然对立，但其实两者的价格之间也存在着有趣的关系（见图10.1）。金油比反映了一盎司黄金可以买到多少桶原油这一比价关系。在2006年3月至2020年2月，金油比的均值是16.4倍。如果金油比高于均值，说明黄金相对于原油更贵，反之则说明原油相对于黄金更贵。而如果金油比超过25倍，即黄金相对于原油的价格达到非常高的水平，通常预示着可能有引发全球市场动荡的大事发生。在1997—1998年东南亚金融危机期间，金油比就曾经超过25倍。在2008年全球金融危机期间，金油比也超过了20倍。图10.1中金油比的高点在2016年2月，比值超过40倍。2016年2月发生的最重要事件，则是在欧盟峰会达成协议后，英国首相卡梅伦正式宣布英国将在同年6月举行脱欧公投。当然，2016年还是美国大选之年。在2020年2月下旬，金油比再次突破30倍。这次金油比的飙升与新冠肺炎疫情的国际扩散导致全球投资者避险情绪增强，进而造成黄金价格大涨有关。

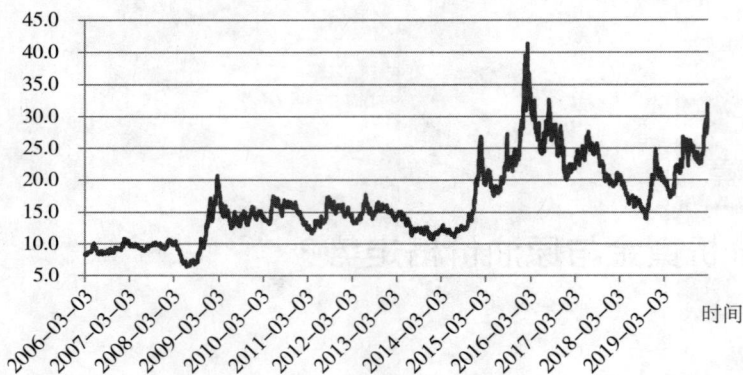

资料来源：Wind 与笔者的计算。

注：笔者用伦敦现货黄金美元价格除以布伦特原油现货美元价格，得到金油比这一指标，其含义是一盎司黄金能够买多少桶原油。

图10.1　金油比的历史走势

一、黄金价格走势的分析框架

在 1945—1971 年布雷顿森林体系期间，美元以每盎司 35 美元的价格与黄金挂钩。在 1971 年尼克松总统宣布关闭黄金美元兑换窗口后，黄金价格开始了长期持续的上涨过程。如图 10.2 所示，黄金价格在 1980 年 1 月 18 日达到第一个长周期高点，价格为每盎司 850 美元，但在随后 20 年间，黄金价格在每盎司 400 美元左右持续盘整。从 2005 年起，黄金价格掀起新一轮波澜壮阔的上涨过程，从每盎司 400 美元左右上涨至 2011 年 9 月 5 日的每盎司 1895 美元的历史性峰值。2018 年下半年至 2020 年 3 月初，黄金价格又出现一波快速上涨势头，从每盎司 1200 美元左右上升至每盎司 1670 美元上下。

不少投资者认为黄金与白银可归于同一类资产。如图 10.3 所示，从历史走势来看，黄金与白银的价格走势的确具有较强的正相关。但从 20 世纪 80 年代初期、21 世纪 10 年代初期的两次峰值回落的过程来看，白银价格在抵达峰值后回撤的幅度远高于黄金。

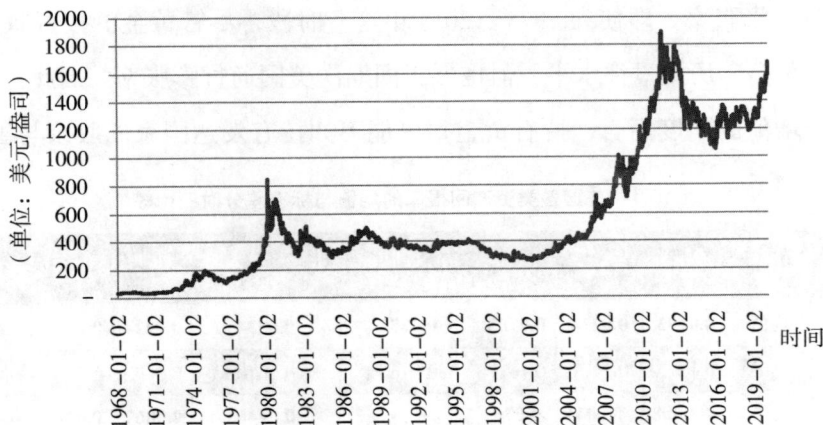

资料来源:Wind。

图10.2 黄金价格走势

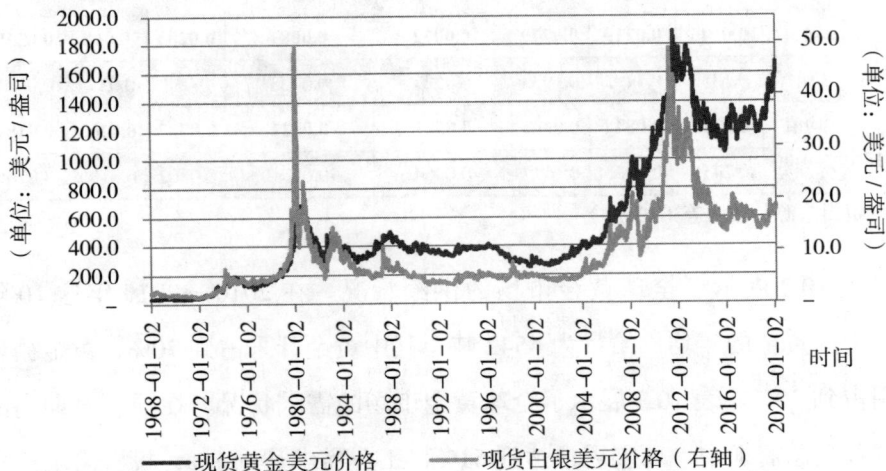

资料来源:Wind。

图10.3 黄金价格与白银价格走势具有较强的相关性

很多投资者持有黄金的主要目的是对抗通货膨胀。不过如表 10.1 所示,从长期来看,黄金在对抗通胀方面的表现明显不如股票与国债,甚至还不如白银。在 1836—2018 年的漫长时期内,黄金的平均投资收益率显著低于美国的通货膨胀率。即使在 1975—2018 年这一时段，尽管黄金的投资收益率已经显著高于历史过往水平，但也低于同期内美国通货膨胀率。因此，从长期资产增值的角度而言，持有黄金很可能不如持有发达国家的股票与国债。

表 10.1　美国各类资产回报率的均值与标准差分时期比较

时期	指标	黄金	白银	股票	国债（1年期）	国债（10年期）	通胀率	消费	GDP
1836—2018	均值	0.0103	0.0218	0.0703	0.0252	0.0334	0.0224	0.0175	0.0194
	标准差	0.1275	0.2578	0.1619	0.0466	0.0610	0.0492	0.0369	0.0421
1836—1879	均值	−0.0008	−0.0041	0.076		0.0446	0.0067	0.0118	0.0143
	标准差	0.0819	0.0808	0.1553		0.0887	0.0727	0.0484	0.0345
1880—1913	均值	−0.0102	−0.0261	0.0626		0.0262	0.0109	0.0129	0.0186
	标准差	0.0257	0.0686	0.1251		0.0412	0.0263	0.0393	0.0453
1914—1974	均值	0.0145	0.0219	0.0779	0.0072	0.0087	0.0283	0.018	0.0239
	标准差	0.1338	0.1792	0.1933	0.0523	0.0723	0.058	0.0399	0.0641
1975—2018	均值	0.0316	0.0844	0.0601	0.0501	0.0621	0.0387	0.0263	0.0187
	标准差	0.2415	0.6833	0.1527	0.0364	0.0306	0.0302	0.0193	0.0165

资料来源：张明等（2019c）。

表 10.2 展示了全球黄金市场的供给状况。在 2010—2019 年这 10 年里，全球黄金的年均供给量为 4542 吨，其中黄金开采占到 70%，黄金循环使用占到 30%。表 10.3 展示了全球黄金市场的需求状况。在同一时期内的全球黄金总需求中，珠宝需求达到 51%，工业需求达到 8%，投资需求达到 41%。值得注意的是，近年来官方投资者的投资需求显著上升。

表 10.2　全球黄金的年度供给

年份	全球黄金总供给（吨）	黄金开采占比	净生产商套利	黄金循环使用
2010	4319	63.6%	−2.5%	38.9%
2011	4531	63.1%	0.5%	36.4%

续表

年份	全球黄金总供给（吨）	黄金开采占比	净生产商套利	黄金循环使用
2012	4555	64.3%	−1.0%	36.7%
2013	4330	71.8%	−0.6%	28.8%
2014	4496	71.2%	2.3%	26.4%
2015	4435	74.4%	0.3%	25.3%
2016	4718	72.0%	0.8%	27.2%
2017	4586	75.3%	−0.6%	25.2%
2018	4673	75.1%	−0.3%	25.2%
2019	4776	72.5%	0.2%	27.3%

资料来源：World Gold Council。

表 10.3　全球黄金的年度需求

年份	全球黄金总需求	珠宝需求占比	工业需求占比	民间投资需求占比	官方投资需求占比
2010	4172	49.0%	11.0%	38.1%	1.9%
2011	4761	43.9%	9.0%	36.9%	10.1%
2012	4658	46.0%	8.2%	33.6%	12.2%
2013	4578	59.8%	7.8%	18.7%	13.8%
2014	4407	57.7%	7.9%	20.7%	13.6%
2015	4352	56.9%	7.6%	22.1%	13.3%
2016	4350	46.4%	7.4%	37.1%	9.1%
2017	4284	52.6%	7.8%	30.8%	8.8%
2018	4442	51.4%	7.5%	26.3%	14.8%
2019	4383	48.7%	7.5%	29.0%	14.8%

资料来源：World Gold Council。

应该如何分析全球黄金价格的未来走势呢？笔者曾经提出过一个全球黄金价格走势的分析框架（张明，2013a）。该分析框架从供给、需求两个层面出发，讨论了九个候选变量与黄金价格之间的相互关系（见表 10.4）。理想的预测变量应该满足以下两个标准，一是该变量对黄金价格影响显著，二是该变量自身要具备可预测性。按照这两个标准，笔者从表 10.4 中的 9 个变量里，进一步筛选出美国通货膨胀率、美国长期利率、美元汇率与全球经济政策不确定性四个指标。其中，美国通货膨胀率与黄金价格正相关，说明黄金依然具备一定程度的规避通胀能力；全球经济政策不确定性与黄金价格正相关，说明黄金是一种避险资产；美元汇率与黄金价格负相关，这是因为全球黄金交易的绝大部分是以美元计价的；美国长期利率变动与黄金价格负相关，这是因为作为一种金融资产，黄金价格的涨落也会受到市场流动性的支持。市场流动性旺盛（长期利率低），则黄金价格上涨，反之亦然。更形象的分析框架如图 10.4 所示。

表 10.4　影响全球黄金价格走势的变量筛选

层面	候选变量	与金价的关系	影响的显著性	指标本身的可预测性
供给	产量	负相关	弱	弱
	央行黄金销售量	负相关	强	弱
需求	央行黄金购买量	正相关	强	弱
	美国通货膨胀率	正相关	强	强
	美国长期利率	负相关	强	强
	石油价格	正相关	弱	弱
	美元汇率	负相关	强	强
	金融市场动荡程度	正相关	弱	弱
	全球经济政策不确定性	正相关	强	强

资料来源：张明（2013a），笔者进行了一定修改。

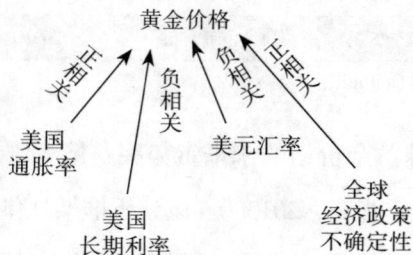

资料来源：笔者自行绘制。

图10.4　黄金价格走势的分析框架

下面，我们将沿用上述分析框架，来展望未来一段时间内的黄金价格运动趋势。

首先来看黄金价格与美国通货膨胀率之间的关系。如图 10.5 所示，黄金价格同比增速与美国 CPI 同比增速具有较强的正相关。从 2020 年年初来看，未来一段时间美国经济增速将会逐渐回落，因此美国 CPI 同比增速逐渐下行将是大概率事件。这意味着从通胀层面来看，黄金价格未来可能下行。

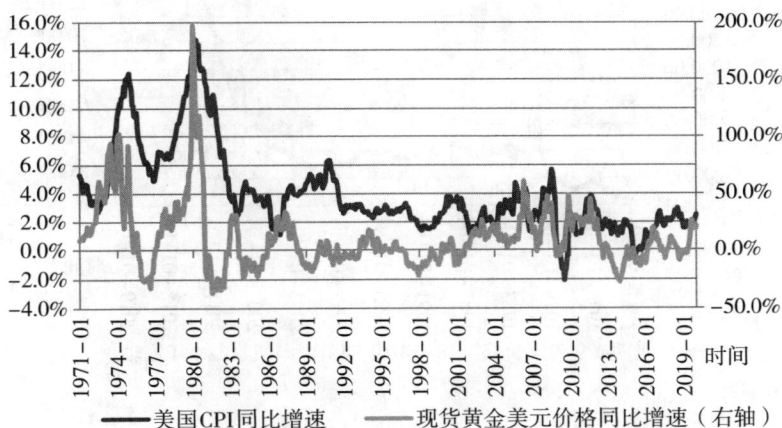

资料来源：CEIC 与笔者的计算。

图10.5 黄金价格增速与美国CPI增速

其次来看黄金价格与美国 10 年期国债收益率之间的关系。如图 10.6 所示，黄金价格走势与 10 年期美国国债收益率走势之间存在较强的负相关。事实上，2020 年年初这一波黄金价格的迅猛上涨，就与 10 年期美国国债收益率的急跌密切相关。2019 年 12 月 31 日至 2020 年 3 月 6 日，10 年期美国国债收益率由 1.90% 下跌至 0.74%，下跌超过 110 个基点。0.74% 也是美国 10 年期国债收益率有史以来的最低水平。展望未来一段时间的美债收益率运动，笔者认为，2020 年年初美债收益率的下跌在很大程度上是全球投资者针对新冠肺炎疫情的过度恐慌所致，如此之低的国债收益率水平与美国经济依然稳健的基本面明显背离，因此前者未来继续下行的空间非常有限，甚至存在显著反弹的可能性。这就意味着，从长期利率的视角来看，未来黄金价格进一步上涨的空间有限，不排除价格显著回落的可能性。

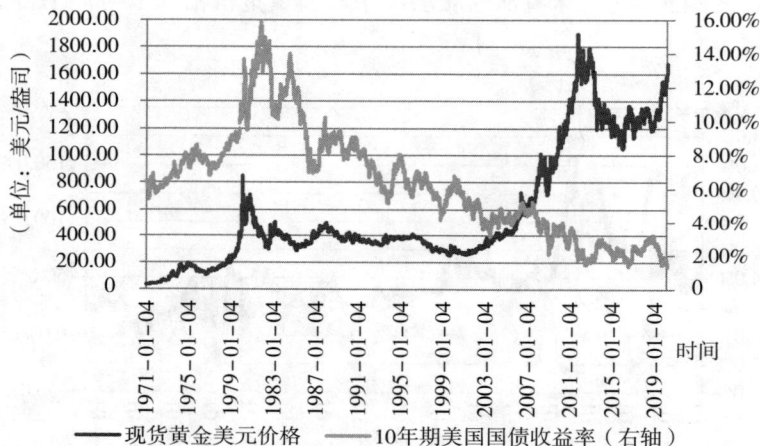

资料来源：Wind。

图10.6 黄金价格与美国10年期国债收益率

再次来看黄金价格与美元指数之间的关系。如图 10.7 所示，黄金价格走势与美元指数之间存在较强的负相关。正如第九章中所指出的，考虑到未来一段时间内全球经济增速仍将下行、全球经济政策不确定性仍然高企，虽然美联储已经步入新的降息周期，美元指数短期内仍将呈现高位盘整态势。这意味着，从美元指数来看，未来一段时间黄金价格仍将在当前水平上盘整。

最后来看黄金价格与全球不确定性之间的关系。其实，VIX 指数（刻画了美国标普 500 指数的波动率）与全球经济政策不确定性指数都可以用来反映全球不确定性的变化。但如图 10.8 所示，黄金价格走势与 VIX 指数

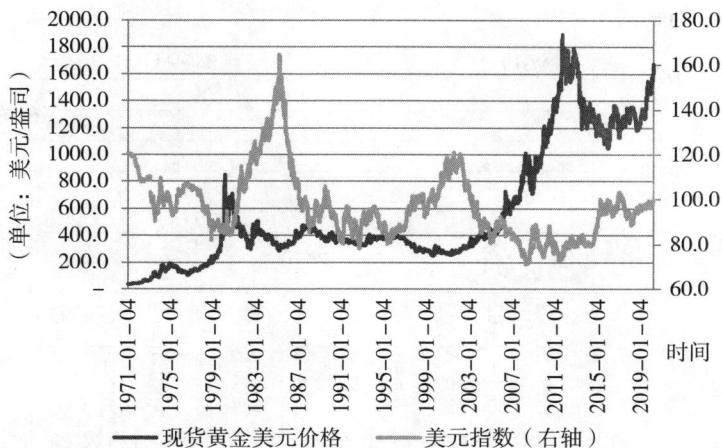

资料来源：Wind。

图10.7　黄金价格与美元指数

之间的相关性总体较弱。而如图 10.9 所示，黄金价格走势与全球经济政策不确定性指数之间存在较强的正相关。从 2020 年年初来看，考虑到新冠肺炎疫情仍在全球扩散，中美经贸冲突仍有变数，中东地缘政治冲突仍在深化，2020 年又是美国大选之年，因此全球经济政策不确定性未来仍有继续

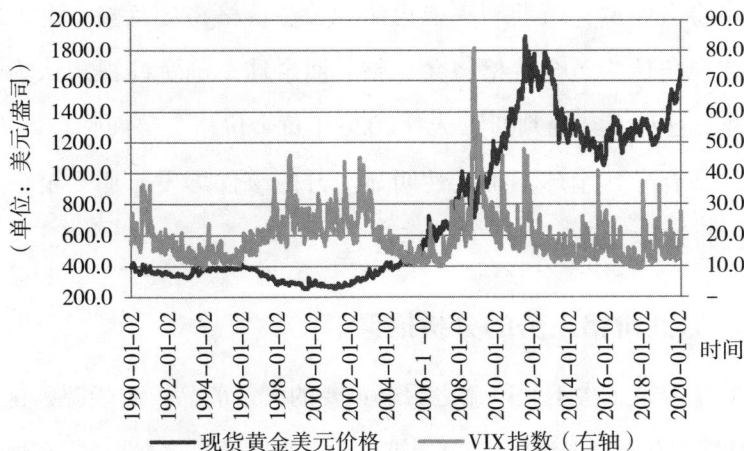

资料来源：Wind。

图10.8　黄金价格与VIX指数

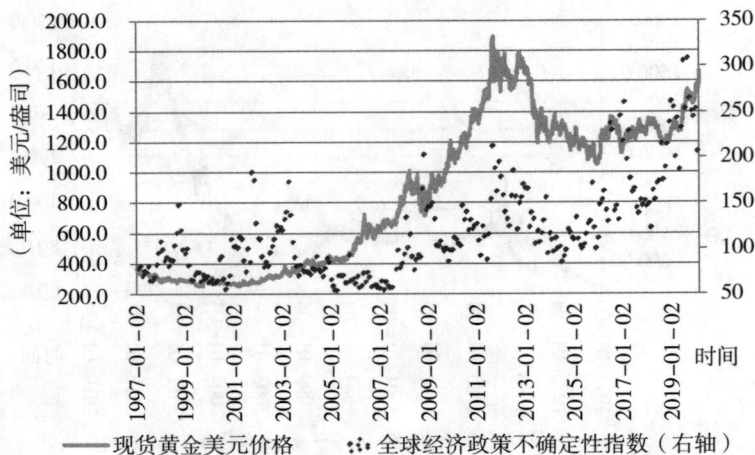

资料来源: Wind。

图10.9 黄金价格与全球经济政策不确定性

加剧的风险。从全球经济政策不确定性来看,黄金价格在 2020 年仍有可能继续上升。

综上所述,四个层面预测的黄金价格走势存在分歧。通胀率视角认为黄金价格将会回调,长期利率视角认为黄金价格将会盘整(也可能回调),美元指数视角认为黄金价格将会盘整,而全球不确定性视角认为黄金价格将会上涨。这种混杂的判断意味着 2020 年黄金价格走势面临较大不确定性。当然,如果有导致全球不确定性明显上升的事件爆发,那么至少短期内黄金价格仍将继续上涨。

二、原油价格走势的分析框架

原油作为第二次工业革命之后最重要的大宗商品,对能源、化工与农产品价格均能产生显著影响,以至于被称为"大宗商品之母"。中东地区之所以始终是全球地缘政治冲突的热点,核心原因之一就是中东地区是全球最重要的原油产地。中国目前已经是全球原油市场的最大进口国，且近年来进口规模仍在不断上升。截至 2018 年，中国原油的对外依存度已经高达 70%。[①] 相比之下，自页岩油气革命爆发之后，美国对进口原油的需求显著下降，在未来即将成为原油的净出口国（见图 10.10）。

资料来源：Wind。

图10.10　近年来中美原油进口数量变化迥异

如图 10.11 所示，全球原油价格在 21 世纪初显著攀升，布伦特原油与西得克萨斯中油的现货价格在 2008 年 7 月 3 日分别达到每桶 144 美元与 145 美元的历史性峰值。2015 年年初至 2020 年年初，全球原油价格在每桶 40~80 美元的区间内持续宽幅波动。

如何来分析全球原油价格的未来走势呢？笔者曾经提出过一个全球原油价格走势的分析框架（张明等，2018b）。笔者将原油视为兼具商品属性与金融属性的独特商品，并在此基础上提出了一系列原油价格的影响因素

---

① 界面新闻. 中国石油对外依存度升至 70%［EB/OL］.https://baijiahao.baidu.com/s?id=16227968744415341134&wfr=spider&for=pc，2019−01−016.

（见表 10.5 ）。首先，作为一种商品，原油价格自然会受到供给与需求的影响；其次，考虑到全球原油交易的绝大部分是以美元计价的，因此原油价格走势将会受到美元汇率波动的影响（这与黄金是完全相似的）；再次，作为一种典型强风险资产，原油价格将会随着全球风险偏好（或避险情绪）的变动而变动；最后，作为一种金融资产，原油价格自然也会受到全球流动性充裕程度的影响。更直观的原油价格分析框架如图 10.12 所示。

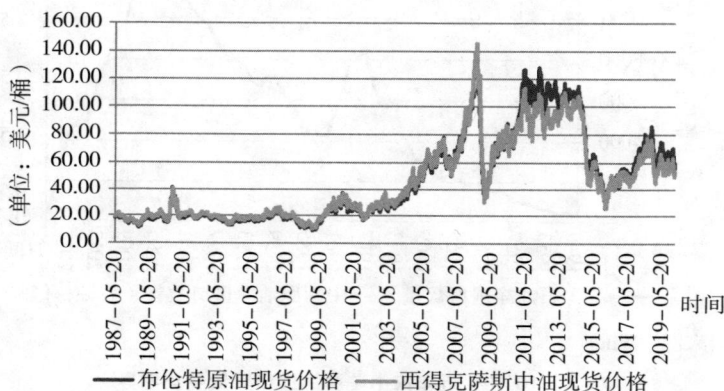

资料来源：CEIC。

图10.11　全球原油价格走势

表 10.5　原油价格走势的影响因素

因素	指标	与油价理论上的相关性	指标与油价走势关联度
需求	全球 PMI 综合指数	正相关	高
供给	OPEC[①] 剩余产能	负相关	较高
计价货币	美元指数	负相关	高
风险偏好	全球经济政策不确定性	负相关	高
全球流动性水平	3 个月美元 LIBOR[②]	负相关	一般

资料来源：张明等（2018b），作者进行了一些调整。

---

①　OPEC：Organization of the Petroleum Exporting Countries 的缩写，即石油输出国组织。

②　LIBOR：London interbank offered rate 的缩写，即伦敦银行同业拆放利率。

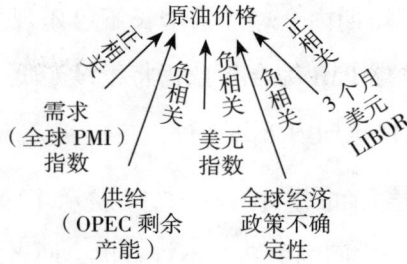

资料来源：笔者自行绘制。

图10.12 原油价格走势的分析框架

下面，我们将沿用这个五因子分析框架，来展望未来一段时间内原油价格的运动趋势。

首先是基于需求层面的分析。图 10.13 展示了原油价格走势与摩根大通全球 PMI 综合指数走势之间的关系，后者被认为是全球需求变化的先行指标。不难发现，原油价格走势与全球 PMI 综合指数之间存在显著的正相关，且后者的波动要略微领先于前者。从 2020 年年初来看，新冠肺炎疫情

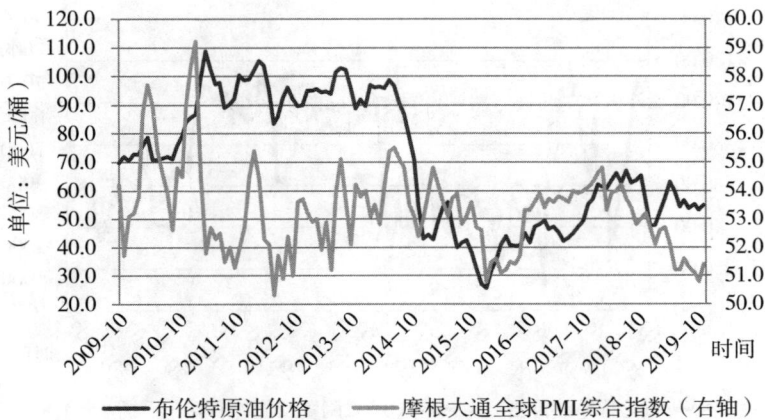

资料来源：CEIC。

图10.13 原油价格与全球PMI指数

仍在国际范围内扩散，短期内全球经济增长不容乐观，投资者悲观情绪弥漫，这意味着短期内全球 PMI 综合指数仍将继续走低。这意味着，从需求角度来看，全球原油价格短期内将会下行。

其次是基于供给层面的分析。图 10.14 展示了全球原油价格变动与 OPEC 国家闲置产能变动之间的关系。不难看出，两者之间具有较强的负相关。背后的逻辑在于，OPEC 国家为了寻求长期石油出口收入最大化，存在强烈的平抑原油价格波动的动机。当原油价格处于高位时，OPEC 国家将会增加原油产量，这意味着闲置产能的下降。当原油价格处于低位时，OPEC 国家将会削减原油产量，这意味着闲置产能的上升。如图 10.14 所示，由于原油价格在 2019 年有所下降，作为应对措施，OPEC 国家已经削减了原油产量（闲置产能上升）。换言之，供给层面的分析意味着，即使原油价格在 2020 年下跌的话，也不会跌太多。OPEC 国家对闲置产能的调整使得全球原油供给具有较强的弹性，这实际上为全球原油价格波动提供了一种稳定机制。

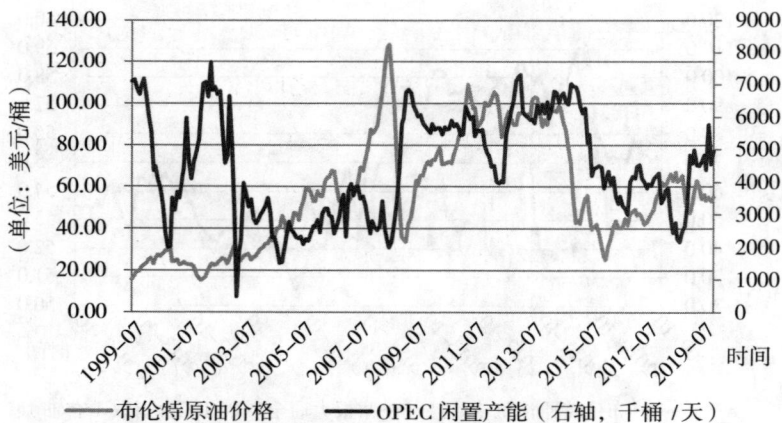

资料来源：Bloomberg。

图10.14　原油价格与OPEC闲置产能

再次是基于计价货币层面的分析。如图 10.15 所示，原油价格与美元指数之间存在非常显著的负相关。第九章中指出，美元指数在 2020 年可能呈现高位盘整态势。这意味着从计价货币视角来看，原油价格未来一段时间内有望在当前水平上盘整。

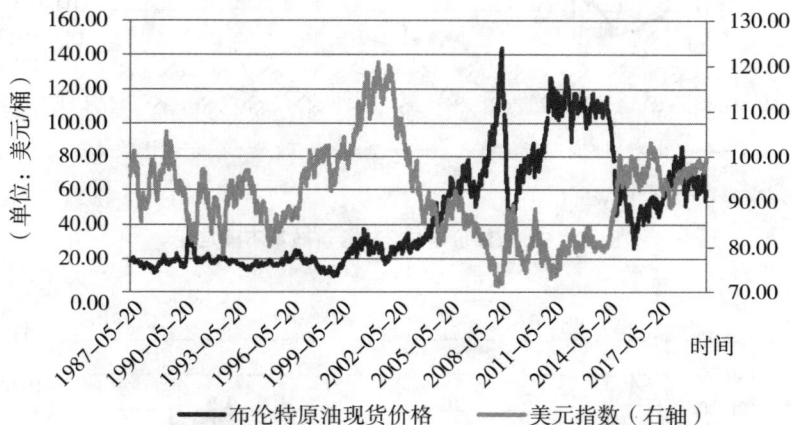

图10.15　原油价格与美元指数

资料来源：CEIC。

第四是基于全球经济政策不确定性层面的分析。图 10.16 显示了原油价格走势与全球经济政策不确定性指数走势之间的关系。不难看出两者之间存在较强的负相关。2019 年以来原油价格的下行，就与同期内全球经济政策不确定性指数的攀升有关。展望未来，2020 年全球经济政策不确定性很可能继续上升，这就意味着原油价格将会继续下行。

最后是基于全球流动性层面的分析。图 10.17 显示了原油价格变动与 3 个月美元 LIBOR 变动之间的关系。理论上而言，两者之间应该是负相关。全球流动性越充裕（LIBOR 利率越低），原油价格越高，反之亦然。然而在图 10.15 中，原油价格与 LIBOR 之间的相关性并不稳定。例如，在 2009—

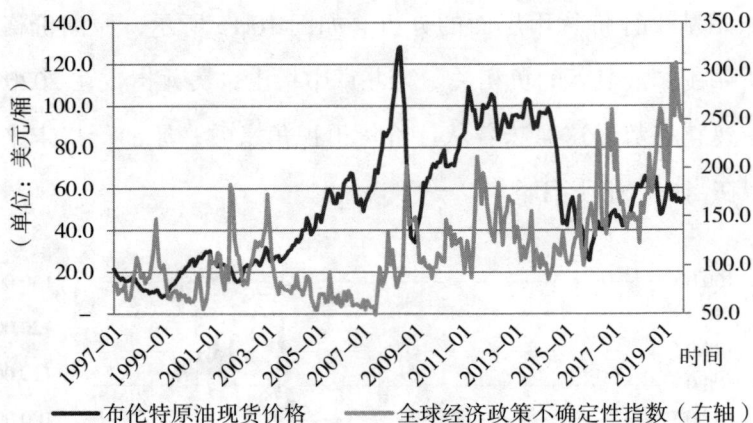

资料来源：CEIC 与 Wind。

图10.16　原油价格与全球经济政策不确定性

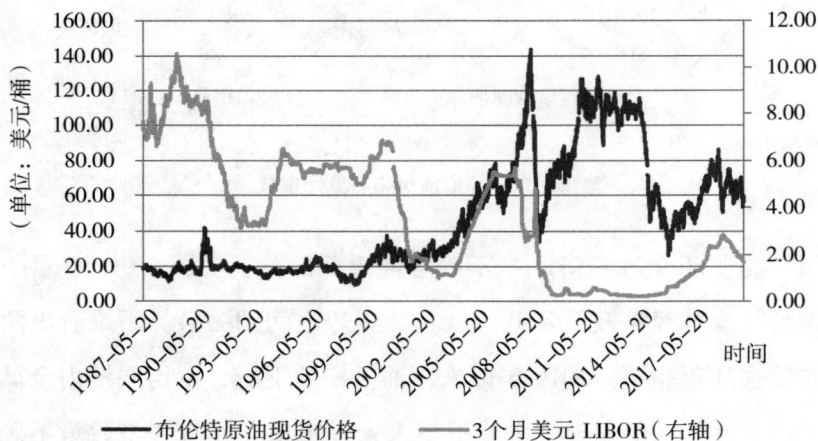

资料来源：CEIC。

图10.17　原油价格与全球利率水平

2015 年，两者之间存在显著负相关。而在 2016 年至今，两者之间却存在着显著的正相关。尽管笔者认为未来一段时间内 LIBOR 可能继续走低，但我们不能据此认为原油价格一定会因此而上升。

综上所述，需求与全球不确定性视角均认为未来一段时间内原油价格将会下跌；计价货币视角认为原油价格未来会盘整；虽然流动性视角从理论上支持原油价格走高，但这一相关性没有其他因素稳定；全球原油供给的较强弹性决定了即使原油价格未来下跌，也不会跌太多。综合以上分析，2020 年原油价格继续下行的概率更高。不过值得指出的是，如果中东地区爆发剧烈的地缘政治冲突（如美伊开战），这可能导致全球原油供应链部分中断，从而在短期内显著推升油价。

|小 结|

在本章分别介绍了黄金与原油价格走势的分析框架。

首先构建了包括通货膨胀率、长期利率、美元汇率与全球经济政策不确定性在内的黄金价格四因素分析框架。通货膨胀率、全球经济政策不确定性与黄金价格正相关，长期利率、美元汇率与黄金价格负相关。基于该分析框架，我们认为 2020 年的黄金价格走势面临较大不确定性。如果发生重大风险事件，黄金价格有望继续上涨。

其次构建了包括需求、供给、美元汇率、全球经济政策不确定性与全球流动性在内的原油价格五因素分析框架。需求、全球流动性因素与原油价格正相关，美元汇率、全球经济政策不确定性与原油价格负相关，供给侧的较高弹性则使得原油价格波幅保持在适当范围内。基于该分析框架，我们认为 2020 年原油价格继续下跌的概率较大，除非中东地区爆发重大地缘政治冲突。

第 十 一 章

如何分析中国房地产价格走势？

　　房地产一直是中国家庭持有的最重要资产。房价的起落牵动人心，也深刻影响了中央政府、地方政府与金融机构的行为。第二章中指出，房地产是导致 2008 年全球金融危机以来中国居民收入财产分配失衡加剧的重要因素之一。中国房地产市场经历了怎样的发展历程？如何分析中国城市的房价走势？随着中国政府房地产调控思路的转变，房地产市场正在发生何种结构性变化？本章将主要分析这些问题。

一、中国房地产市场的特征事实

　　1998 年，中国政府启动了住房商品化改革。二十余年来，中国房地产市场发生了翻天覆地的变化。如图 11.1 所示，中国城市人均居住面积已经由 1995 年的 16.3 平方米上升至 2016 年的 36.6 平方米，增长了一倍以上。自 2006 年至今，中国房地产市场价格的变化大致经历了四个周期（见图 11.2）。前三个周期的时间长度都在三年左右。按照价格增速从波谷到波谷来衡量，这三个周期分别是 2006—2009 年、2009—2012 年、2012—2015 年。然而，第四个周期从 2015 年年中开始，直到 2020 年年初都尚未走完。

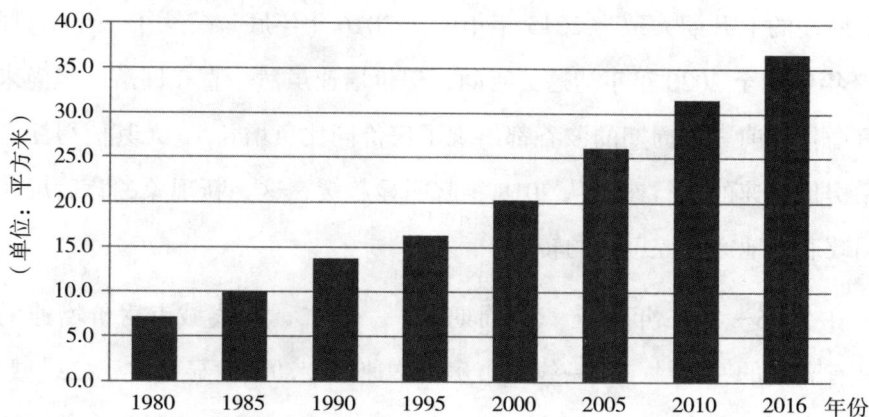

资料来源：Wind。

图11.1　中国的城市人均居住面积大幅提升

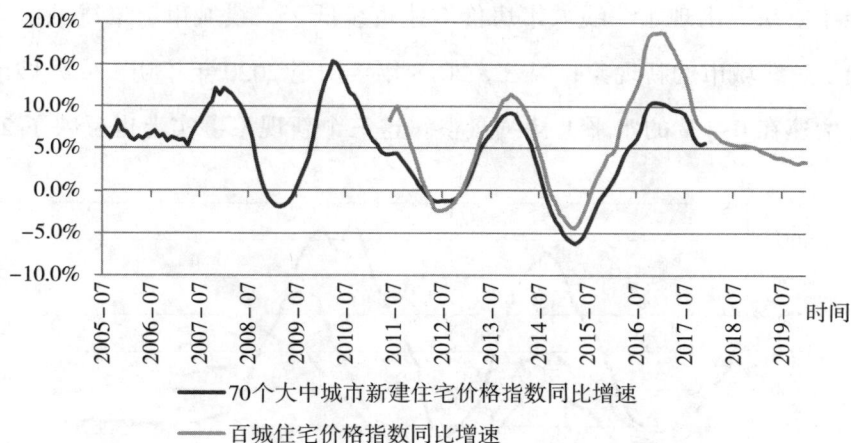

——70个大中城市新建住宅价格指数同比增速

——百城住宅价格指数同比增速

资料来源：Wind。

注：从2018年年初开始，统计局不再发布70个大中城市房地产价格指数。而在2011年6月之前，没有百城住宅价格指数。因此，把两者结合在一起，可以形成一个关于中国房价增速的更长的时间序列。从2011年6月至2017年年底两者的比较来看，两者的运行轨迹基本相似，因此可以大致替代使用。

图11.2　两种口径的中国房地产价格增速

这个周期的上升期大致为 2015 年年中至 2016 年年底，持续了一年半时间。2017 年年初至 2020 年年初这三年间，房价增速虽然一直在回落，但尚未降至负增长（前三个周期的波谷都出现了房价同比负增长）。尤其值得注意的是，房价增速的下行速度从 2018 年起明显趋缓，这一新现象的背后反映了中国政府房地产调控思路的转变。

在 2006—2015 年的前三个周期里，一、二、三线城市房价增速的变动具有高度的一致性，且一线城市房价增速的变动幅度显著大于二线城市，二线城市又显著大于三线城市。然而如图 11.3 所示，2015 年至今的第四个房地产周期内发生了三个新现象：第一，一、二、三线城市房价增速的变动具有高度一致性，一、二、三线城市房价增速的峰值分别出现在 2016 年 5 月、2017 年 1 月与 2017 年 7 月，相差均在半年左右；第二，自 2017 年下半年以来，出现了一线城市房价增速持续低于二线城市、二线城市又持续低于三线城市的新现象；第三，2018 年年初至 2020 年年初，一线城市的房价增速在 0~1% 的水平上持续盘整。这三个新现象事实上也反映了 2018

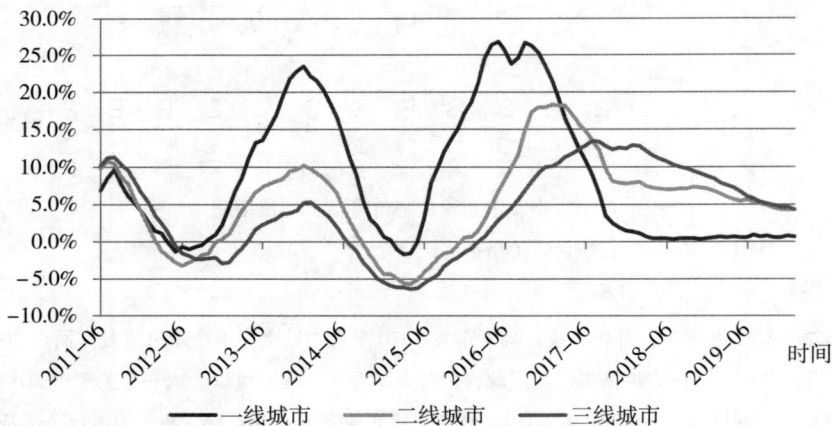

资料来源：Wind。

图11.3　三线城市房价增速的比较

年以来中国政府房地产调控思路的转变。

过去十余年里中国一线城市房价的真实上涨幅度是非常惊人的。如图11.4 中的中金标准房地产投资收益指数所示，2009 年 1 月至 2019 年 12 月这 11 年间，北京、上海、深圳、广州四个一线城市的房价分别上涨了 4.76、2.91、5.07 与 5.40 倍。虽然厦门不是一线城市，但厦门的房价在同期内上涨了 5.70 倍，甚至超过了北京、上海、广州、深圳。

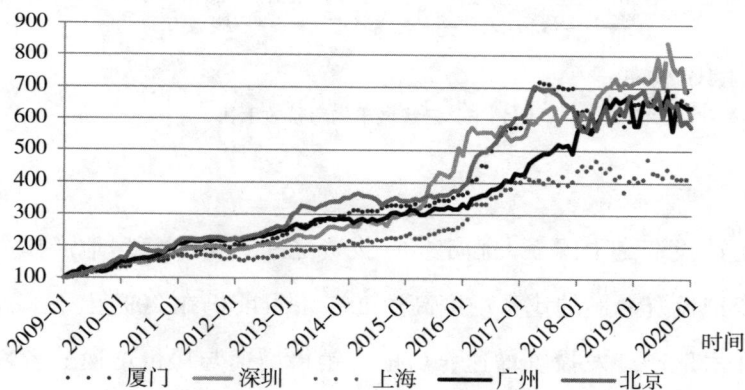

资料来源：Wind。

注释：该指标为中金标准房地产投资收益指数。

图11.4　五大城市房价涨幅比较

一线城市房价飙升不仅会加剧居民部门收入财产分配失衡，而且也会加大购房者的财务压力。如图 11.5 所示，中国一线城市的官方房价收入比由 2012 年的 17.7 倍上升至 2017 年的 25.0 倍。从国际范围来看，较为合理的房价收入比在 10 倍左右。这说明中国一线城市的房价水平有些太高了，相比之下，中国二、三线城市的房价收入比目前仍在合理范围。

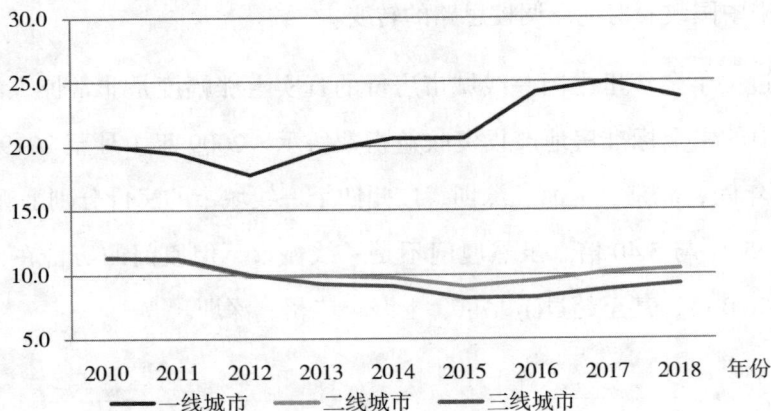

资料来源：Wind。

图11.5　三线城市的房价收入比

房地产投资是中国三大固定资产投资之一。2013 年房地产投资额占中国固定资产投资总额的比重一度高达 25%，目前仍在 20% 上下。如图 11.6 所示，在房地产开发投资增速、房地产销售增速与房价增速三者之间存在显著正相关，且房地产销售增速的变化领先于房地产开发投资增速，而房地产开发投资增速的变化又领先于房价（2015 年开始的这个周期除外）。三者之间变化的时滞分别在一个季度左右。造成上述现象的原因可能是，房地产开发商通常是根据房地产销售状况的变化来制订下一步投资决策，之后再根据房地产销售与投资状况来确定房地产价格。

除了房地产销售增速是房地产开发投资增速的先行指标之外，如图 11.7 所示，土地购置面积增速也是房地产开发投资增速的一个先行指标，两者之间同样存在显著的正相关，且土地购置面积增速的变化领先于房地产开发投资。这一关系背后的逻辑很可能是，房地产开发商要首先有"面粉"（土地），才能制作"面包"（房地产）。

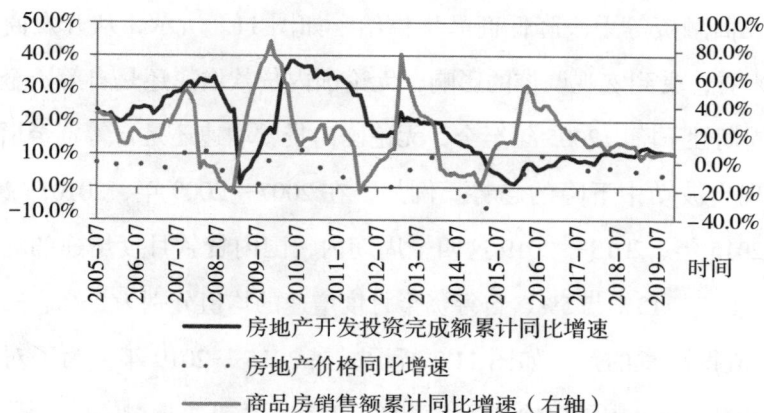

资料来源：Wind。

注：房价增速在 2005 年 7 月至 2017 年 12 月为 70 个大中城市新建住宅价格同比增速，在 2018 年 1 月至 2019 年 12 月为百城住宅价格指数同比增速。

图11.6 房地产开发投资增速、房地产销售增速与房价同比增速

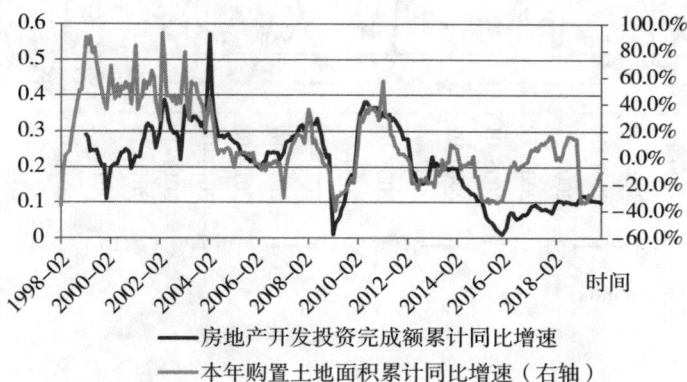

资料来源：Wind。

图11.7 房地产开发投资增速与土地购置面积增速

在 2006 年至今的四个房地产周期中，每当房价增速上涨至较高水平时，中国政府都会进行宏观调控。中国政府房地产调控的特色在于，除了通过限购、限贷等措施降低居民购房需求外，也会通过限制地方政府卖地、限制房地产开发商融资等手段降低商品房供给。如图 11.8 所示，从开发商主要资金来源来看，受到宏观调控的影响，无论国内贷款增速还是自筹资金增速均会出现周期性下降。2005 年至今，无论国内贷款增速还是自筹资金增速总体上均呈现出波动中下降的趋势。例如，在 2007—2009 年、2010—2012 年、2013—2015 年、2015—2019 这四个周期内，国内贷款月度增速的均值分别为 29%、16%、13% 与 5%，自筹资金月度增速的均值分别为 26%、33%、9% 与 2%。值得注意的是，如图 11.8 所示，在 2015—2019 年，为了对冲国内融资来源的下降，中国房地产开发商显著增加了境外负债融资的规模。[1]

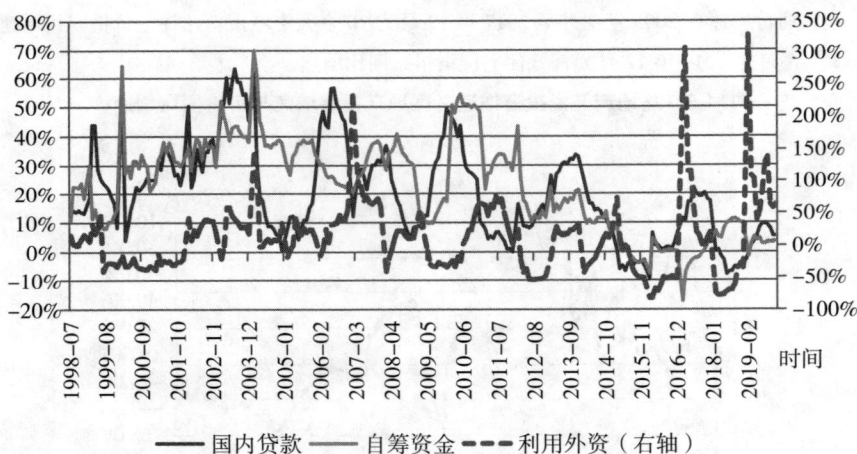

图11.8　开发商资金来源变动

资料来源：Wind。

图 11.9 显示了房地产开发贷款余额与个人住房贷款余额的增速变动。这两者也呈现出周期性变化的特点，同样也是中国政府周期性房地产调控的结果。事实上，中国房地产价格的每一轮飙升背后，都有大幅扩张的银

---

[1]　例如，中国内地房地产开发商通过在香港发行美元计价公司债券进行融资。

行信贷支持。正如卢锋（2016）所指出的，房价泡沫并非市场失灵的注定结果，而是市场环境下货币信用过度扩张的产物，政府管好货币是治理房地产及其他资产泡沫的对症药方。在 2019 年年底，中国房地产开发贷款余额与个人住房贷款余额的增速均处于历史较低水平。

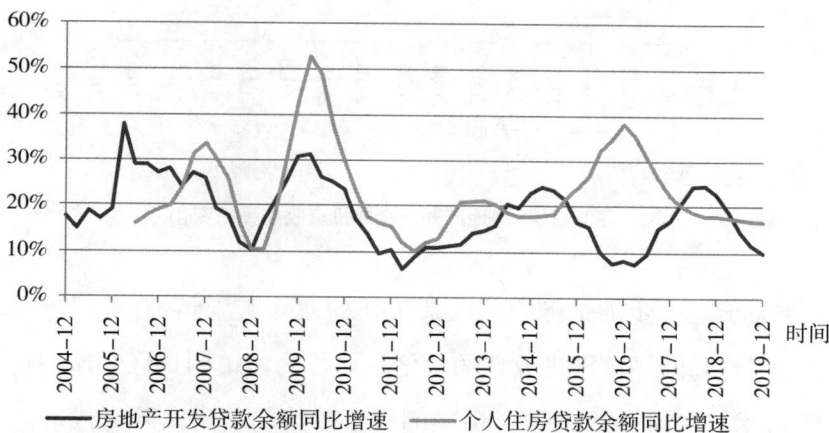

资料来源：Wind。

图11.9　房地产贷款增速的变动

如图 11.10 所示，中国房地产开发企业的投资收益率在 21 世纪初至全球金融危机爆发前持续上升，但在全球金融危机爆发后至 2015 年期间持续下降。在 2016 年与 2017 年，房地产开发企业投资收益率有所反弹，但该指标在 2018 年重新下降。中国房地产开发企业的净资产收益率（ROE）与总资产收益率（ROA）在 2009 年分别达到 8.8% 与 3.9% 的高点，但到 2018 年，上述两个指标分别回落至 6.4% 与 2.9%。

棚户区改造是中国政府为了改造城镇危旧住房、改善困难家庭住房条件而推出的一项民心工程。2012 年，中国住房和城乡建设部等七部门联合发出通知，要求加快推进棚户区（危旧房）改造。2014 年，国务院办公厅

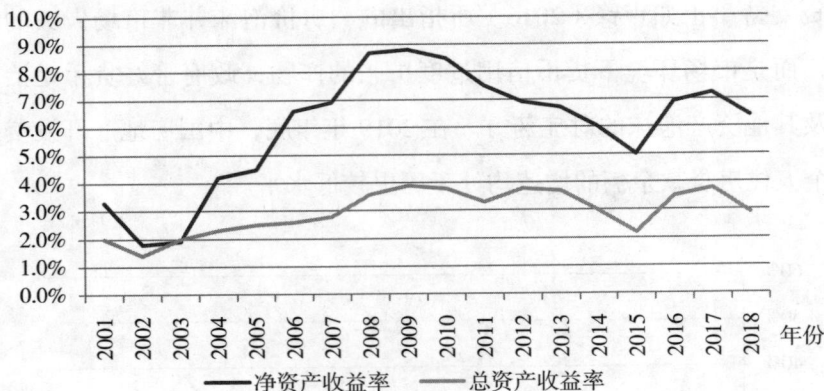

资料来源：Wind。

图11.10 房地产开发企业投资收益率的变化

印发《关于进一步加强棚户区改造工作的通知》，部署有效解决棚户区改造中的困难和问题，推进改造约 1 亿人居住的城镇棚户区和城中村。如图 11.11 所示，2014—2019 年，中国棚户区改造的住房实际完成数量累计达到 3228 万套，年均 538 万套。棚户区改造的住房套数在 2018 年达到 626 万套的峰值，在 2019 年快速回落至 316 万套。

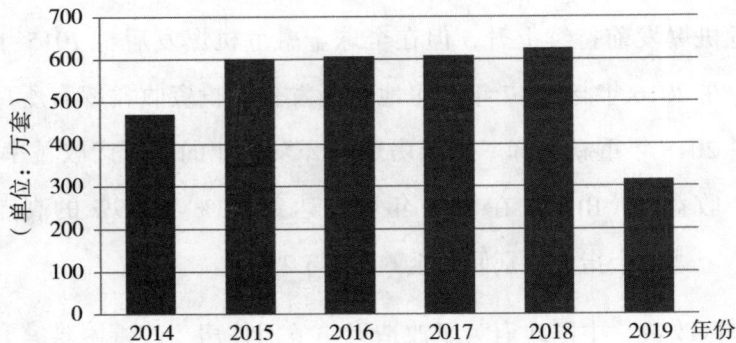

资料来源：Wind。

图11.11 棚户区改造的规模变化

二、中国房地产价格走势的分析框架

未来中国各城市的房价何去何从，是备受市场与投资者关注的问题。应该如何来分析中国城市的房地产价格走势呢？

笔者曾经提出过一个中国城市房地产价格走势的分析框架（张明等，2017c）。房地产兼具普通商品与金融投资品的双重属性。因此，可以从需求、供给与金融这三个层面来开展分析（见图 11.12）。

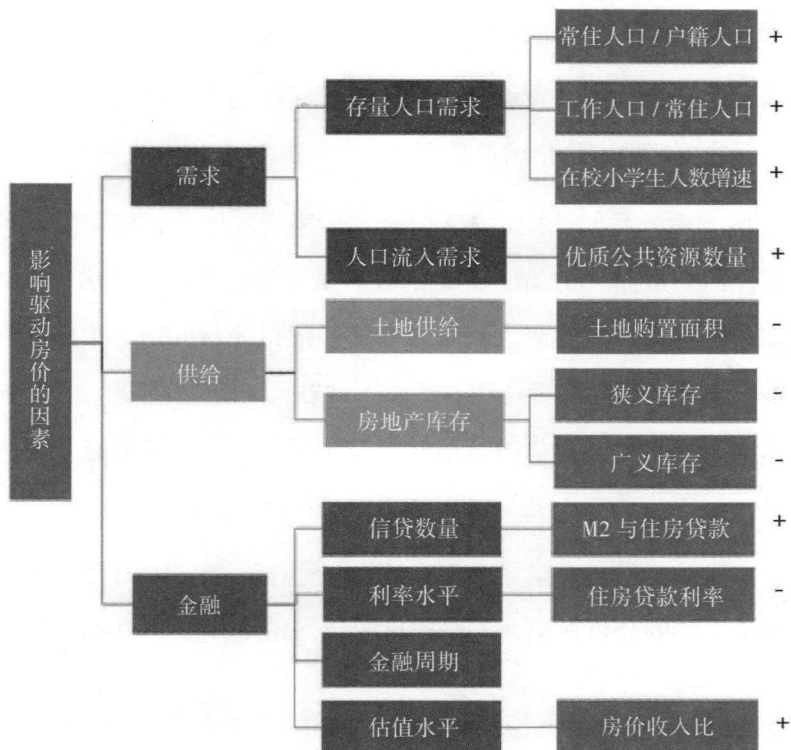

资料来源：张明等（2017c）。

注：变量后的符号代表该变量与房价之间的相关性。"+"代表正相关，"-"代表负相关。

图11.12 中国房地产价格走势的分析框架

在房地产需求方面，我们选用了常住人口与户籍人口比率、工作人口与常住人口比率、在校小学生人数增速与优质公共资源数量等四个指标。[①]常住人口与户籍人口比率越高，代表了人口流入规模越大，从而可以支撑的房价水平越高。工作人口与常住人口比率越高，代表该城市人口年龄结构越年轻，这也意味着更强的购房需求。在校小学生人数增速也反映了特定城市年轻人口占比的高低状况。一个城市的优质公共资源越充裕，对人口流入的吸引力也就越大。

在房地产供给方面，我们选用了人均土地购置面积与人均库存水平两个指标。该城市人均土地购置面积越多，代表潜在的商品房供给越多，这会压低房地产价格增速。该城市人均房地产库存越低，代表商品房供给越不足，这意味着房地产价格增速越高。

在金融方面，我们选用了 M2 增速、住房贷款增速、住房贷款利率与房价收入比四个指标。M2 增速越高、住房贷款增速越高、住房贷款利率越低，房地产价格上涨潜力越大，反之亦然。值得注意的是，中国存在较大规模的炒房现象，且炒房者往往"炒涨不炒跌"，正因为如此，一个城市的房价收入比越高，意味着该城市越受到炒房者的关注，从而在短期内上涨的概率反而越高。[②]

综合需求、供给与金融三个方面的 10 个指标，我们构建了一个分析中国城市房价走势的分析框架。需要指出的是，M2 增速、住房贷款增速、住

---

① 我们用一个城市的"985""211"高校数量加上三甲医院数量来模拟该城市的优质公共资源丰裕程度。

② 这与股市里市盈率更高的股票通常涨更快类似。

房贷款利率这三个指标是宏观指标，可以解释每个城市未来房价的涨跌前景，但不能用于城市间房价上涨潜力的比较。[①]

在 2017 年 9 月，笔者带领的平安证券宏观团队发布了一个报告（张明等，2017c）。该报告运用上述分析框架，对中国 35 个大中城市的"房价上涨基本面"进行了排名（见表 11.1）。

表 11.1　35 个大中城市的"房价上涨基本面"排名（截至 2017 年 9 月）

排名	城市	排名	城市	排名	城市	排名	城市
1	上海	11	福州	21	南昌	31	青岛
2	深圳	12	宁波	22	太原	32	呼和浩特
3	北京	13	成都	23	西安	33	贵阳
4	广州	14	合肥	24	南宁	34	长春
5	天津	15	武汉	25	西宁	35	银川
6	南京	16	乌鲁木齐	26	兰州		
7	厦门	17	济南	27	沈阳		
8	杭州	18	哈尔滨	28	重庆		
9	郑州	19	海口	29	大连		
10	石家庄	20	长沙	30	昆明		

资料来源：张明等（2017c）。

表 11.1 中的排名可以理解为，如果房价上涨完全遵循"基本面因素"，那么 35 个城市的房价高低就会是这个顺序。然而，35 个城市的真实房价涨幅并非如此。因此，我们就可以把各个城市的基本面排名与真实房价累计涨幅排名进行对比。对那些基本面排名高于房价累计涨幅排名的城市而言，这些城市的房价很可能被低估了，因此未来上涨的潜力较大。相反，对那

① 对每个中国城市而言，M2 增速、住房贷款增速、住房贷款利率这三个指标都是一样的。

些基本面排名低于房价累计涨幅排名的城市而言，这些城市的房价很可能被"高估"了，因此未来上涨的潜力较小，或者下跌的概率较大。

基于这一逻辑，我们在 2017 年 9 月的这份报告中指出，未来一段时间内，房地产价格上涨潜力较大的城市包括成都、海口、天津、宁波等，而下跌概率较大的城市包括贵阳、青岛、合肥、厦门等。不难看出，2018 年至 2019 年的中国城市房价走势，在一定程度上验证了我们当时提出的观点。

三、中国政府房地产调控的思路转换

在 2006 年至今的四轮中国房地产周期中，每当房价增速上涨至较高水平时，中国政府就会开始对房地产行业进行宏观调控。尽管这些调控措施在短期内取得了一定成效，然而每当调控措施结束后，某些城市的房价往往会出现报复式上涨，从而造成宏观调控"越调越涨"的格局。

之所以房价越调越涨，是因为作为调控主体的地方政府，一直在逆经济规律行事。众所周知，要抑制房价上涨，需求与供给要两手抓，即一方面控制需求，另一方面增加供给。但在多轮房地产调控期间，政府的思路却是，一方面严格抑制购房者需求（主要是通过限购与限贷的方式），另一方面却以更严格的手段抑制商品房供给（主要是通过限制开发商融资、限制开发商拿地、更严格的行政审批等）。

由此造成两方面问题，其一，短期内部分投资投机需求的确被抑制住了，但刚性购房需求依然存在，在限购下压力不断累积，等待释放的机会；其二，由于供给被收紧，导致房地产库存不断下降，一旦政府出于某种原因放松调控（这通常是经济增速下滑或地方政府财政收入下滑所致），刚需很

快返回市场，但由于供给持续保持在低位，结局自然是新一轮房价暴涨。

广大购房者与围观群众反复目睹了如下事实，即地方政府声称压低房价的调控措施最终导致房价不断上涨。这也意味着，但凡相信政府政策宣传的购房者（即停止或推迟购房的人）最终不断错过在较低价位上的购房机会，而与政府政策反其道而行之的购房者（即想办法绕开购房限制——例如假离婚——的人）赚得盘满钵溢。这就强化了潜在购房者关于房价"只涨不跌"的预期，使得政府压低房价的努力变得越来越困难。换言之，除非房价发生断崖式下跌，否则房价的温和下行都会被潜在购房者视为"逢低买入"的机会。

为什么地方政府一直在使用违背基本经济规律的房地产调控政策呢？原因在于，房地产行业的兴衰对地方政府而言至关重要，地方政府从内心深处来讲是不愿意看到房价持续下跌的。首先，在当前中国的分税制下，地方政府的财权小于事权，迫切需要通过预算外收入平衡财政收支，而土地出让金收入则是地方政府最重要的预算外收入来源；其次，地方政府对土地的需求价格弹性很低的这一特征心知肚明，因此具有很强的通过压低土地供给来最大化土地出让收入的倾向；再次，房地产投资增速、房地产业贡献的各种财税收入、房地产行业解决的就业，甚至开发商主动或被动承担的市政基础设施建设，对地方政府而言都非常重要；最后，房地产行业的兴衰已经与商业银行紧紧捆绑到一起，很多地方商业银行一半以上的贷款都与房地产存在千丝万缕的关联。一旦房地产行业出现深度调整，商业银行体系就会面临严重的负面冲击（张明，2018b）。

因此，很长一段时间以来，政府进行房地产调控的真实目的，并不是压低城市房地产价格，而是让房地产价格的上涨速度变得慢一点。由于地方政府采取了同时抑制需求与供给的策略，最终非但没能压制房地产价格的上涨，却反过来对房地产价格产生了火上浇油的作用。

然而，正如图 11.2 与图 11.3 中所显示的，自 2018 年以来，中国政府的房地产调控思路似乎发生了重大变化。这至少表现在以下两个方面：第一，全国房地产价格增速下跌的速度放缓，但房价下跌的持续时间变得更长；第二，2017 年下半年至今，一线城市的房价增速持续低于二、三线城市。

2016 年年底的中央经济工作会议首次提出要坚持"房子是用来住的、不是用来炒的"的定位。2017 年年底的中央经济工作会议提出，加快建立多主体供应、多渠道保障、租购并举的住房制度，完善促进房地产市场平稳健康发展的长效机制，保持房地产市场调控政策的连续性和稳定性。2018 年年底的中央经济工作会议提出，要构建房地产市场健康发展长效机制。2019 年年底的中央经济工作会议提出，要坚持"房子是用来住的、不是用来炒的"的定位，促进房地产市场平稳健康发展。不难看出，连续四年的中央经济工作会议都在强调"房住不炒"的定位，这表明了本届政府治理房地产痼疾的决心。

笔者将以一线城市为例，来分析本届政府房地产调控思路的变化。从 2018 年起，中国政府对一线城市房地产的调控思路发生了重大变化，这套新的调控思路可以用"三位一体"来形容（张明，2019）。

调控思路之一，是要通过加大多种非商品房的住房供给，来分化掉原本打算购买商品房的潜在需求。

先以深圳市为例。深圳市在 2018 年 8 月出台了《关于深化住房制度改革，加快建立多主体供给、多渠道保障、租购并举的住房供应与保障体系的意见》。该文件提出，深圳市将在 2035 年之前新增 150 万套住房。其中商品房仅占40%，而公租房、安居型商品房与人才房将占到60%。在 2019 年 4 月，深圳市针对公租房、安居型商品房与人才房均出台了管理办法的征求意见稿。其中，公租房与安居型商品房主要针对拥有深圳户籍的中低收入家庭，而人才房主要针对深圳市政府认定的各类人才，且人才房可租可购。一旦上述管理办法真正落地，那么未来在深圳继续购买商品房的人群，与之前相比可能出现明显缩水。

再以北京市为例。从 2018 年起，有好几家很多年没有集中分房的部委，开始较大规模地提供集资建房。此外，也有更多的高校获得住建部的批准，可以集资建房。试想一种较为极端的情景，如果北京所有的公务员与高校老师不再购买商品房的话，购买商品房的潜在人群是否会明显缩水？此外，北京市也正在明显加大公租房与安居型商品房的供应。

调控思路之二，是要通过以房产税为代表的政策组合，来将闲置的二手房逐渐逼入市场。

一线城市的房地产新增供给虽然很少，但闲置住房其实规模很大。虽然中美贸易摩擦加剧可能推迟了房产税的出台，但房产税是一定会来的。房产税及其他政策（如未来可能出台限制一个家庭能够享受到的政策性优惠住房的套数的政策）出台的目的，是显著增加拥有多套住房的家庭的持有成本，最终使这些家庭不得不出售部分囤积住房，从而增加市场上的二手房供给。根据市场上传闻的一些房产税版本，未来中国针对多套住房的房产税税率很可能是累进的，因此房地产持有数量越多，房产税造成的持有成本就越高。

调控思路之三，由于无论分化需求还是逼出供给都需要时间，因此在前两项措施生效之前，核心的限购限贷指标不会出现根本性的松动。

在新的举措产生效果之前，如果贸然放松限购限贷措施，在市场上供求失衡的背景下，房价很可能再度出现报复式上涨。这不仅会让过去的调控努力功亏一篑，而且可能让新的调控措施在出台之初就面临非常被动的局面。因此，中国政府不会轻易放松现有的限购限贷政策，尤其是核心指标。房地产限购的核心指标，是非该城市户口不能买房，且本地户口家庭只能买两套房。房地产限贷的核心指标，是针对购买多套房的首付限制。例如，目前在北京要购买二套房，首付比例高达60%~70%，正是这个措施才真正锁死了二手房交易的流动性。笔者认为，在经济下行的大背景下，短期内一线城市可能会适当降低首套房首付比例及首套房贷款利率上浮幅度，但上述限购限贷政策的核心指标在短期内显著放松的概率相当低。

新"三位一体"调控措施之间具有较强的互补性。增加新增非商品房供给是为了降低购买商品房的潜在需求，通过税收或其他政策逼出二手房供给是增加商品房潜在供给，这两个政策合起来就是为了缓解目前一线城市商品房市场上的供不应求现象。而在这两个政策生效之前，政府仍要通过限购限贷政策来压缩交易，抑制房价上升。

随着上述"三位一体"调控策略的逐渐实施，一线城市的房地产市场将逐渐由"香港模式"转换至"新加坡模式"。一方面，这意味着一线城市重现过去十余年内房价飙升现象的概率显著下降；另一方面，即使一线城市房价未来不会显著下跌，但市场的流动性却会显著下降。换言之，一线城市房地产的名义价值可能依然稳定，但如果投资者想在短期内把房产变现的话，可能不得不给出较大的价格折扣。

在2020年年初的新冠肺炎疫情爆发后，一些市场人士认为，为了稳定宏观经济增长，中国政府可能不得不再次全面放松房地产调控政策。笔者认为这种观点有失偏颇，因为本届政府对房地产调控的逻辑是一以贯之的，不会轻易改变。政府很可能会适当容忍短期经济增速的下滑，并与此同时加速国内经济结构性改革。一、二线城市房价飙升的局面很难在未来重演。

四、中国房地产市场的发展趋势

在本节中，笔者将提出中国房地产市场的两大重要发展趋势。

趋势之一，是未来中国各线城市的房价走势将呈现出进一步分化的格局。一、二线城市房价可能保持大致稳定，有的甚至可能呈现温和上升格局，但三、四线城市房价出现不同程度的下降，将是大概率事件。

在本章第二节提出的中国城市房价走势分析框架中，有两个因素至关重要：一是人口流动，二是优质公共资源分布。在未来，有持续的人口流入，且拥有大量优质公共资源（高校、医院）的城市，房地产市场仍有较大发展潜力。在中国，这样的城市只能是一、二线城市。相反，那些人口持续外流，且缺乏优质公共资源的城市，房地产市场将会逐渐萎缩。中国的大多数三、四线城市恰好具备这样的特征。此外，过去几年蓬勃发展的棚户区改造货币化安置，在一定程度上也透支了三、四线城市的潜在购房需求。综上所述，未来5~10年内，随着一、二线城市房价大致稳定，而三、四线城市房价显著下行，这两类城市之间的房价差距将会逐渐拉大。三、四线城市房价显著回落是否会造成商业银行体系系统性风险快速上升，这个问题值得仔细评估。

趋势之二，是中国房地产行业的市场集中度在未来5~10年有望迅速提高。

根据 Wind 的数据，截至 2018 年年底，中国的房地产开发企业大概有 9.8 万家。其中绝大部分开发商都是位于三、四线城市的中小房地产开发商。在未来 5~10 年，三、四线城市的房地产市场将会面临成交量萎缩与价格下跌的风险，聚焦这些市场的中小开发商将会面临很大的生存压力，甚至面临大面积破产倒闭的局面。这就会给那些聚焦一、二线城市房地产市场、同时囤积了大量流动性的大型房地产企业，提供纵横捭阖的并购空间。① 如图 11.13 所示，中国房地产行业的市场集中度在过去 10 年内一直在上升，但从 2017 年以来一度出现加速上升之势。在未来，随着"房住不炒"政策的延续，以及三、四线城市房地产市场的下行，中国房地产行业的市场集中度将会再度加速上升。②

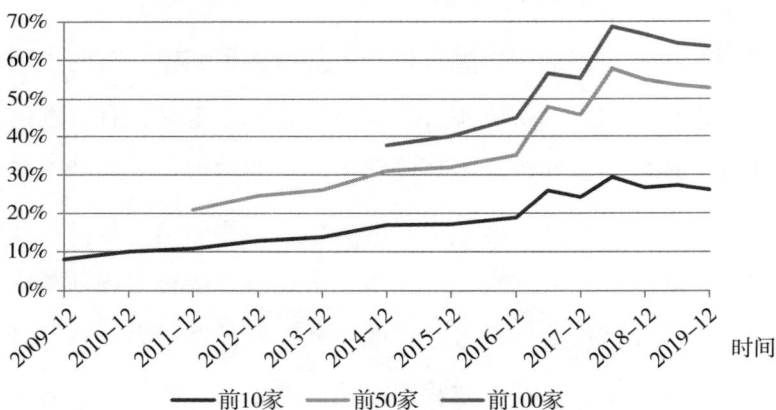

资料来源：Wind。

图11.13　排名前若干家房地产销售额占中国房地产总销售额的比重

---

① 当然，大型开发商也不一定都是经营稳健的。未来 5~10 年，中国大型房地产开发商中也会出现优胜劣汰的现象。
② 这种集中度的提升是以大量中小房地产开发商（也包括一些大型房地产开发商）的破产重组为代价的，因此也蕴含了不低的金融风险。

|小 结|

2006 年至今中国房地产市场已经出现了四次周期。与前三次周期相比，第四次周期持续的时间更长，价格下跌的过程更慢，迄今为止尚未结束。过去十余年一线城市房价的真实涨幅非常惊人，这一方面加剧了收入财产分配失衡，另一方面也加剧了购房者财务负担。房地产销售增速、房地产开发投资增速和房价增速之间存在着显著正相关，且存在着前者变动领先后者变动一个季度左右的现象。房地产宏观调控政策给中国房地产开发企业的融资造成了周期性负面冲击。2010 年至今中国房地产开发企业的赢利能力已经持续下降。

我们构建了一个从需求、供给、金融三个层面来分析中国城市房价走势的框架。如果用这个框架来比较不同城市的房价增长前景，使用的核心指标包括常住人口与户籍人口比率、工作人口与常住人口比率、在校小学生人数增速、优质公共资源数量、人均土地购置面积、人均库存水平及房价收入比等 7 个指标。该分析框架对中国大城市房价走势具有较强的预测能力。

很长时间以来，房地产宏观调控的真实目的都不是压低房价，而是让房价涨得慢一些。政府刻意压低土地与住房供应，这是宏观调控"越调越涨"的根本原因。然而自 2018 年以来，中国政府的房地产市场调控思路发生了根本变化，"房住不炒"有望成为长期坚持的政策基调。一线城市的房地产市场正在由"香港模式"转变为"新加坡模式"。

在未来 5~10 年，中国不同类型城市之间的房价将呈现出更大的分化，中国房地产行业的市场集中度将会迅速上升。这两个过程可能伴生的金融风险值得高度重视。

第 十 二 章

宏观环境十大判断与资产配置十条建议

　　本章是全书的最后一章。在本章中，笔者将结合前十一章的有关内容，对未来一段时间内国内外宏观环境的变化提出十个重大判断，并在此基础上提出资产配置的十条建议。由于本书的主题是中国宏观经济分析，因此并未系统分析全球宏观经济动向。在本章中，笔者将对当前全球宏观环境进行简洁概括。本章既是全书逻辑线索的延续，也是之前各章内容的综合运用。

一、关于国内外宏观环境的十条判断

　　首先，我们对未来一段时间内的国际宏观环境提出五条判断。

　　判断一：全球金融危机后形成的"长期性停滞"困局仍将延续。

　　所谓"长期性停滞"，是由美国经济学家劳伦斯·萨默斯在 2008 年次贷危机之后提出来的，意思是在全球金融危机爆发后，全球经济增速持续低于危机前增速，且迟迟未见反弹（Summers，2016）。如图 12.1 所示，全球经济增速由 2010 年的 5.4% 持续下跌至 2019 年的 3.0% 左右。2012 年至

2019 年这八年间，全球经济年均增速仅为 3.5%，远低于 2000 年至 2007 年这八年间的 4.5%。全球经济迟迟未能走出长期性停滞，这是部分国家民粹主义、保守主义与孤立主义抬头的重要原因（简世勋，2016）。[①]

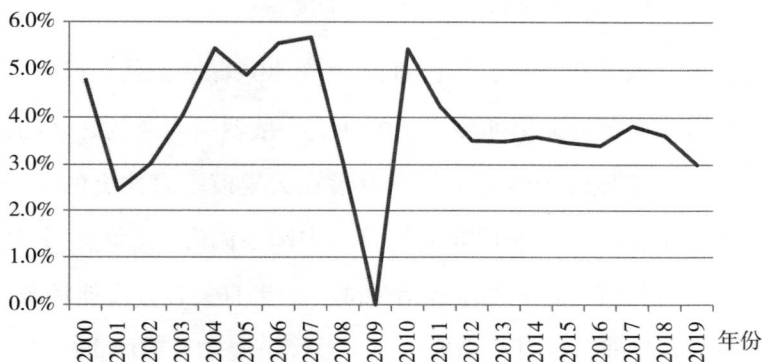

资料来源：Wind。

注释：2019 年数字目前为 IMF 的估计值。

图12.1 全球经济在次贷危机后的增速

判断二：以中美经贸摩擦为代表的国际经贸冲突未来仍将呈现上升态势。

本次中美经贸摩擦从 2018 年 3 月爆发开始，截至 2020 年年初已经持续了两年时间。中美经贸摩擦对中美经济增长与全球经济增长均造成了显著的负面影响。美国主动挑起经贸摩擦的背后，反映了守成大国对崛起大国的不安与焦虑。事实上，美国政府对华总体策略已经由"接触"（engagement）转变为"遏制"（containment），这意味着中美各方面摩擦将会长期持续。中美经贸摩擦不仅是"遭遇战"，更是"持久战"。而在全球经济长期性停滞的背

---

① 简世勋（2016）认为，当前西方国家国内出现了三种裂缝：一是收入不平等加剧，二是应对老龄化社会的种种难题，三是借款人和债权人之间的信任程度显著下降。

景下，除中美经贸冲突外，美欧经贸冲突、美日经贸冲突、日韩经贸冲突等双边贸易摩擦此起彼伏。这种错综复杂、不断上升的全球经贸冲突态势，将对全球贸易增长与全球经济增长造成持续、显著的负面影响。

判断三：全球地缘政治冲突仍有可能加剧。

自特朗普政府上台之后，全球地缘政治冲突有增无减。目前，较为突出的地缘政治冲突包括美伊冲突、美朝冲突、俄罗斯与北约之间的冲突等。中东地区与东北亚地区依然是可能爆发潜在大规模军事冲突的火药桶。在未来一段时间里，随着中美博弈的持续，中国在南海、台海、东北亚等地区，均可能面临美国主导的地缘政治挑战。如果有关各方没能控制好局势，导致冲突演变为热战，这将给当地乃至全球经济金融造成严重的负面冲击。

判断四：全球负利率现象将会维持较长时间。

如图 12.2 所示，截至 2020 年年初，欧元区与日本的 10 年期国债收益率已经持续为负，英国与美国的 10 年期国债收益率也都不到 1%。四大发达经

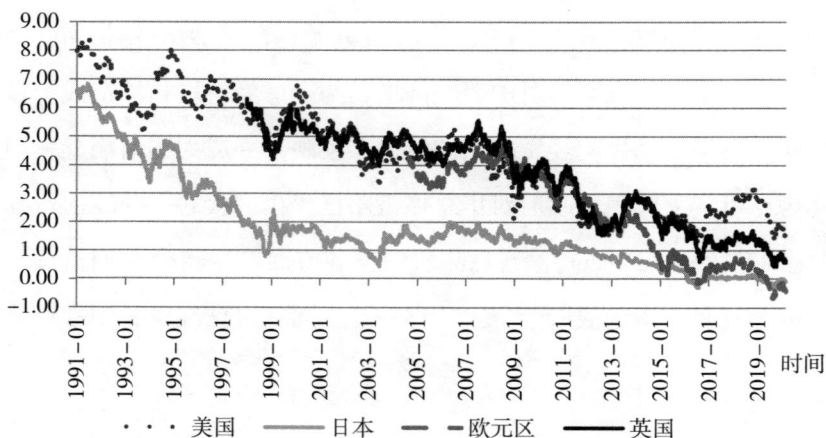

资料来源：Wind。

图12.2 主要发达经济体国债收益率

济体长期利率如此之低，一方面反映了经济增长的预期疲弱，另一方面也反映了投资者很强的避险情绪。考虑到全球经济仍将处于长期性停滞状态、全球范围内经贸冲突上升、短期内中美经济增速都将继续下降，全球负利率现象仍将维持较长时间。值得注意的是，全球负利率对商业银行、保险公司等长期机构投资者将会造成显著负面冲击，可能导致这些机构的资产收益率出现趋势性下降，这是否会引发金融机构新一轮追逐风险（Risk Taking）的浪潮，目前还不得而知。

判断五：美国股市估值高企，未来存在重大调整的可能性。

2009 年美国次贷危机结束后至今，美国股市连续上涨超过 10 年。虽然在 2018 年与 2020 年年初，美国股市经历了两次大幅调整。但迄今为止美国股市的运行趋势尚未发生根本性转向。如图 12.3 所示，美国经济学家罗伯特·希勒计算的经过周期调整的长期市盈率显示，截至 2020 年 2 月底，美国股市的长期市盈率依然高达 28.05 倍，仅低于 2000 年美国互联网泡沫破灭前的水平。在未来，美国经济增速与美国企业赢利增速的下滑、美债

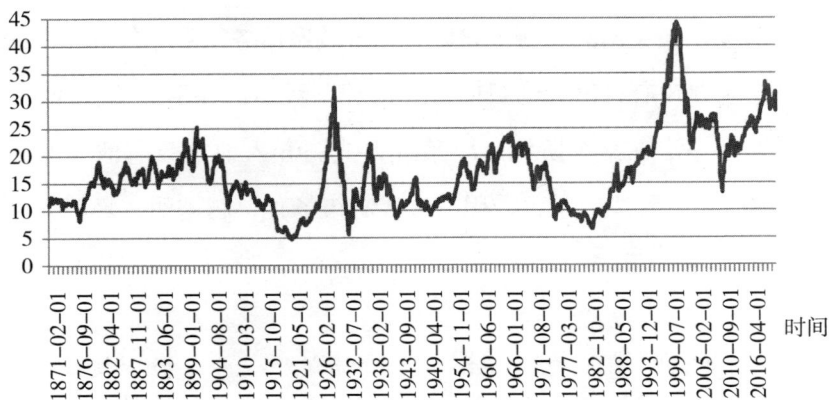

资料来源：https://www.multpl.com/shiller-pe/。

图12.3　希勒市盈率显示美股估值仍处于历史性高位

收益率出人意料地上升、美国国内或全球范围内重大不确定性冲击等因素，均可能导致美国股票市场发生重大调整。这除了给投资者造成巨大财富损失外，也可能引发全球范围内一系列新的风险与危机。

其次，我们对未来一段时间内的中国宏观环境也提出五条判断。

判断六：中国经济潜在增速仍将继续下行。

2007 年至 2019 年，中国经济增速由 14.2% 下降至 6.1%，降幅超过 50%。在未来一段时间里，考虑到人口年龄结构进一步老化、农村劳动力向城市的转移基本完成、中国经济结构由制造业向服务业进一步转型等因素，中国经济潜在增速仍将继续下降。这一过程将会带来很多结构性变化，同时也可能造成金融风险上升。

判断七：中国系统性金融风险目前仍处于高位，化解系统性金融风险将是中国政府的中长期挑战。

当前中国金融体系的系统性风险主要包括与地方政府债务风险、房地产风险，以及去杠杆背景下影子银行体系与中小银行面临的风险等（魏伟等，2018）。[1] 短期内最突出的金融风险则是地方政府债务风险。各方面的证据表明，期望让地方政府自己来为目前高企的债务买单，是不可能完成的任务。中央政府未来一定在某个阶段、以某种方式去介入地方政府债务的处置过程。中央政府介入阶段越早，采用的方式越市场化、越透明，最终债务处置

---

[1] 许小年（2018）指出，自 20 世纪 90 年代中后期至今，中国经济的发展模式实质上是凯恩斯主义模式，而长期实施凯恩斯主义政策的结果是，造成了以下三个彼此联系、紧密缠绕的风险：一是地方政府债务风险，二是商业银行坏账风险，三是房地产泡沫风险。如果不从根本上转变经济增长模式，这三个风险都难以化解。

的综合成本可能越低。如果中央政府要等到商业银行体系发生系统性危机之后再介入，那么债务重组的成本就可能显著上升（张明，2020）。在化解金融系统性风险的过程中，国内外投资者的风险偏好可能下降，短期资本可能持续大规模外流，人民币兑美元汇率将会面临较大幅度的贬值压力。

　　判断八：中美经贸摩擦将会继续倒逼中国国内结构性改革。

　　中国的改革进程持续至今，相对容易的增量改革基本上已结束，并让位于难度更大的存量改革。存量改革意味着利益格局的重大调整，因此必然遭到预期利益将会受损的既得利益集团的抵制与反对。这也是近年来国内结构性改革进展较慢的重要原因。不过，中美经贸摩擦的爆发与持续，将给中国政府带来外在压力，迫使中国政府在国际环境恶化的前提下去努力发掘国内增长潜力。而要做到这一点，中国政府就不得不突破阻力去推动各种结构性改革。在未来一段时间内，以下四方面结构性改革有望提速：其一是以混合所有制改革为特征的新一轮国企改革（地方国企的混改更值得期待）；其二是以流转为特征的新一轮农村土地改革（土地银行有望成为重要抓手）；其三是以深化改革与扩大开放为特征的金融改革；其四是教育医疗养老等服务业部门向民间资本的加快开放。

　　判断九：中国国内消费市场发展潜力巨大。

　　中国人口规模已经超过 14 亿，目前人均 GDP 已经超过 1 万美元。最近两年，中国国内消费市场规模已经超过美国，成为全球第一大消费市场。未来中国消费市场将会呈现出以下三个特征。一是增长迅速。随着中国人均收入的进一步上升，以及大量农民进城转变为市民，中国消费市场的总体规模将会继续增长。二是结构升级。随着中国人均收入突破 1 万美元，居民对制造品与耐用品的消费将会发生趋势性下降，而对高质量商品与服务的消费将会出现趋势性上升。三是重点突出。正如第四章所指出的，老年人市场、婴幼儿市场、进城定居的农民工市场，都是值得中国企业与投资者在未来重点关注的细分市场。在国际经贸冲突持续加剧的背景下，广袤的国内消费市场将是中国经济持续增长的重要动力，也是中国更好地发挥国际影响力的物质基础。

判断十：新一轮区域一体化即将提速。

在未来 5~10 年内，随着中国政府进一步放开国内资源与劳动力流动的地区间限制，新一轮区域经济一体化将会提速。新的区域一体化进程将带来国内资源的更有效配置与更深度聚集，进而成为未来中国经济增长的重要动力。笔者认为，粤港澳大湾区、长三角、京津冀、中三角与西三角，有望成为未来十年内中国最重要的五个一体化区域（张明等，2018c）。一方面，粤港澳大湾区、长三角与京津冀由南至北沿着中国海岸线排列，恰如一张弓的弓背，长三角、中三角与西三角由东向西沿着长江一字排开，恰如一只利箭。这五个区域的组合犹如中国经济"弯弓搭箭"，朝着更美好的未来进发。另一方面，每个区域内部都有三个中心城市，彼此之间构成一个稳固的城市三角形。粤港澳大湾区的中心城市是深圳、广州与佛山。长三角的中心城市是上海、杭州与南京。京津冀的中心城市是北京、天津与雄安。中三角的中心城市是武汉、郑州与合肥。西三角的中心城市是成都、重庆与西安。在每个城市三角形中（以粤港澳大湾区为例），都有一个城市的制造业相对更发达（如佛山），一个城市的金融业相对更发达（如深圳），一个城市的教育科研（如广州）相对更发达。这意味着三个中心城市之间彼此能够构成有力互补。

二、关于大类资产配置的十条建议

在对未来一段时间内国内外宏观环境进行研判的基础上，笔者为中国投资者下一阶段的资产配置提出十条建议。其中前六条是关于具体资产类型的投资建议，后四条是更普遍性的投资建议。

建议一，在股市投资方面，应更加重视"蓝筹龙头"与"科技创新"两大配置方向。

首先，蓝筹龙头股在未来较长时间里都将成为中国股市的投资热点。这是因为：其一，中国股市的投资者结构正在发生重大变化，散户的重要性已经显著下降，机构投资者的重要性日益凸显，而机构投资者更加偏好蓝筹股。值得注意的是，除社保基金、保险公司、基金公司等国内机构投资者外，外国机构投资者对中国股市的影响力正在快速上升。其二，近年来，随着中国经济增速的持续下行，很多行业都发生了行业集中度快速提升，收入与利润向头部企业聚集的现象。这意味着头部企业通常具备更强的基本面。其三，正如我们即将在第七条建议中所指出的，在金融周期下行期间，投资者应该更加关注资产的流动性，而蓝筹股的流动性要显著高于小盘股。

其次，随着中美经贸摩擦加剧等因素造成中国在技术进步方面后发优势的快速消失，中国自然越来越依赖自主创新。中国政府将会通过各种措施来激励国内的科技创新。例如，《中国制造2025》提及的十大重点产业未来必将快速发展。又如，第四章中提到的以工业4.0与智能制造为代表的先进制造业将会快速发展。不过，科技创新类股票由于技术含量较高、不容易为普通投资者所理解，因此也容易被炒作利用，甚至形成资产价格泡沫。因此在进行科技创新类股票投资时，投资者应该"脱虚入实"，重点考察特定企业商业模式的真实性与经营业绩的可持续性等。

建议二：在债券投资方面，应警惕未来一段时间内信用风险的爆发。

中国债券市场在过去十余年间经历了快速发展，目前已经成为机构投资者资产配置最重要的目标市场之一。然而，近年来随着中国经济增速的下滑与企业业绩的分化，债券违约的现象已经越来越多，债券市场上的信用利差分化也日益突出。在未来一段时间里，随着经济增速的进一步下滑及系统性金融风险的加快显性化，信用债违约现象将会进一步增加。尤其是中小房地产开发商（受房地产市场分化加剧影响）、中小金融机构（如一些容易受到地方债与房地产冲击的城商行与农商行）、中小实体企业（如受融资成本持续上升与本轮新冠肺炎疫情负面影响的中小企业）发行的信用债，未来违约的概率可能显著增加。投资者应对此保持警惕并做好准备。

建议三：在外汇投资方面，应防范人民币汇率的潜在贬值风险。

第九章中指出，人民币兑美元汇率在中长期内面临显著贬值风险。笔者在此想强调的是，在中国政府化解系统性金融风险的过程中，随着潜在风险的显性化与化解成本的上升，国内外投资者的避险情绪将会加剧，由此可能驱动更大规模的资本外流，最终带来人民币汇率贬值压力。例如，在处置地方政府债务的过程中，中央政府的介入将会造成中央政府债务快速上升，这可能引发居民与企业的加税预期，从而导致新一轮资本外流和人民币汇率显著贬值。为应对上述风险，建议投资者持有一定比例的以发达国家货币计价的资产，如美元资产、日元资产、瑞士法郎资产等。值得一提的是，持有该国经济波动与中国经济波动正相关国家的货币（如澳大利亚元等），并不能实现分散风险的目标。这是因为当人民币贬值时，这类货币通常也会跟着贬值。

建议四，在大宗商品投资方面，总体偏悲观，但黄金仍有一定配置价值。

在全球经济尚未走出长期性停滞、美国经济增速即将高位回落、中国经济潜在增速仍在下行的背景下，作为典型风险资产的大宗商品，表现不会太好。此外，中国政府越来越强调资源节约与环境保护，这对全球大宗商品市场而言也不是好消息。钢铁、有色金属、煤炭等大宗商品在未来一段时间内的走势不容乐观。

第十章指出，未来一段时间内，全球范围内不确定性的上升可能继续推升金价。而随着美元指数由盘整转为下跌，黄金价格也将得到新的支撑，而持有黄金也能在一定程度上规避人民币贬值的风险。不过，也正如第十章中所提到的，从长期来看，持有黄金的真实收益率很低，甚至跑不赢通货膨胀。因此，建议投资者资产组合中可以持有一定比例的黄金，但比例不宜太高。

建议五，在房地产投资方面，应该明确中国房地产市场总体高峰已过，相关投资应关注劳动力流动与优质公共资源分布。

中国房地产市场在1998年住房商品化改革之后经历了20年的快速发展。一、二线城市房价飙升造就了不少财富神话，但也加剧了收入财产分配失衡，积累了严重的金融风险。随着中国城市人均居住面积的显著上升，以及中国政府房地产调控思路的重要变化，中国房地产市场的发展高峰整体上已经过去，持有房地产可以快速致富的时代也基本终结。因此在未来的投资组合中，投资者应该调降房地产资产占总资产的比重，也应该注重防范房地产资产的潜在风险。

　　未来在进行房地产投资时，投资者应该高度重视第十一章中提及的两个分化，在具体投资时可以考虑以下方面。第一，除自住用房外，房地产投资应该更加偏向人口流入与优质公共资源相对集中的一、二线城市，而远离人口流出与优质公共资源相对稀缺的三、四线城市；第二，在一、二线城市中，建议关注本章提及的新一轮区域一体化的15个中心城市；第三，在同一城市的房地产投资中，建议更加关注位于城市核心地区的中小户型房产，而非城市外围地区的大户型房产，因为前者的流动性相对更高；第四，传统住宅投资的空间可能已经比较狭窄，投资者应更加关注品牌效应突出、服务质量优良的度假类地产与养老类地产。

　　建议六，应高度重视资产证券化领域蕴含的投资机会。

　　虽然近年来资产证券化在中国取得了不俗进展，但产品主要局限于ABS（如以各种应收账款、信用卡贷款等作为基础资产发行的证券化产品），而在MBS（以住房抵押贷款为基础资产的证券化产品）和REITs（房地产信托投资基金）方面的发展明显滞后。在未来，随着中国系统性金融风险的上升与显性化，尤其是随着商业银行体系坏账压力的上升，中国商业银行提高资产周转率的需求将会显著增强。资产证券化既会成为金融机构与实体企业盘活存量资产、提高资产周转率的重要工具，资产证券化产品也会成为机构投资者非常青睐的产品类型。这是因为，证券化产品的分层分级，能够为具有不同风险偏好的投资者提供更加量身定制的产品类型。

　　建议七：在金融周期下行阶段，资产配置应高度重视流动性。

　　作为2008年全球金融危机以来经济学界最热门的研究主题之一，金融周期是指金融活动在内外部冲击下通过金融体系传导而形成的持续性波动和周期性变化。在 2017 年第三季度的货币政策执行报告中，中国央行首次提及金融周期。目前关于美国与欧洲金融周期的测算表明，一个完整的金融周期的持续时间大约在 15 年左右，且上升期与下降期基本对称（彭文生，2017）。按照信贷/GDP、信贷水平与房价水平作为相关金融指数进行测算，我们发现，2009 年年底至 2016 年年底，中国金融周期处于上升期，2017 年年初至 2020 年年初，中国金融周期处于下行期。按照上述规律，本轮中国金融周期的下行期可能还要持续到 2023 年前后。

在金融周期上升期，总体上流动性较为充裕，资产价格易涨难跌；而在金融周期下行期，总体上流动性较为紧张，资产价格易跌难涨。因此，在金融周期下行阶段，保护本金安全对投资者而言更为重要。这意味着资产配置应该高度重视流动性，应该尽可能多地配置流动性更强的资产。例如，蓝筹股与指数基金相对于小盘股更具流动性，利率债相对于中低等级信用债更具流动性，发达国家货币相对于新兴市场国家货币更具流动性，一、二线城市的房地产相对于三、四线房地产更具流动性，同一城市内核心区域的中小户型要比外围区域的大户型更具流动性。

建议八：挑选优秀的机构投资者代为投资。

国内外金融市场与金融产品正变得越来越复杂。即使对一个经过严格训练、富有投资经验的投资者而言，要跑赢市场也并不容易，更何况普通散户投资者。在过去十余年，只要能够及时购买房地产，中国投资者就能取得不菲的投资收益，然而这样的时代已经一去不复返了。相对于个人投资者，机构投资者在人力资本、研究深度与广度、数据优势、与被投资对象的关系、能够对冲风险的工具等方面，均拥有显著优势。因此，个人投资者应该努力去挑选优秀的机构投资者，由后者帮助自己管理财富。例如，投资者可以去购买优秀基金经理管理的公募或者私募产品。在美国资本市场历史上，涌现出了像沃伦·巴菲特、查理·芒格、安东尼·伯顿、彼得·林奇、乔治·索罗斯、吉姆·罗杰斯、约翰·邓禄普等风格迥异的超级基金经理。在中国资本市场上，也出现了像但斌这样的经历了时间与周期考验的基金经理。不要忘了这样一句名言：如果你不能击败他，那就加入他。

建议九：避免被"割韭菜"的前提是调降无风险收益率。

在中国网络上，"韭菜"是指亏得一塌糊涂的个人投资者，而"割韭菜"则是指机构投资者或者其他机构运用合法或非法手段从"韭菜"那里赚钱的手法。例如，前几年，很多投资者在 P2P 领域、数字货币领域亏得一塌糊涂，被一轮又一轮地"收割"。要避免被"割韭菜"，投资者首先需要高度重视表面高收益产品背后可能隐藏的高风险。随着中国经济潜在增速及企业利润率的下降，中国市场上的无风险收益率也一直在下降。如果说在 2013 年至 2017 年，6%~7% 的收益率可以被视为无风险利率的话，那么到了 2019—2020 年，无风险收益率可能已经下降至 3% 左右。主动调降无风险收益率，充分认识到高收益产品背后的高风险，不去购买自己不能理解其基础资产与产品构造的金融产品，是投资者避免被"割韭菜"的前提。①

建议十：保持独立思考的习惯，警惕落入集体非理性陷阱。

沃伦·巴菲特有句名言，要在市场警惕的时候贪婪，而在市场贪婪的

---

① 如果一种金融产品的收益率听起来很高，那么大致只有三种可能：第一，该产品的发行人的确很厉害，能够发掘出高收益的投资机会；第二，该产品的发行人的资质一般，他们无非是通过杠杆把正常收益率放大了而已；第三，该产品的发行人是骗子。通常而言，后两种可能性更高。

时候警惕。罗杰斯也有句名言，当大多数人站到船的一头之时，他通常会选择站到船的另一头。这两句话其实都说明了投资者独立思考的重要性。在中国流行这么一句话，即投资者应该选择站到市场的"风口"上，正所谓"如果站到风口上，就连猪都会飞"。这句话虽然很具有煽动性，其实是很偏颇的。真正能够持续获得较高收益且避免重大亏损的投资者，往往都是具有独立思考能力、能够在大众的癫狂情绪中保持清醒的人。如果我们没有时间进行研究与思考，那么我们就应该挑选好的投资人，把财富委托给他们进行投资。如果我们选择自己进行投资，那么我们就应该系统学习、持续观察、冷静思考，并根据投资业绩来调整投资策略。只有这样做，才有可能取得不错的投资业绩。

｜小 结｜

展望未来，全球经济有望呈现以下特征：一是长期性停滞格局仍将维持；二是国际经贸冲突呈现持续上升状态；三是地缘政治冲突仍有可能加剧，将给全球市场造成新的供给侧冲击；四是全球负利率格局仍将维持较长时间；五是美国股市存在重大调整的可能性。上述特点，意味着全球范围内的投资应该重视避险。

展望未来，中国经济有望呈现以下特征：一是潜在经济增速仍将下行；二是系统性金融风险依然处于高位；三是中美经贸摩擦将会持续倒逼国内结构性改革；四是国内消费市场发展潜力巨大；五是新一轮区域一体化将会提速。上述特点，意味着中国范围内的投资应该风险与避险相结合。

　　我们对下一阶段的资产配置提出了十点建议：一是在股市投资方面，应更加重视"蓝筹龙头"与"科技创新"这两大配置方向；二是在债券投资方面，应警惕未来一段时间内信用风险的爆发；三是在外汇投资方面，应防范人民币汇率的潜在贬值风险；四是在大宗商品投资方面，总体偏悲观，但黄金仍有一定配置价值；五是在房地产投资方面，应该明确中国房地产市场总体高峰已过，投资应关注劳动力流动与优质公共资源分布；六是应高度重视资产证券化领域蕴含的投资机会；七是在金融周期下行阶段，资产配置应高度重视流动性；八是挑选优秀的机构投资者代为投资；九是避免被"割韭菜"的前提是调降无风险收益率；十是保持独立思考的习惯，警惕落入集体非理性陷阱。

参考文献

英文文献

Hertz, Tom et al.. 2008. The *Inheritance of Educational Inequality: International Comparisons and Fifty-Year Trends*, *The B.E. Journal of Economic Analysis & Policy*, Vol.7, No.2, pp.1–48.

Perkins, Dwight Heald and Rawski, Thomas G.. 2008. *Forcasting China's Economic Growth to 2025*, *China's Great Economic Transformation*, edited by Loren Brandt and Thomas G. Rawski, Cambridge University Press.

Summers, Laurence. 2016. *The Age of Secullar Stagnation*, February 17, http://larrysummers.com/2016/02/17/the–age–of–secular–stagnation/.

Zhang Ming. 2012. *Chinese Stylized Sterilization: The Cost-sharing Mechanism and Financial Repression*, *China & World Economy*, Vol.20, No.2, pp.41–58.

Zhang Ming. 2019. *China's Efforts to Contain Renminbi's Depreciation and the Relating Impacts*, *China Economic Journal*, Vol.12, No.1, pp.16–31.

中文文献

［英］阿特金森：《不平等，我们能做什么》，中信出版社 2016 年版。

〔美〕阿西莫格鲁、〔美〕罗宾逊:《国家为什么会失败》,湖南科学技术出版社 2015 年版。

〔美〕奥德兹、〔德〕莱曼:《德国的七个秘密:全球动荡时代德国的经济韧性》,中信出版社 2018 年版。

陈斌开、陆铭、钟宁桦:《户籍制约下的居民消费》,《经济研究》2010年第 S1 期。

傅勇:《中国的金融分权与经济波动》,中国金融出版社 2016 年版。

何帆:《变量:看见中国社会小趋势》,中信出版社 2019 年版。

黄益平等(2012):《超越奇迹:变革世界的中国改革》,北京大学出版社。

高蓓、张明:《不良资产处置与不良资产证券化:国际经验及中国前景》,《国际经济评论》2018 年第 1 期。

郭强、张明、刘玚:《信贷中介链条拉长是否会显著提高实体经济融资成本?》,《金融评论》2019 年第 1 期。

简世勋:《货币放水的尽头:还有什么能拯救停滞的经济》,机械工业出版社 2016 年版。

李强等:《统计显示农家子弟在 985 高校学生中比例较小》,《光明日报》2012 年 7 月 3 日。

李扬、张晓晶:《失衡与再平衡——塑造全球治理新框架》,中国社会科学出版社 2013 年版。

林毅夫、蔡昉、李周:《中国的奇迹:发展战略与经济改革》,上海三联书店与上海人民出版社 1994 年版。

刘海影：《中国巨债：经济奇迹的根源与未来》，中信出版社 2014 年版。

刘世锦：《增长阶段转换与相配套的改革开放》，《40 年改变中国：经济学大家谈改革开放》，新望主编，北京联合出版公司 2018 年版。

楼继伟：《40 年重大财税改革的回顾》，中国财政经济出版社 2019 年版。

卢锋：《宏调的逻辑：从十年宏调史读懂中国经济》，中信出版社 2016 年版。

陆铭：《空间的力量：地理、政治与城市发展》，格致出版社与上海人民出版社 2013 年版。

彭文生：《渐行渐近的金融周期》，中信出版社 2017 年版。

田国强：《改革开放 40 年再思考：平衡充分良性发展的制度逻辑》，《40 年改变中国：经济学大家谈改革开放》，新望主编，北京联合出版公司 2018 年版。

王宏广：《科技体制改革 40 年回顾与展望》，《40 年改变中国：经济学大家谈改革开放》，新望主编，北京联合出版公司 2018 年版。

王小鲁：《改革之路：我们的四十年》，社会科学文献出版社 2019 年版。

韦森：《中国经济增长的真实逻辑》，中信出版社 2017 年版。

魏涛等：《从省级到市级的地方政府隐性债务测算》，太平洋证券宏观研究报告，2018 年 8 月 29 日。

魏伟、陈骁、张明：《中国金融系统性风险：主要来源、防范路径与潜在影响》，《国际经济评论》2018 年第 3 期。

伍戈、李斌：《货币数量、利率调控与政策转型》，中国金融出版社 2016 年版。

徐高：《宏观经济学二十五讲：中国视角》，中国人民大学出版社 2019 年版。

许小年：《两个中国模式》，《40 年改变中国：经济学大家谈改革开放》，新望主编，北京联合出版公司 2018 年版。

杨璇、张明、陈骁：《M1、M2 剪刀差与宏观经济指标的关系》，《金融博览》2019 年第 5 期。

姚洋：《中国经济成就的政治经济学原因》，《40 年改变中国：经济学大家谈改革开放》，新望主编，北京联合出版公司 2018 年版。

易富贤：《大国空巢：反思中国计划生育政策》，中国发展出版社 2013 年版。

［美］伊斯特利：《经济增长的迷雾：经济学家的发展政策为何失败》，中信出版社 2016 年版。

余永定：《M2-GDP 比的动态增长路径》，《世界经济》2002 第 12 期。

余永定：《见证失衡：双顺差、人民币汇率和美元陷阱》，生活·读书·新知三联书店 2010 年版。

余永定：《最后的屏障：资本项目自由化和人民币国际化之辩》，东方出版社 2018 年版。

余永定、肖立晟：《解读中国的资本外逃》，《国际经济评论》2017 年第 5 期。

张斌、王勋、华秀萍：《中国外汇储备的名义收益率和真实收益率》，《经济研究》2010 年第 10 期。

张斌、王勋：《中国外汇储备名义收益率与真实收益率变动的影响因素分析》，《中国社会科学》2012 第 1 期。

张弛、张曙光：《宏观经济运行及其分析 20 年》，《40 年改变中国：经济学大家谈改革开放》，新望主编，北京联合出版公司 2018 年版。

张军：《张军自选集》，山西人民出版社 2013 年版。

张明：《20 世纪 90 年代以来关于储蓄率研究的最新动态》，《世界经济》2007 年第 4 期。

张明：《中国的高储蓄——特征事实与部门分析》，中国金融出版社 2009 年版。

张明：《中国何以成为一个反常的国际债权人》，《建投投资评论》2013 第 1 期。

张明：《全球黄金价格的波动趋势与影响因素》，《金融评论》2013 年第 4 期。

张明：《三管齐下应对未来的不良资产挑战》，《中国银行业》2017 年第 11 期。

张明等：《纠正金融改革与实体改革的节奏错配》，平安证券 2017 年宏观半年度报告，2017 年 6 月 18 日。

张明等：《通货膨胀的分析及预测模型》，平安证券宏观研究框架系列之一，2017 年 5 月 9 日。

张明等：《中国城市房地产的绩优股与潜力股——城市房价驱动因素剖析》，平安证券中国房地产深度研究报告之二，2017 年 9 月 12 日。

张明：《全方位透视中国外汇储备下降：估值效应、适度规模与资产结构》，《学术研究》2018 年第 7 期。

张明：《当前部分城市的房地产调控思路亟待调整》，《证券时报》2018 年 6 月 7 日。

张明等：《财政发力稳增长，改革提速强信心》，平安证券 2019 年宏观年度报告，2018 年 12 月 10 日。

张明等：《基于原油双重属性的五因子分析框架》，平安证券宏观研究框架系列之三，2018 年 12 月 24 日。

张明等：《五个城市三角：新时代中国经济增长的主引擎》，平安证券新时代区域经济一体化系列研究之六，2018 年 10 月 30 日。

张明：《一线城市房地产变局：新三位一体策略》，FT 中文网，2019 年 6 月 17 日。

张明等：《本轮猪周期为何与众不同？》，平安证券宏观研究报告，2019 年 12 月 19 日。

张明等：《短期经济波动框架：思想演变、分析模型与未来展望》，平安证券宏观研究框架系列之四，2019 年 1 月 23 日。

张明等：《为什么我们当前看好黄金？——一个研判黄金价格走势的分析框架》，平安证券宏观研究框架系列之六，2019 年 4 月 16 日。

张明、朱子阳、高蓓：《中国货币政策操作框架转型：双目标选择与双机制构建》，《财经智库》2020 年第 1 期。

张五常：《中国的经济制度》，中信出版社 2009 年版。

张燕生：《入世对中国的意义》，《40 年改变中国：经济学大家谈改革开放》，新望主编，北京联合出版公司 2018 年版。

中国欧盟商会：《中国的产能过剩》，www.europeanchamber.com.cn，2016 年 2 月 22 日。

周其仁：《挑灯看剑——观察经济大时代》，北京大学出版社 2006 年版。

后　记

这是一本我多年前就想完成的著作，能够顺利完成本书，有太多人需要感谢。

2007 年至今，我一直在中国社会科学院世界经济与政治研究所工作。世经政所是一个在国内外均有很强影响力的智库。所里不仅有强大的研究团队，而且有着宽松愉快的工作氛围。感谢所里各位同事给予我的热情帮助与鼓励。感谢余永定、张宇燕、高海红、姚枝仲、张斌、徐奇渊、肖立晟、周学智等师友对本书初稿提出的意见和建议。

本书中引用的很多研究成果，是我在平安证券担任兼职首席经济学家期间、带领研究所宏观团队完成的集体作品。感谢谢永林、何之江、刘世安、张汉玉、朱益勇等公司领导的信任与支持，感谢韦毓、甯正宇、魏伟、陈骁、杨璇、薛威、郭子睿等研究所同事的合作与帮助。在与市场上各家基金公司的投研总监、基金经理、研究员不断交流的过程中，我的思维的缜密性、表述的清晰性与讲段子的能力均有显著提高，感谢这些买方的朋友们。

在加盟平安证券之前，我曾经在盘古智库创建了盘古宏观经济研究中心，与几位小伙伴联手出品了一年的宏观研究报告。后来，我们在中国科技大学国际金融研究院的全球经济与国际金融研究中心再续前缘，感谢郑联盛、王宇哲、杨晓晨与葛天任这几位团队成员。

感谢潘俊强、王为、陈洁、陈胤默、仇力、刘乃郗、王鑫等朋友对本书初稿提出的修改意见。

本书的不少内容，最初都来自我给一些高校企业家培训班讲授的宏观经济分析课程。感谢西安交通大学管理学院 EMBA 项目、中国科技大学管理学院 EDP 项目、上海交通大学海外教育学院各类企业家培训课程、新华都商学院 EMBA 项目、中国人民大学财政金融学院 FMBA 项目、中国社科院研究生院 MBA 项目、中国社科院研究生院杜兰金融硕士项目、基业长青公司等长期以来的信任与支持，感谢负责的老师与所有学员长期以来的支持与关注。

感谢东方出版社的许剑秋、李烨、吴晓月、于旻欣，没有你们的敦促，这本书的问世恐怕还要等上更长时间。本书已经是我与东方出版社合作的第五本书。

感谢伍戈、张岸元、刘煜辉、徐高、洪灏、管清友、程实等朋友为本书撰写推荐语。

最后，我要感谢我的家人。在写作本书的过程中，她们给了我最大限度的宽容与支持。